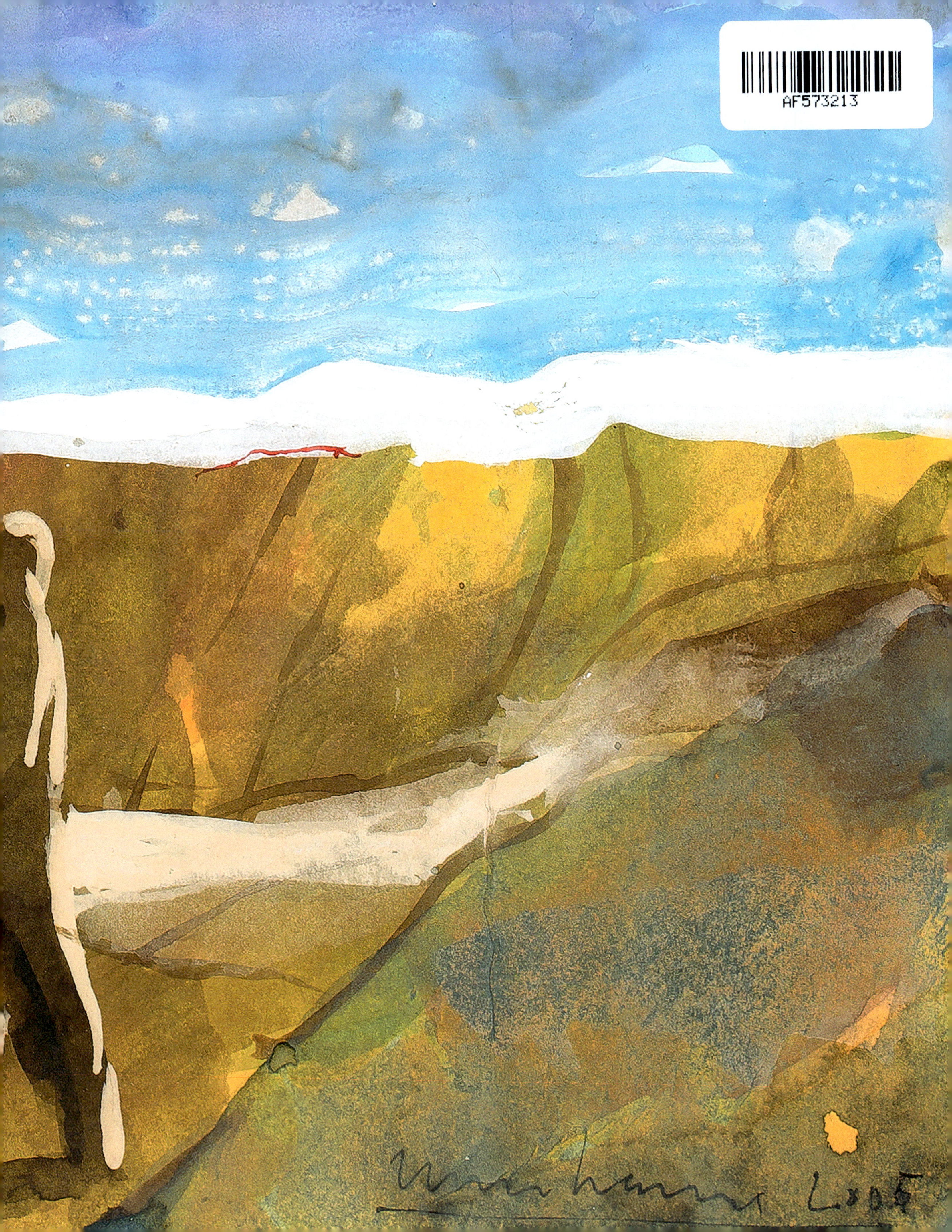

SIEGFRIED NEUENHAUSEN

BRUCHSTÜCK MENSCH

Herausgegeben von Lars Berg und Peter Joch
für das Städtische Museum Braunschweig

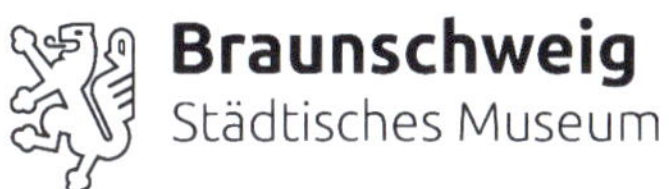

MICHAEL IMHOF VERLAG

Inhalt

Vorwort

In den 1960er Jahren, einer Zeit, in der die Bildhauerei sich maßgeblich formalen Experimenten verschrieb, Abstraktionen reihte und radikale Reflexionen auf gestalterische Grundgrößen inszenierte, entwickelte Siegfried Neuenhausen eine engagierte figürliche Kunst, die konkrete Geschichten erzählt. Diese „Stories“ sind bei Neuenhausen stets auch als politische Statements zu verstehen. Dabei scheut der Künstler trotz aller Sucht der Epoche nach Umbruch, Grenzüberwindung und Verfremdung keineswegs klassische Darstellungsformen. Beispielsweise verbinden die traditionell-naturalistisch gestalteten Porträts von „Hortense David“ kunsthistorischen Rückblick und politische Grundfragen: Die Französin Hortense David war eine Bürstenmacherin, die nach den Wirren des deutsch-französischen Kriegs 1870/71 und nach dem Sturz Napoléons III. in Barrikadenkämpfen die königstreue Regierung bekriegte. Die aufsässige ‚Revolutionärin‘ wurde zu lebenslanger Zwangsarbeit verurteilt und dient nunmehr Neuenhausen als prägnantes Beispiel für Freiheitskämpfe, die in der Gegenwart genauso wie im 19. Jahrhundert auszufechten sind.

In den Radierungen aus dem Mappenwerk „Goya-Variationen“ wiederum greift Neuenhausen auf Blätter von Francisco de Goya zurück, um aktuelle politische und gesellschaftliche Problemstellungen - zum Beispiel den in den 1970er Jahren heiß diskutierten und umstrittenen „Radikalenerlass“ - mit der Formensprache des berühmten stilbildenden Meisters der Darstellung menschlicher Grausamkeiten zu koppeln.

Generell betreibt Siegfried Neuenhausen eine Offenlegung von Spielarten der Unterdrückung, vollzieht eine künstlerische Geißelung der Geißelung von Menschen, liefert eine Art „Untersicht“ der Gesellschaft. Vor diesem Hintergrund arbeitete der Künstler vielfach mit sogenannten Randgruppen zusammen, etwa mit Strafgefangenen oder psychisch Kranken. In seinem Figurentheater zeigt Neuenhausen benachteiligte, gefolterte, drangsalierte und eingepferchte Personen, die ihre ganzheitliche Existenz verloren haben, die in symbolischem oder in wortwörtlichem Sinne nur noch als Bruchstück auftreten. Er zwängt Menschen in Käfige oder andere einengende Behältnisse, lässt sie als Gefangene erscheinen oder führt sie buchstäblich als verrenkte, verdrehte Körper vor, denen jede aufrechte Haltung genommen ist.

Neuenhausen ist aber keineswegs ein veristischer Protokollant. Er arbeitet vielmehr als ein Regisseur, der Erwartungen unterläuft, sich zuzeiten auf vielsagende Andeutungen beschränkt und Spannungsbögen entstehen lässt. So entzieht Neuenhausen seine Opferfiguren vielfach dem ertastenden Blick des Publikums, indem er sie verhüllt unter Decken zeigt. Zuweilen begnügt er sich wiederum mit der Darstellung letzter Spuren, verräterischer Indizes. So thematisiert er Folter allein durch ein blutgetränktes Kleidungsstück, das an die Wand geheftet zu sein scheint und an ein menschliches Opfer gemahnt.

In dieser Welt menschlicher Bruchstücke fehlt es an Helden – und vor allem an Solidarität. Der Mensch steht bei Neuenhausen alleine. In seinen vielfigurigen Ensembles - seien es Skulpturengruppen oder Graphiken - stehen die Figuren wie tödlich gelangweilte Flaneure zusammenhanglos und sprachlos unverbunden nebeneinander. Sie wenden sich nicht voneinander ab, auch nicht einander zu. Sie sind einfach gleichgültig. Sie sind Solipsisten, vereinsamte Monaden, wunschlos, tränenlos, seelenlos.

Diese Entseelung des Menschen veranschaulicht Neuenhausen vor allem auch durch das Gestaltungsprinzip der Multiplikation. In Kisten und Käfigen werden die Figuren so wortwörtlich zu Kopien, Abziehbildern.

Neuenhausens Kabinett bruchstückhafter Figuren liest sich zuweilen wie eine einzige großangelegte gesellschaftspolitische oder anthropologische Verlustmeldung. Zwei Arbeiten in der Ausstellung sprechen allerdings eine gänzlich andere Sprache. „Du und ich auf einem Stern“ zeigt ein sozusagen himmlisches Paar auf einem schwebenden Gestirn. In „Happy Christmas I“ wiederum erscheint über einer Gruppe multiplizierter grau eingefärbter Figuren in Mantel und Hut mit leuchtender Macht der Stern von Bethlehem. In diesen Blättern scheint eine Utopie aufzustrahlen.

Ein nicht unbekannter Künstlerkollege Neuenhausens aus früheren Zeiten, der gesellschaftliche Widersprüche nicht unmittelbar thematisierte, aber durchaus an ihnen litt, hatte die Sterne schon einmal als utopischen Zufluchtsort charakterisiert: Für Vincent van Gogh waren sie - so schrieb der Künstler in den späten 1880er Jahren an seinen Bruder Theo - Zeichen des Göttlichen, ein Paradies für die Menschen und die Künste schlechthin. Dieser Hintergrund verleiht van Goghs

weltberühmtem Gemälde „Sternennacht“ von 1889 eine besondere Bedeutung. Er lässt den gemalten Kosmos als Chiffre von Hoffnung und Erlösung erscheinen.
Van Gogh sowie Neuenhausen zeigen den Menschen als gefährdetes Fragment in Bildwelten, die alles andere als heimatlich sind. Nur die Sterne verändern die Perspektive und lassen eine Hoffnung erkennen. Sicher lässt sich eine solche optimistische kosmische Utopie den beiden ausdrucksstarken Chronisten von menschlichem Leid zunächst nur schwer zutrauen – aber wer weiß?
Siegfried Neuenhausen ist eng mit der Stadt Braunschweig verbunden. Er war ein ganzes Berufsleben lang als Professor an der hiesigen Hochschule für Bildende Künste tätig, seine berühmte „Katzenstele“ von 1981 in der Innenstadt ist zu einem Wahrzeichen geworden. Das Städtische Museum Braunschweig verfügte bereits über eine einigermaßen umfangreiche Sammlung von Gemälden, Skulpturen und Graphiken des Künstlers, als uns Siegfried Neuenhausen 2023 eine großzügige Schenkung von mehr als 80 Druckgraphiken, Aquarellen und Zeichnungen übergab. Wir freuen uns außerordentlich, dass unsere Sammlung nunmehr den ganzen Facettenreichtum des Werks von Siegfried Neuenhausen seit den frühen 1960er Jahren umfasst. Die Schenkung ist der Ausgangspunkt der Ausstellung „Bruchstück Mensch“.

Ich danke herzlich Siegfried Neuenhausen für die fulminante Schenkung und die wunderbare Kooperation!
Gefördert wurde die Ausstellung in großzügiger Weise durch die Karin und Uwe Hollweg-Stiftung, Bremen, und durch die Hans und Helga Eckensberger-Stiftung, Braunschweig. Den Stiftungen danke ich herzlich!
Der Leiter unserer Graphischen Sammlung, Herr Dr. Lars Berg, stand in ständigem Kontakt mit dem Künstler, konzipierte und realisierte „Bruchstück Mensch“. Ich danke ihm sehr für seine engagierte, kreative und erfolgreiche Arbeit!
Mein Dank gilt dem Team des Städtischen Museums, das, wie schon so oft, für eine perfekte Realisierung der Ausstellung sorgte.
Ich danke Martin Baumgart, Heike Billerbeck, Arbnora Elezi, Annika Hille, Jens Jungmichel, Irini Koebbel, Wolfgang Koebbel, Mario Köppe, Stephan Krause, Dennis Kunde, Holger Kühne, Jessy Kupper, Thomas Mattern, Désirée Ohlendorf, Sergio Reda, Garnet Rösch-Meier, Dirk Scherer, Jeannet Stermann und Gesa Wolff.

Dr. Peter Joch
Museumsdirektor

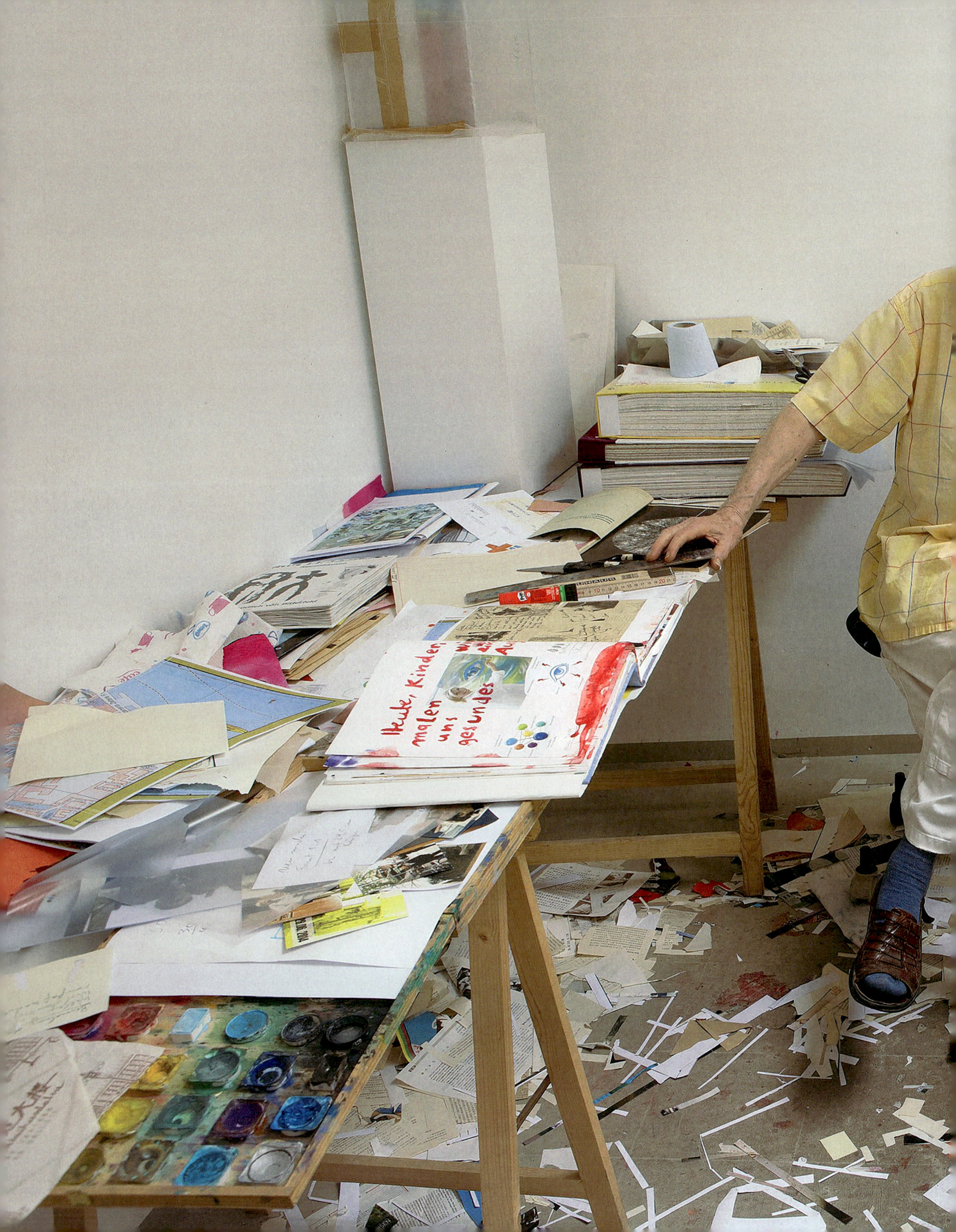
Heute, Kinder,
malen
uns
gesundes

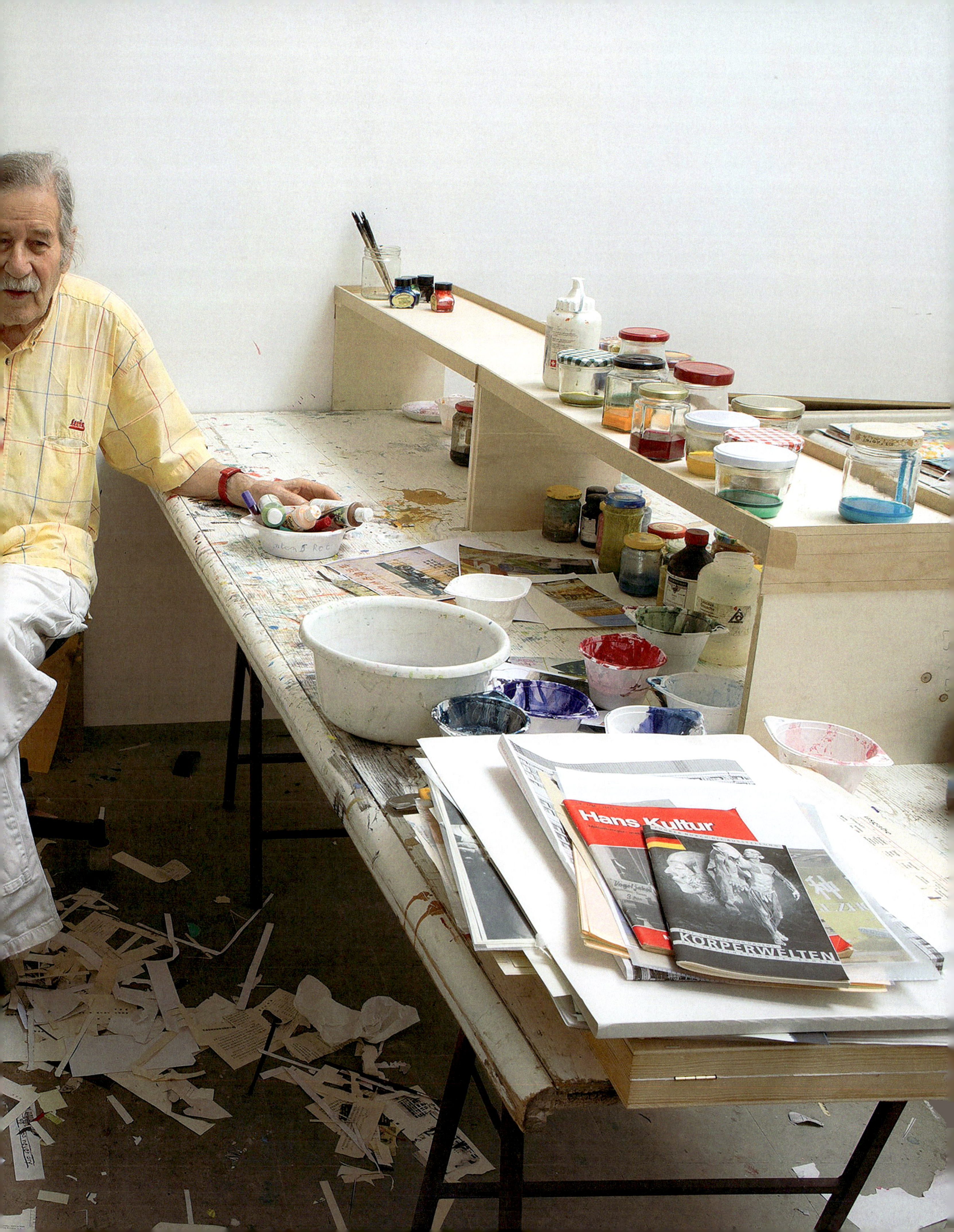
Hans Kultur
KÖRPERWELTEN

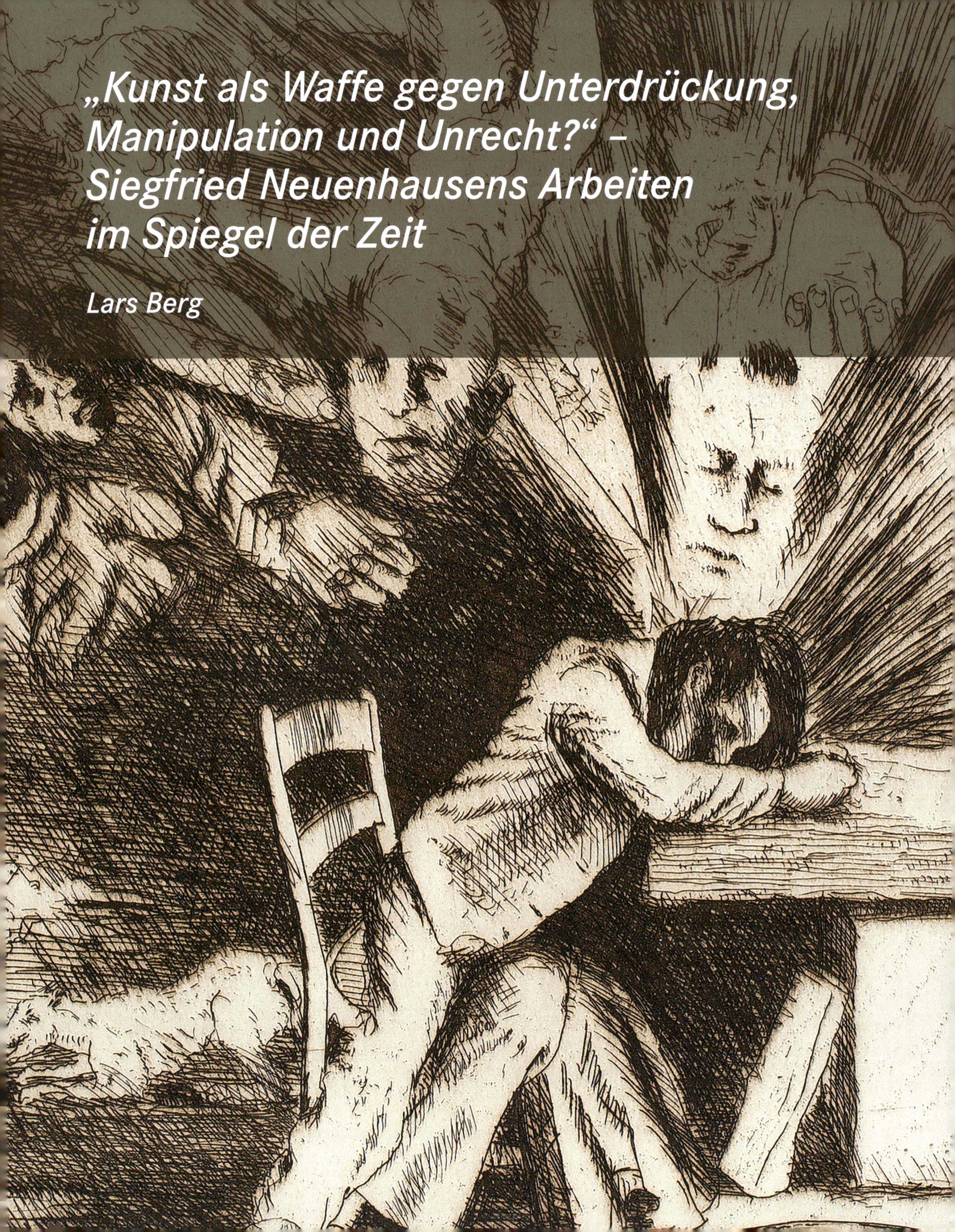

„Kunst als Waffe gegen Unterdrückung, Manipulation und Unrecht?" – Siegfried Neuenhausens Arbeiten im Spiegel der Zeit

Lars Berg

„Über Siegfried Neuenhausen zu schreiben, heißt die Diskussion über das Verhältnis von Kunst und Gesellschaft neu zu eröffnen. Neuenhausens Arbeiten sind, wie es selten vorkommt, geprägt von dem spannungsreichen Wechselspiel zwischen bildnerischer Form und politischem und sozialem Engagement. Seine Kunst, das sei vorweggenommen, ist alles andere als pure Agitation; sich mit ihr einzulassen bedeutet, die bewußte und kritische Auseinandersetzung mit unserer Zeit zu wagen."[1]

Mit diesen Worten leitete Norbert Nobis 1984 seine Monographie über Siegfried Neuenhausen ein. Die Werke des 1931 in Dormagen am Rhein geborenen Künstlers sind geprägt von einem Realismus, der die sozialen Gegensätze und politischen Missstände offen darlegt. Klar und deutlich, bisweilen sehr drastisch führt Neuenhausen in seinen Arbeiten Armut, Unterdrückung, Gewalt, Willkür und andere Zustände vor. Dies reicht von der Verdeutlichung der Folgen von Arbeitslosigkeit und Armut, wie er mit Student:innen der Hochschule für Bildende Künste in Braunschweig im Wintersemester 1974/75 am Beispiel der Herren Leo Kulik und Albert Philipzig[2] zeigte, bis zu den Gräueltaten der Militärdiktaturen in Brasilien, Chile und Vietnam. In einer Installation aus Kleidungsstücken, Holz, Kunststoff und Kunstharzfarbe setzte Neuenhausen dem Studenten João Borges de Souza ein Denkmal (Abb. 1).[3] Es zeigt einen auf einem Stuhl gefesselten Mann, dessen Kopf in einen Sack eingeschnürt ist. Ihm gegenüber steht ein leerer Stuhl, der stellvertretend für alle Peiniger steht.[4] Die Skulptur „bringt das Thema ‚Täter und Opfer' plastisch auf den Punkt".[5] João Borges de Souza „befand sich fast sechs Monate bei der DOPS (Staatspolizei) in Recife (Brasilien), wo er alle bisher erwähnten Torturen durchmachte. Nach seiner Freilassung suchte er der Kontrolle der Polizei zu entfliehen und zog nach Catolé do Rocha, in den Bundesstaat Paraiba [Brasilien; Erg. d. Verf.]. Als ihn die Bundespolizei aufspürte, wurde er von ihr ermordet. Die Spuren, die man an seinem Leichnam feststellte, zeigen, daß die Beamten furchtbar gegen ihn gewütet haben."[6]

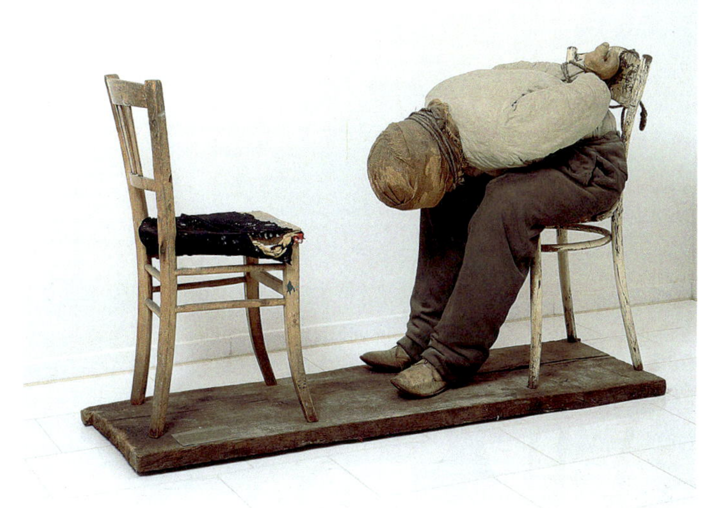

Abb. 1 Siegfried Neuenhausen, Denkmal für João Borges de Souza, 1971, Kleidungsstücke, Holz, Kunststoff, Kunstharzfarbe, 80 × 180 × 65 cm, Kunsthalle zu Kiel

Hortense David

Ein weiteres Beispiel für Menschen, die aufgrund ihrer politischen Überzeugung bestraft und unterdrückt wurden, ist Hortense David (1836–1893). Neuenhausen porträtierte sie in Form von Zeichnung und Skulptur (Abb. 2, 3). Hortense David war eine Bürstenmacherin, die nach dem deutsch-französischen Krieg 1870/71 und dem Sturz Napoléons III. (1808–1873) in die Barrikaden-Kämpfe gegen die königstreue Regierung verwickelt war. Sie wurde am 16. April 1872 zu lebenslanger Zwangsarbeit verurteilt. Die Porträts, Plastiken und Zeichnungen von Hortense David sind ein weiteres wichtiges Dokument für Neuenhausens starkes künstlerisches Interesse an politisch engagierten Menschen, die für ihre ideo-

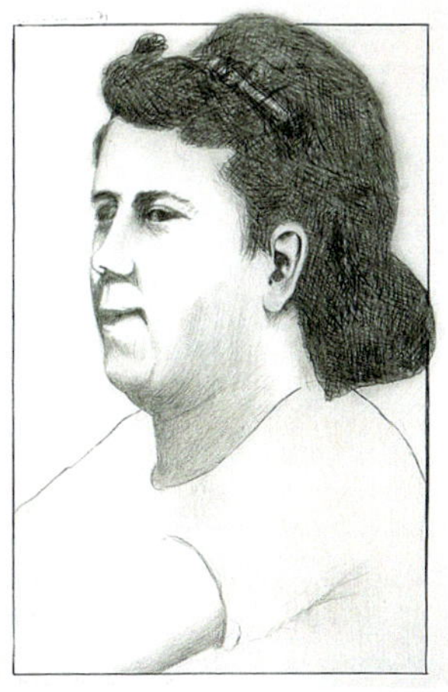

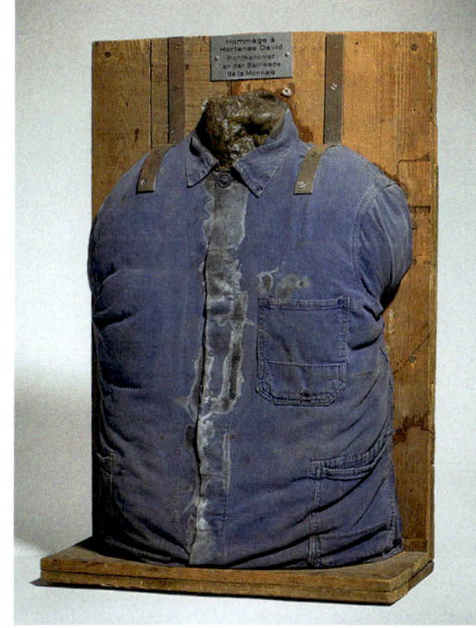

Abb. 2 Siegfried Neuenhausen, Portrait Hortense David, 1971, Blei- und Buntstift, 72,7 × 51 cm, Städtisches Museum Braunschweig, Inv. Nr. 1973/29

Abb. 3 Siegfried Neuenhausen, Hommage à Hortense David, 1973, Holz, Pappmaché, Metall, 72,5 × 50 × 23 cm, Städtisches Museum Braunschweig, Inv. Nr. 1973-0028-00

logischen Überzeugungen verfolgt und bestraft werden. Die großformatige Zeichnung von 1971 führt uns David als Brustbild im Dreiviertelprofil vor.[7] 1973 entwickelte Neuenhausen das Bildnis plastisch weiter und wählte als Materialien Papier und Pappmaché.[8]

Gefesselt und geknebelt – „Stücke vom Menschen"[9]

In einem Text für die Galerie Apex in Göttingen schrieb Neuenhausen 1971: „Ich komme nicht los von der Frage, ob und gegebenenfalls wie es zu machen ist, daß Kunst eine Waffe gegen Unterdrückung, gegen Manipulation, gegen Unrecht wird."[10] Neuenhausens Arbeiten – ob als Skulptur oder Graphik – zeigen seit 1968 gefesselte und geknebelte Menschen oder auch nur einzelne Körperteile („Stücke vom Menschen"), wie beispielsweise das Fragment einer Skulptur mit dem Titel „Gefesselte Faust III" (Abb. 4).[11] Die Manipulierbarkeit und Gewalt wird auch in der Arbeit „Zusammengebundene Hose" von 1968 deutlich (Abb. 5). Nicht ein Mensch, sondern ein körperloses „Ding" wird zum Sinnbild für die Folgen von seelischen und körperlichen Repressalien.[12] Ein weiteres „körperliches Fragment" ist der „Mann in Kiste", der uns im Werk von Siegfried Neuenhausen sowohl als Skulptur (1968) als auch in Form von Siebdrucken und Lithographien (1970) begegnet (Abb. 6).[13] Vom ganzen Menschen ist nur der verbundene Kopf mit Oberkörper bis zur Brust zu sehen. Der restliche Teil des Körpers steckt wie „abgeschnitten" oder „einbetoniert" in einer einfachen Holzkiste.

Den Figuren in Siegfried Neuenhausens Graphiken und Skulpturen sind oft nicht nur die Hände als Zeichen ihrer Ohnmacht gefesselt, sondern ihnen wurde auch der Kopf verbunden. Zu seinen Darstellungen verbundener Köpfe sagte Neuenhausen 1972 selbst:

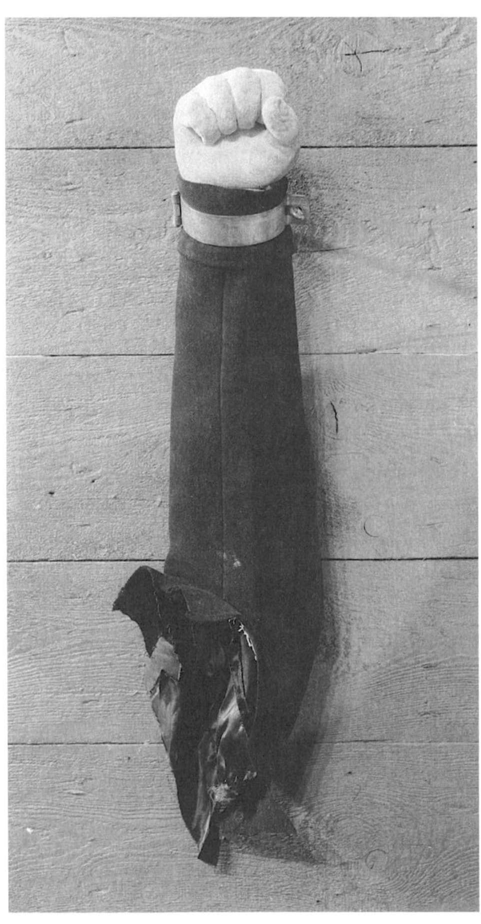

Abb. 4 Siegfried Neuenhausen, Gefesselte Faust III, 1970, Kleidungsstück, Holz, Kupferschelle, Ölfarbe, 100 × 65 × 20 cm, Sammlung Brockmann

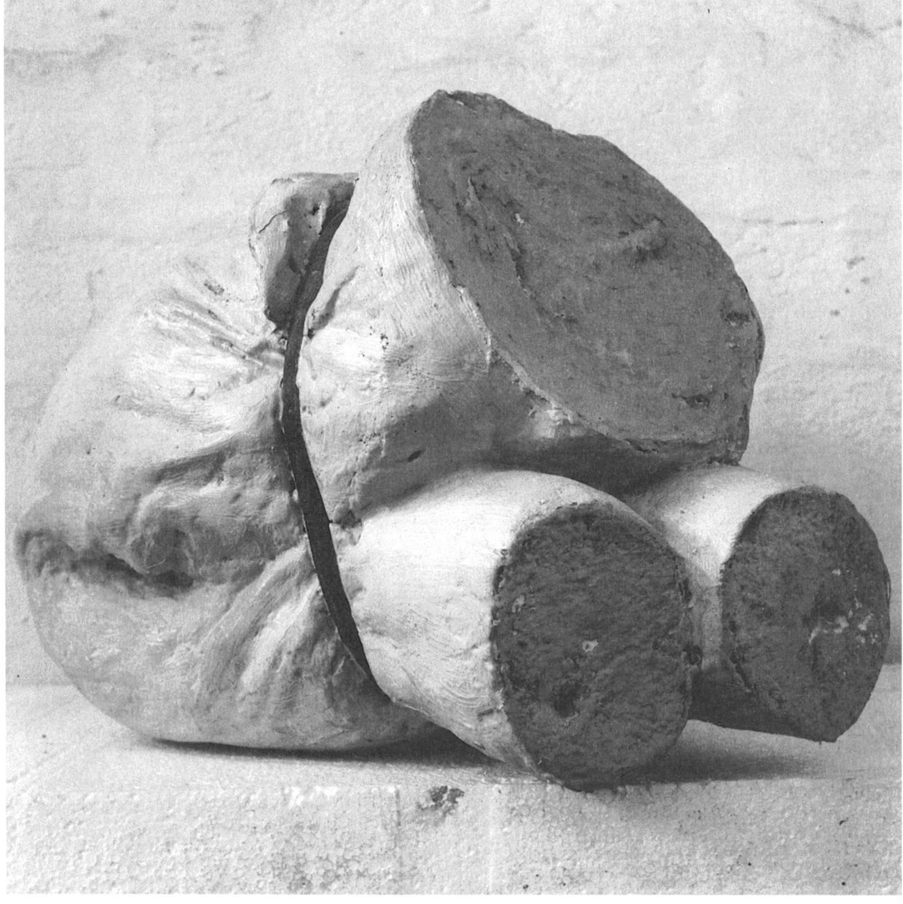

Abb. 5 Siegfried Neuenhausen, Zusammengebundene Hose, 1968, Textiles Material, Kunststoff, Polyesterfarbe, zerstört

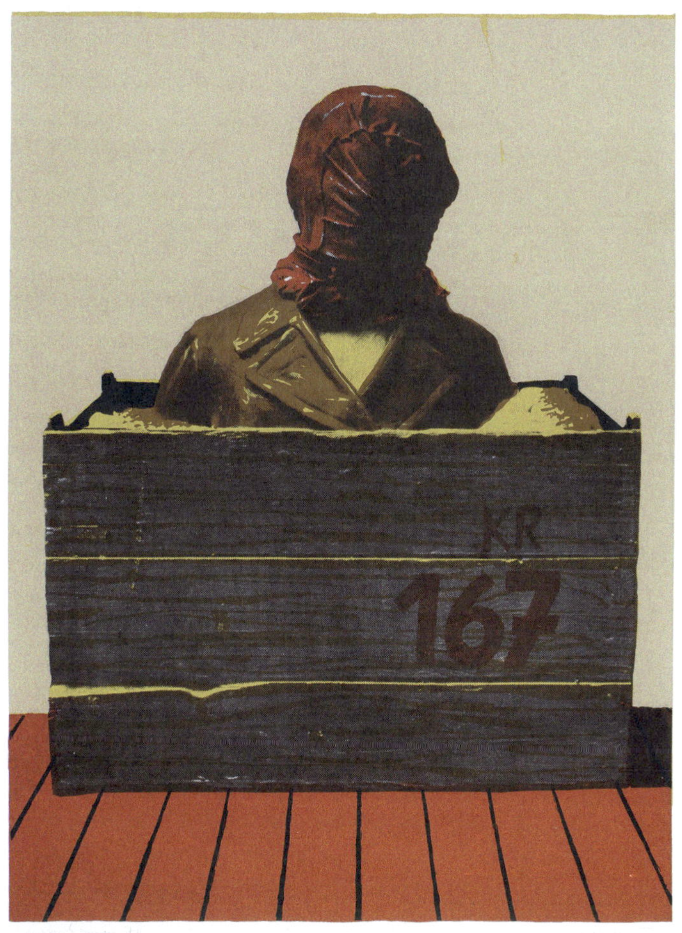

Abb. 6 Siegfried Neuenhausen, Mann in Kiste, 1970, Offsetdruck, 60,9 × 42,7 cm, Städtisches Museum Braunschweig, Inv. Nr. 2023-0130-00

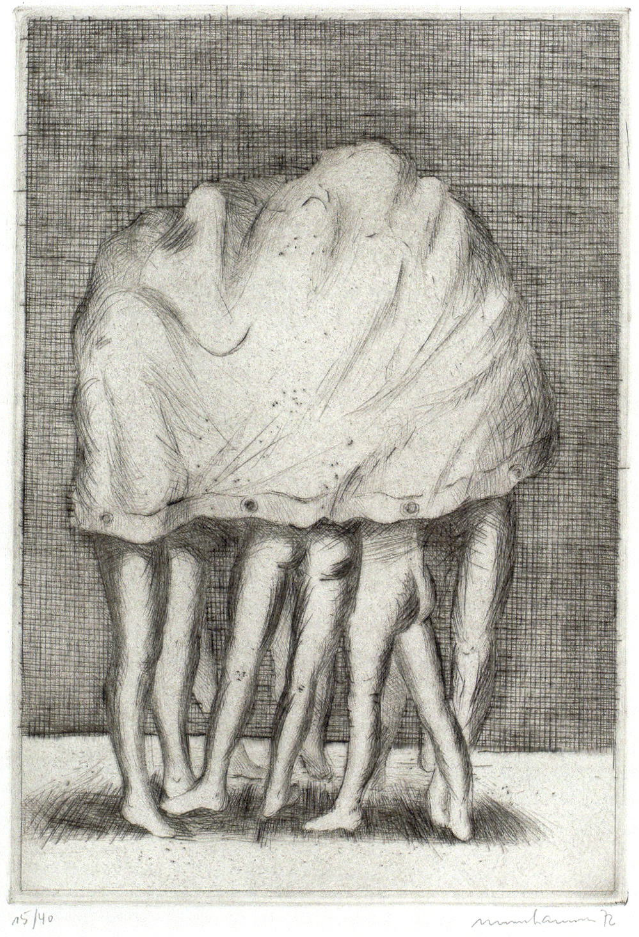

Abb. 7 Siegfried Neuenhausen, Figuren unter Plane, 1972, Radierung, 71,9 × 52,5 cm, Städtisches Museum Braunschweig, Inv. Nr. 2023-0111-00

„Das Motiv des verbundenen Kopfes spielt in meiner Arbeit seit 1968 eine wichtige Rolle. Der Mensch mit dem verbundenen, umwickelten oder in einen Sack gesteckten Kopf ist für mich eine knappe und prägnante Formel für den manipulierten, der Willkür anderer preisgegebenen Menschen. In einigen neueren Arbeiten – Zeichnungen und einer Radierung wird das Motiv variiert: eine zusammengepferchte Menschengruppe, mit über die Köpfe geworfener und verzurrter Plane. Beginn dieser Variationsreihe war eine Aktion zusammen mit E[rwin] Wortelkamp anläßlich meiner Ausstellung in Wortelkamps Galerie in Beindersheim (Pfalz), während der wir einige lebensgroße Puppen verschnürten.“[14]

Ein Exemplar einer „zusammengepferchten Menschengruppe, mit über die Köpfe geworfener Plane“ begegnet uns beispielsweise in der 1972 entstandenen Radierung mit dem Titel „Figuren unter Plane“ (Abb. 7).[15] Eine Gruppe mit nackten Menschen steht auf engstem Raum und ist handlungsunfähig. Sie können nichts sehen oder sich koordiniert in eine Richtung bewegen. Sie zeigen keine Haltung und können sich nicht individuell positionieren. Neuenhausen zeigt in dieser Arbeit auch, dass viele Menschen in der Gruppe nicht entscheidungssicherer sind, als individuelle Personen.

In der 1973 entstandenen Lithographie „Ja! Der ideale Gefolgsmann“ ist der Körper des Dargestellten gleich vollkommen „kopflos“ gezeigt (Abb. 8). Damit wird nicht nur die absolute Willenlosigkeit, sondern auch die Anonymität körperlich verdeutlicht.

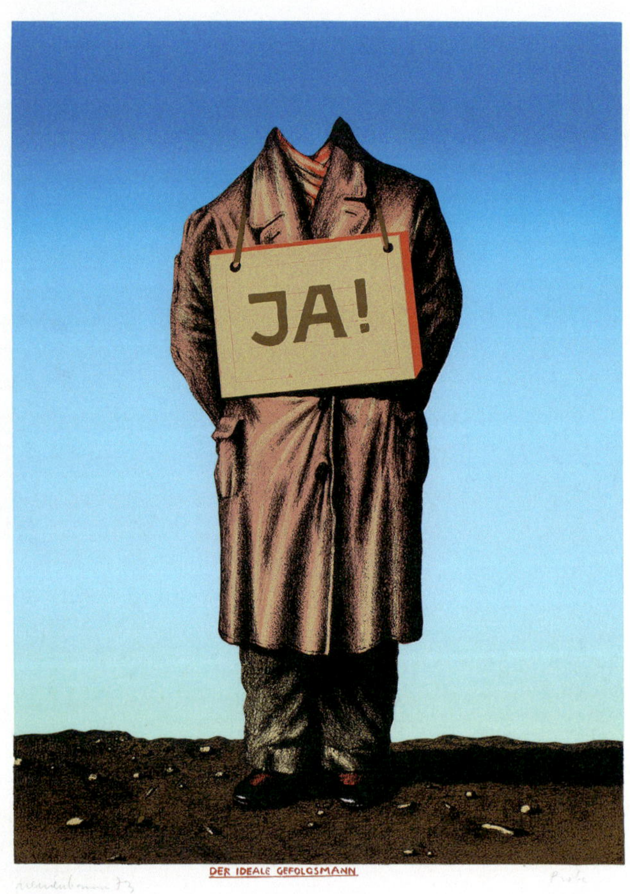

Abb. 8 Siegfried Neuenhausen, Ja! Der ideale Gefolgsmann, 1979, Lithographie, Städtisches Museum Braunschweig, Inv. Nr. 2023-0123-00

Die Bürger von B. (1967)

Anonymität, Isolation und fehlende soziale Nähe hatte Neuenhausen bereits 1967 in seinem aus neun lebensgroßen Figuren bestehenden Ensemble „Die Bürger von B."[16] verbildlicht (Abb. 9). Die uniform in grauen und braunen Mänteln „korrekt gekleideten" Bürger stehen dicht und zusammengepfercht nebeneinander und haben doch nichts miteinander zu tun. Ihr starrer Blick gleitet ins Leere, die Arme sind auf dem Rücken verschränkt, die Hände tatenlos ineinandergelegt. Wie der Titel der Werkgruppe bereits anklingen lässt, persifliert Neuenhausen die Skulpturengruppe „Die Bürger von Calais" (1884–1895; Abb. 10) von Auguste Rodin (1840–1917).[17] Die berühmte Skulptur geht auf ein historisches Ereignis im Juni 1346 während des Hundertjährigen Kriegs zurück. Der englische König Eduard III. (1312–1377; reg. 1327–1377) fiel in Frankreich ein und erreichte Anfang September die Stadt Calais, die er elf Monate lang belagern ließ. Um die Plünderung und Verwüstung der Stadt Calais bei einer bedingungslosen Kapitulation zu verhindern, stellten sich gemäß der Chronik des Jean Froissart (um 1337 – um 1405) sechs der angesehensten Stadtbürger freiwillig als Geiseln zur Verfügung. Sie sollen am 4. August 1347, barfuß und nur mit einem Hemd bekleidet und mit einem Strick um den Hals, vor den englischen König getreten sein. 1884 beschloss die Stadt Calais, ein Monument zu Ehren von Eustache de Saint Pierre und seinen Gefährten errichten zu lassen, und beauftragte 1885 Auguste Rodin. Bereits 1889 lieferte Rodin die Vorlage für den Guss der Skulptur. Aufgrund einiger finanzieller Schwierigkeiten und Meinungsverschiedenheiten wurde die Gruppe erst 1895 aufgestellt.

Ulrich Krempel beschreibt Neuenhausens „Bürger von B." mit folgenden Worten:

> „In den ‚Bürgern von B.' memoriert Siegfried Neuenhausen seine Mitbürger, die Menschen, die ihn umgeben, in der Stadt Braunschweig, in der er damals als Professor arbeitete. All diese Figuren sind gleichermaßen entpersönlicht, als Stehende mit auf dem Rücken gefalteten Händen einander so entgegengesetzt, dass sich die Figuren mehrheitlich den Rücken zuwenden und ihre Blicke aneinander vorbeigehen. Anonyme Gestalten in Mänteln, wie sie in unseren Rollenvorstellungen vielleicht den Vertretern geheimer Organisationen oder politischer Polizei zugeordnet werden; gleichsam aber auch Gestal-

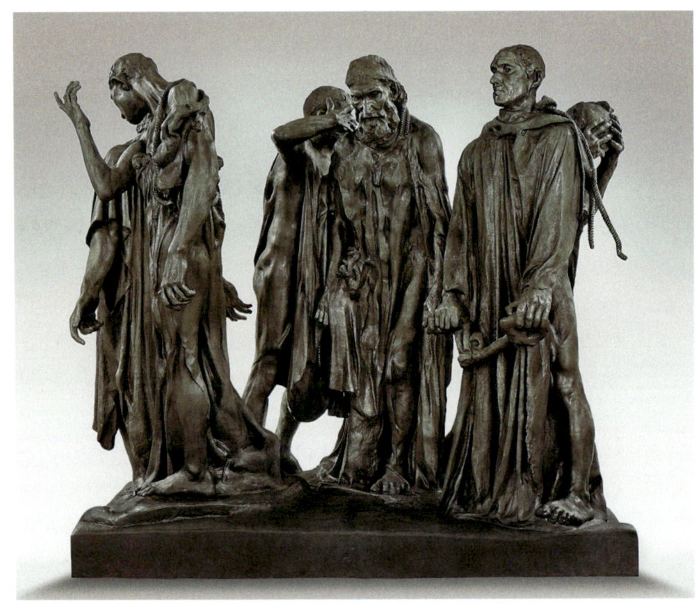

Abb. 10 Auguste Rodin, Die Bürger von Calais, 1885–1895, Bronze, Abguss Philadelphia Museum of Art (1919–1921), Inv. Nr. F1929-7-129

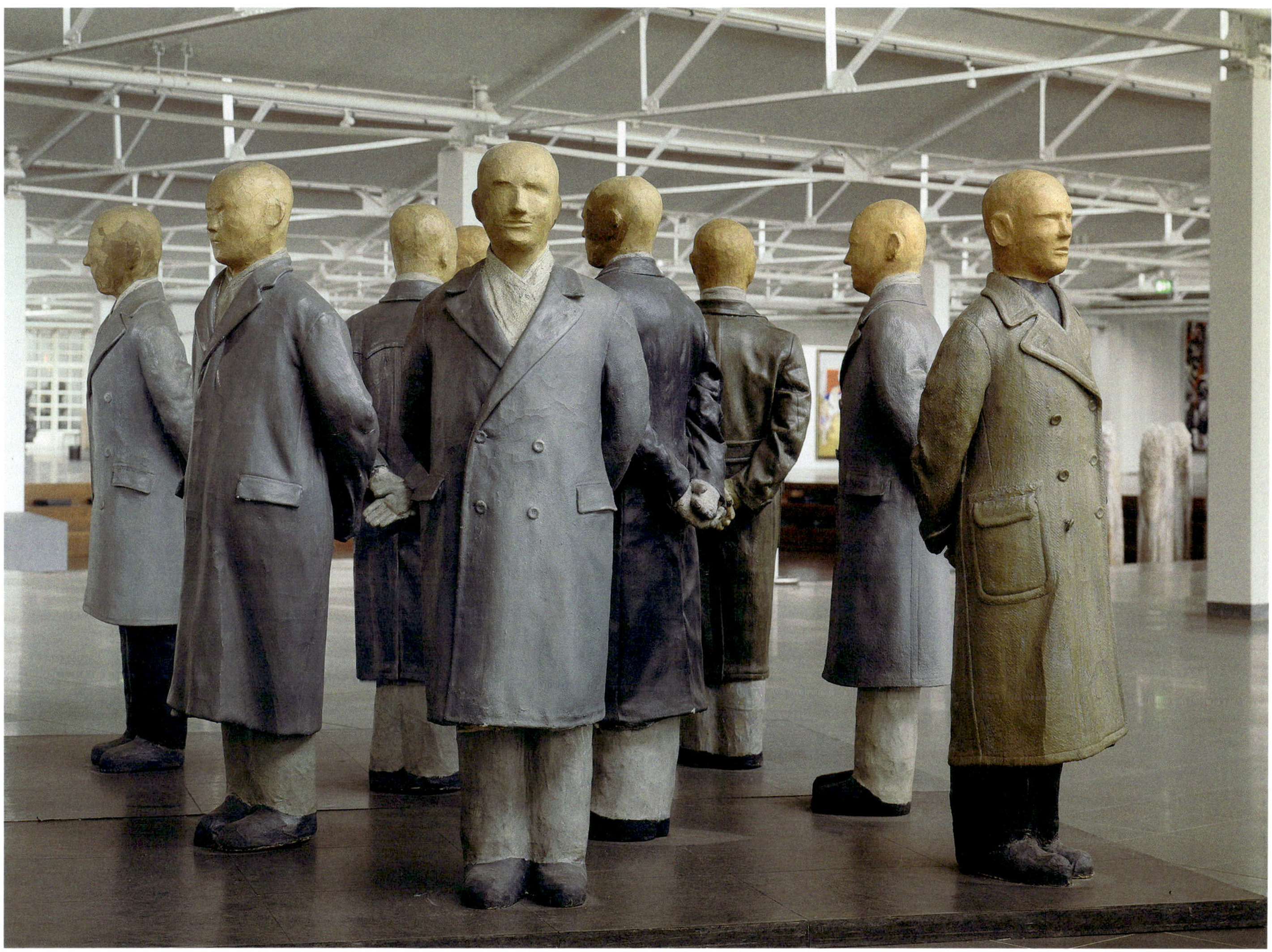

Abb. 9 Siegfried Neuenhausen, Die Bürger von B., 1967, Ensemble von 9 lebensgroßen Skulpturen, Kleidungsstücke, Gips, Papier, Styropor, Kunstharzfarbe, Ludwig Forum für Internationale Kunst Aachen, Sammlung Ludwig, Leihgabe Peter und Irene Ludwig Stiftung

ten, wie sie aus den 1950er und 1960er Jahren erinnerbar sind, die als Heimkehrer aus dem Kriege nach Hause kamen oder in den zerstörten Städten mühselig ihr Auskommen suchten. [...]; ihre jeweilige Unbeteiligtheit und Ungerichtetheit lässt sie zu einer merkwürdig schweigenden Versammlung von Leuten werden, die unbeteiligt der Welt gegenüberstehen, abwartend, verpanzert in ihren Sicherheit gebenden Mänteln. Eine solche Haltung der Welt gegenüber war die, die damals die jungen Leute, Studenten und Schüler, auf die Straße gebracht hat; dieses schweigende Abwarten hat auch etwas zu tun mit der Dimension der Schuld, die in der westdeutschen Gesellschaft damals erst allmählich diskutiert werden konnte, mit jener Erkenntnis der Verantwortung auch für die Verbrechen der Vergangenheit."[18]

Reminiszenzen an die „Bürger von B." werden auch in dem 1989 entstandenen Offsetdruck (und Gouache) mit dem Titel „Innenhof mit Personen" deutlich (Abb. 11).[19] Insgesamt sind sieben mit grauen Mänteln und Hüten bekleidete Männer zu sehen, die in einem begrünten Innenhof stehen, der von einer steinernen Mauer umfasst wird. Obwohl die Herren auf einem engen, umzäunten Grund stehen, haben sie nichts miteinander zu tun. Die von Neuenhausen bereits 1967 thematisierte Isolation und Gefangenheit in sich selbst hatte auch nach 32 Jahren nichts an Aktualität verloren. Auch das 2005 entstandene Aquarell mit dem Titel „Leute/Landschaft" greift das Motiv der „Bürger von B." erneut auf: Sechs nur noch durch Umrisse gekennzeichnete Personen stehen in einer phantastischen, nicht näher zu identifizierenden Landschaft und wirken wie Fremde auf einem neuen Planeten (Abb. 12).[20]

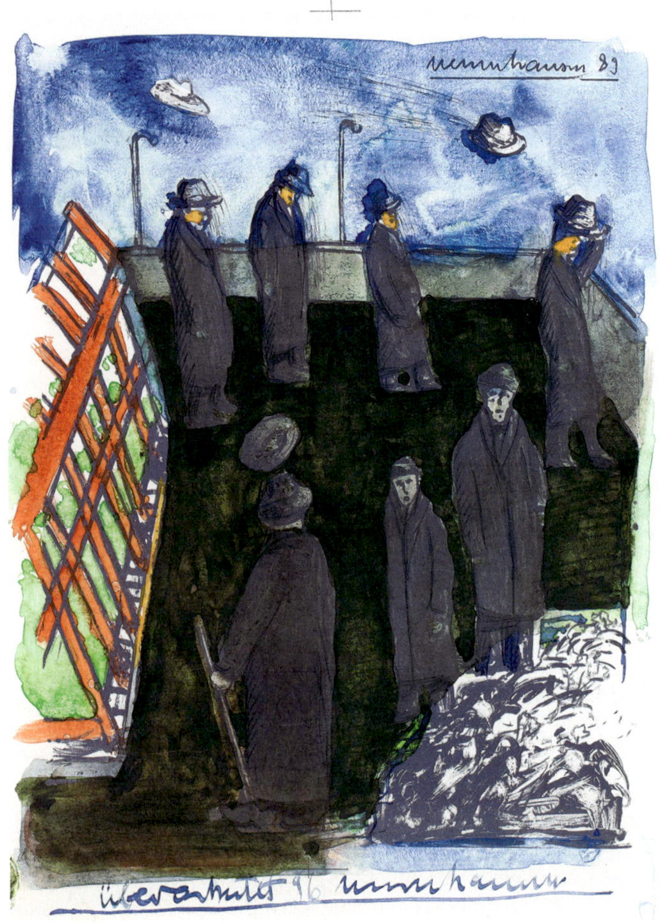

Abb. 11 Siegfried Neuenhausen, Innenhof mit Personen, 1989, Offsetdruck und Gouache, 31,5 × 23,4 cm, Städtisches Museum Braunschweig, Inv. Nr. 2023-0514-00

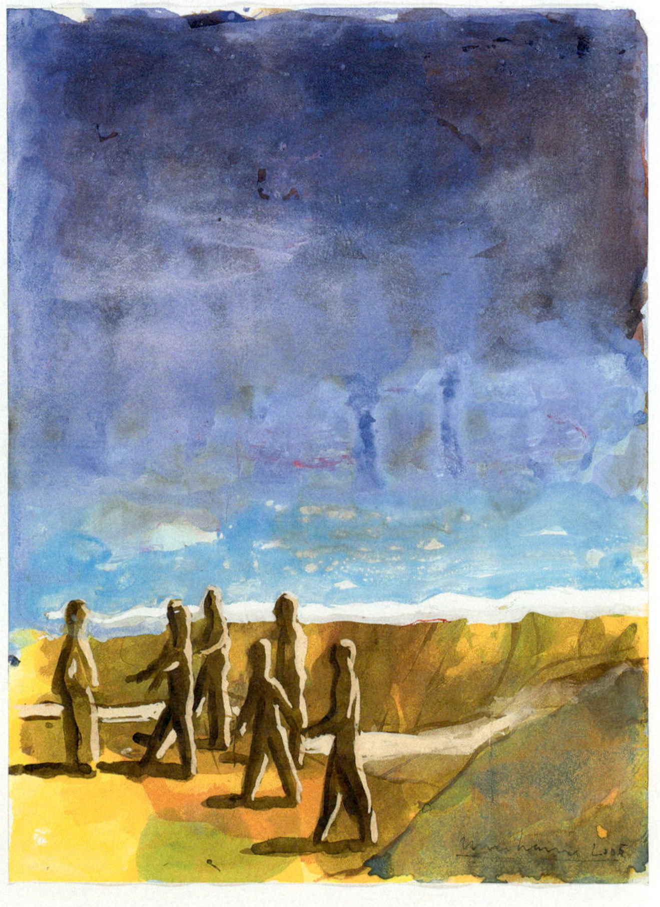

Abb. 12 Siegfried Neuenhausen, Leute/Landschaft, 2005, Aquarell und Gouache, Städtisches Museum Braunschweig, Inv. Nr. 2023-0521-00

Goya-Variationen (1974)

1974 schuf Neuenhausen ein zehnteiliges Mappenwerk mit dem Titel „Goya-Variationen". In Anlehnung an die Radierungen aus den Serien „Los Caprichos" und „Desastres de la guerra" von Francisco de Goya (1746–1828) kritisierte Neuenhausen in sechs Strichätzungen und vier Aquatinta-Radierungen fragwürdige Persönlichkeiten seiner Zeit, die durch Korruption, Vetternwirtschaft oder andere zweifelhafte Verhaltensweisen zu Ruhm gekommen waren. Der zwischen 1793 und 1799 entstandene gesellschaftskritische Radierzyklus „Los Caprichos" (unbeschwerte Laune, Einfall) umfasst 80 Blätter, die zu den bekanntesten Druckgraphiken Goyas zählen.[21] In den Radierungen prangert Goya die Missstände seiner Zeit, wie Armut, Prostitution, Aberglaube und den Missbrauch klerikaler Autorität durch Inquisition, an. Der Zyklus erschien 1799 in einer Auflage von 300 Exemplaren.[22] Aus Furcht vor den Folgen der Inquisition zog Goya alle Exemplare, von denen nur 27 Stück verkauft worden waren, bereits nach zwei Tagen aus dem Handel.[23] Um etwaigen Repressalien zu entgehen, schenkte Goya die Druckplatten und die restlichen Radierungen 1803 kurzerhand dem spanischen König Karl IV. (1748–1819; reg. 1788–1808).[24]

Die Radierserie „Desastres de la guerra" (Die Schrecken des Krieges) entstand etwa zwischen 1810 und 1820.[25] Sie umfasst 82 Aquatinta-Radierungen.[26] Goya schildert die Gräueltaten der Soldaten Napoléons im Kampf mit der aufständischen spanischen Bevölkerung gegen die französische Besatzung.

Neuenhausen orientierte sich hinsichtlich des Bildaufbaus an den Vorlagen von Goya. Das Format seiner Radierungen vergrößerte Neuenhausen gegenüber den Radierungen von Goya um die Hälfte, „um mit der Portraitähnlichkeit der neu hineingearbeiteten Figuren besser fertig zu werden."[27]

Neuenhausen beschrieb sein Anliegen, Vorbilder und Vorgehensweise zu seinen „Goya-Variationen" in einer zehnseitigen Einführung des Mappenwerks mit folgenden Worten:

> „Vor allem zwei miteinander verbundene Motive führten mich zu der vorliegenden Arbeit. Einmal und vor allem interessierte mich die Auseinandersetzung mit einem frühen und bedeutenden Beispiel gesellschaftlich engagierter und realistischer Kunst. Ich versprach mir, im Nachvollzug Goyascher Gedanken, eine Klärung und Weiterentwicklung meiner eigenen Vorstellungen über Kunst. Die Auseinandersetzung mit den ‚Caprichos' führt auch heute noch mitten in die Diskussion um das realistische, im Brecht'schen Sinn politische Kunstwerk. Die Absicht meines Vorhabens war, den moralisierend-kritischen Ansatz einiger Blätter auf unsere Zeit hin weiterzudenken und ein Beispiel zu liefern, wie das geschichtliche Erbe für unsere gegenwärtigen Bemühungen, einen humanistischen Realismus zu begründen, fruchtbar werden kann.
> Zum anderen wollte ich, ein bißchen der vielen Siebdrucke müde, meine technischen Möglichkeiten erweitern. Ich wollte radieren lernen und glaubte, wie schon Delacroix, der die ‚Caprichos' kopierte, keinen besseren Lehrer finden zu können als Goya."[28]

Gleich zu Beginn der Suite „Goya-Variationen" zeigt sich Neuenhausen selbst, den Kopf auf einen Tisch gelegt, schlafend und von Albträumen gequält (Abb. 13). Die düsteren Traumsequenzen sind im Hintergrund durch einzelne Körperteile gefesselter Menschen verbildlicht. Neuenhausen bezieht sich in dieser Strichätzung auf das bekannteste Blatt

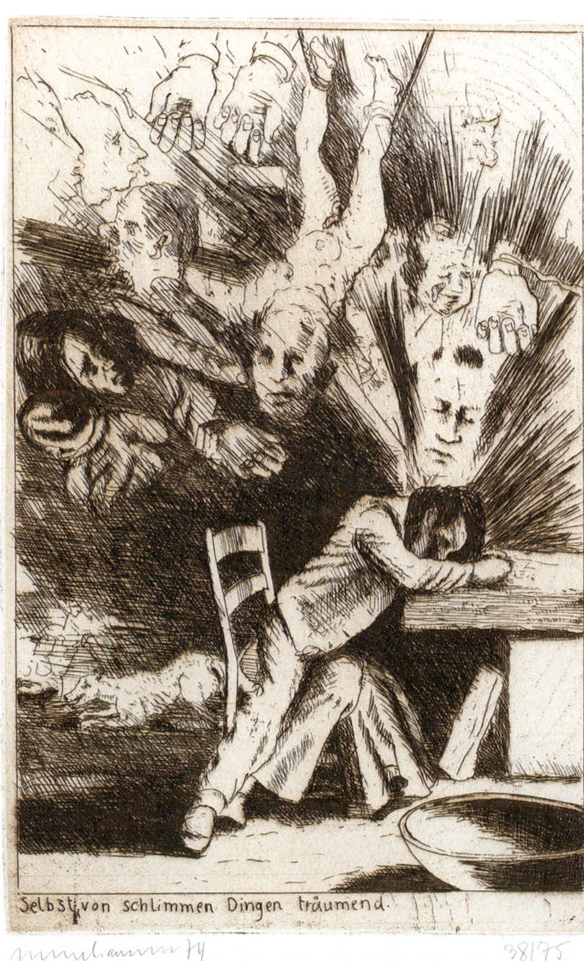

Abb. 13 Siegfried Neuenhausen, Selbst, von schlimmen Dingen träumend (Blatt 1 des Mappenwerks „Goya-Variationen"), 1974, Radierung, 53,3 × 38,2 cm, Städtisches Museum Braunschweig, Inv. Nr. 2023-0086-01

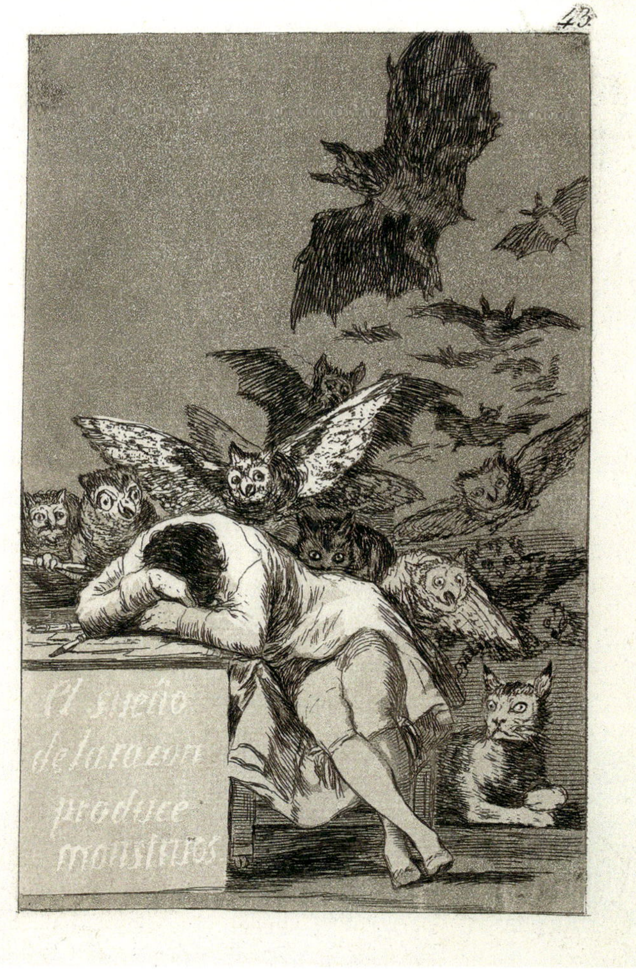

Abb. 14 Francisco de Goya, „El sueño de la razon produce monstruos", Blatt 43, aus: „Los Caprichos", 1799, Radierung und Aquatinta, 21,3 × 15,0 cm, Hamburger Kunsthalle, Kupferstichkabinett, Inv. Nr. 1996-128-43

aus der Serie „Los Caprichos". Es ist das 43. Blatt mit dem Titel „Der Schlaf der Vernunft gebiert Ungeheuer" (Abb. 14).[29] Ursprünglich wollte Goya diese Radierung an den Anfang der Caprichos stellen, wie Vorzeichnungen zu diesem Blatt belegen.[30] Es ist der Künstler selbst zu sehen, wie er sich von der Arbeit ausruht.[31] Aus dem dunklen Hintergrund, den Goya mithilfe der Aquatinta-Technik virtuos herausgearbeitet hat, flattern Eulen und Fledermäuse herbei, die als Symbole von „Ignoranz" und „Aberglauben" die gegensätzlichen Positionen der Aufklärung verdeutlichen.[32] Wie Ifee Tack resümierte, wird im Bildtitel einerseits „die Gefahr thematisiert, sich lediglich der Phantasie und nicht der Vernunft zu bedienen und damit Wahnsinn und Unvernunft zu begünstigen. Andererseits wird aber auch die Bedeutung der Phantasie und damit des Unterbewussten für die Kunst angesprochen."[33]

Im vierten Blatt der „Goya-Variationen" bezieht sich Neuenhausen auf die Folgen des am 28. Januar 1972 in der Ministerpräsidentenkonferenz unter dem Vorsitz des damaligen Bundeskanzlers Willy Brandt beschlossenen sogenannten „Radikalenerlasses" (Abb. 15). Damals wurden ca. 3,5 Millionen Bewerber:innen für den öffentlichen Dienst vom Verfassungsschutz auf ihre politische „Zuverlässigkeit" durchleuchtet. Infolgedessen wurden zahlreiche Berufsverbote ausgesprochen, Disziplinarverfahren eingeleitet und Bewerbungen für ungültig erklärt. Ende der 1980er Jahre wurden die Erlasse von den Landesregierungen wieder zurückgezogen. Heute gilt das Allgemeine Gleichbehandlungsgesetz (AGG),

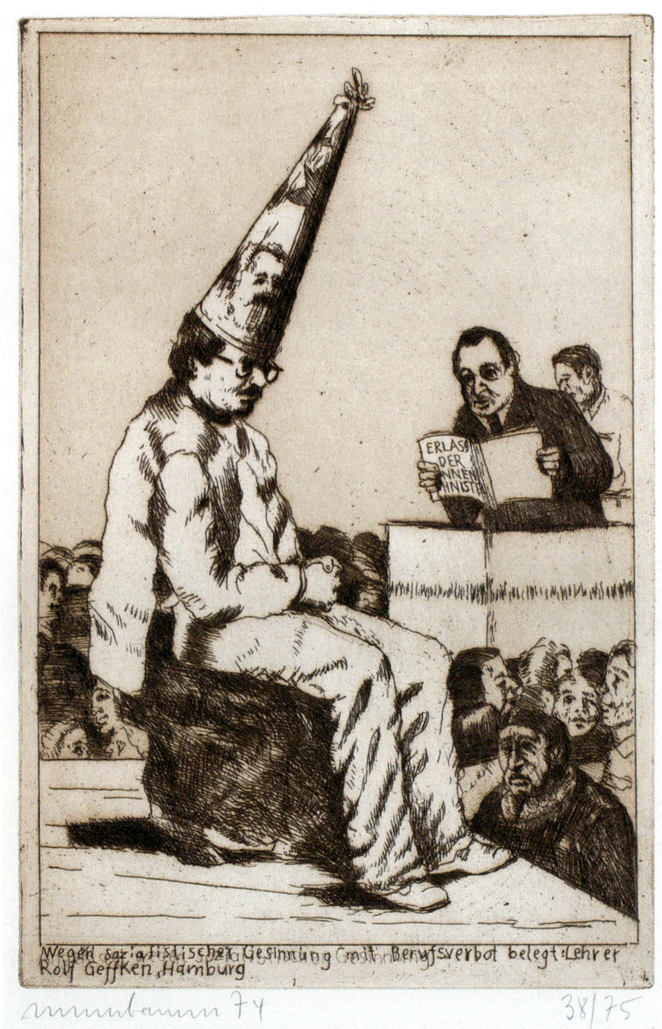

Abb. 15 Siegfried Neuenhausen, Wegen sozialistischer Gesinnung mit Berufsverbot belegt (Blatt 4 des Mappenwerks „Goya-Variationen"), 1974, Aquatinta, 53,4 × 38,1 cm, Städtisches Museum Braunschweig, Inv. Nr. 2023-0086-04

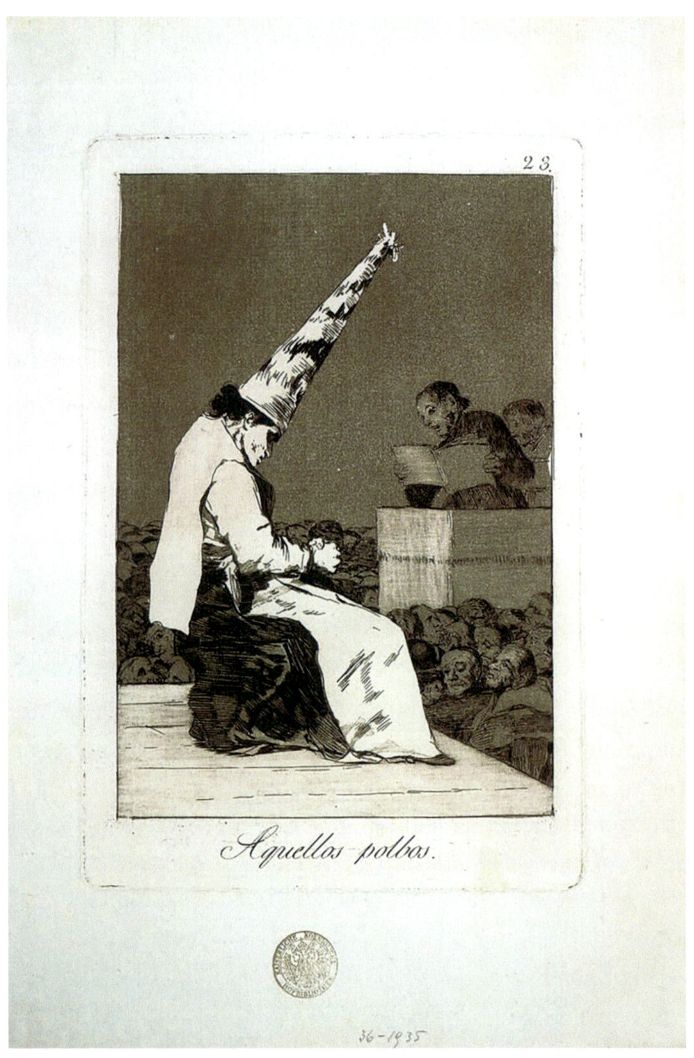

Abb. 16 Francisco de Goya, „Aquellos polbos", Blatt 23 aus: Los Caprichos, 1799, Radierung und Aquatinta, 21,7 × 14,8 cm, Albertina, Wien, Inv. Nr. DG1935/36

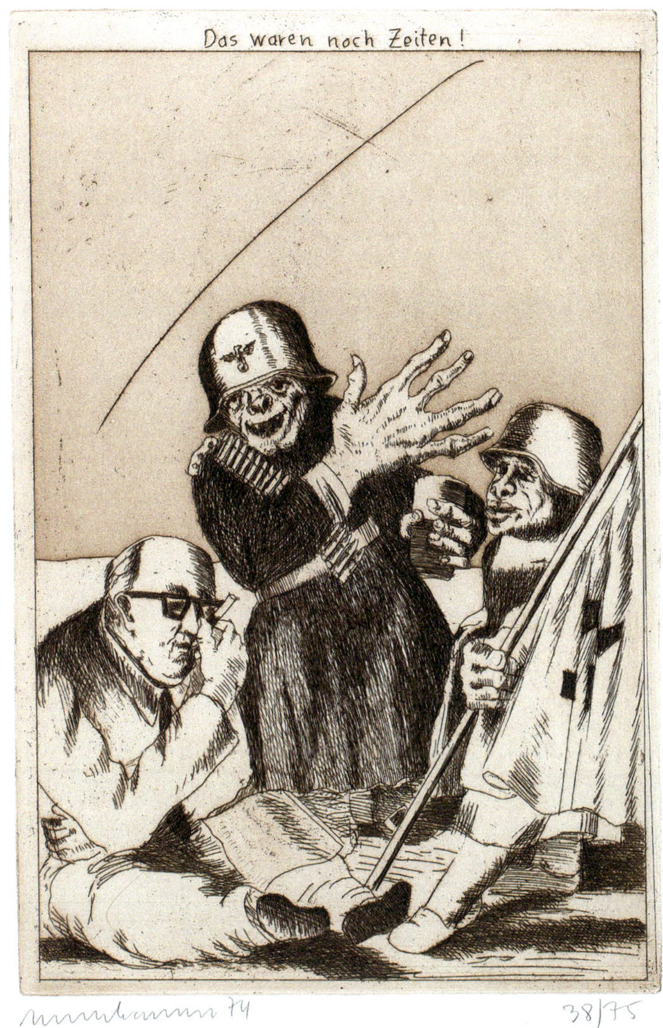

Abb. 17 Siegfried Neuenhausen, Das waren noch Zeiten! (Blatt 6 des Mappenwerks „Goya-Variationen“), 1974, Aquatinta, 53,3 × 38,2 cm, Städtisches Museum Braunschweig, Inv. Nr. 2023-0086-06

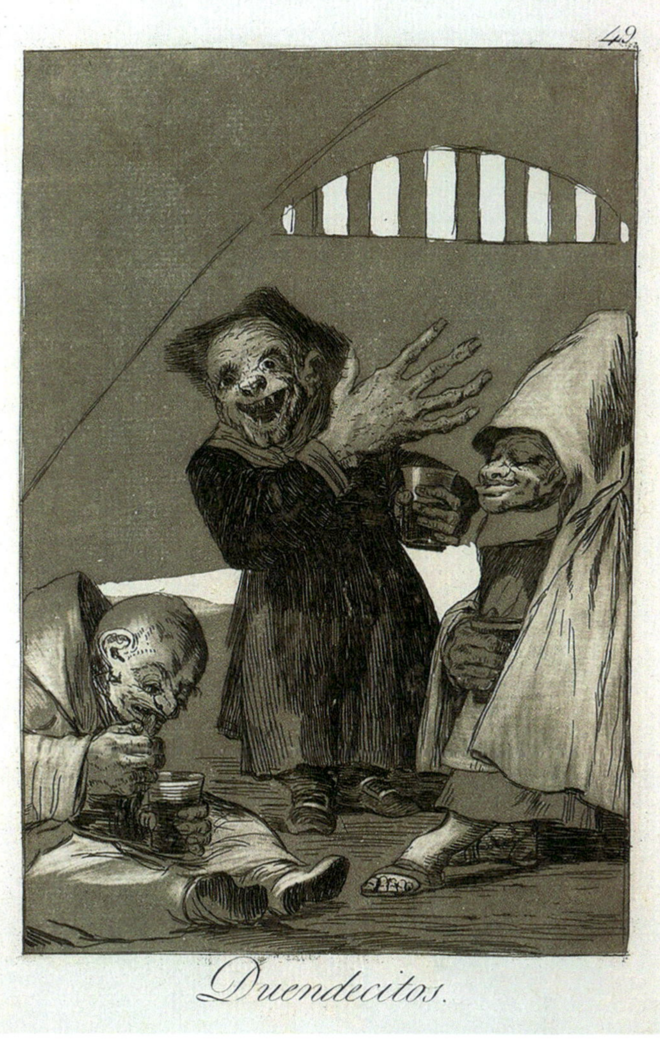

Abb. 18 Francisco de Goya, „Duendecitos“, Blatt 49 aus: Los Caprichos, 1799, Radierung und Aquatinta, 31 × 21,4 cm, Albertina, Wien, Inv. Nr. DG1935/62

das eine Diskriminierung wegen politischer Überzeugung verbietet. Mit einem Berufsverbot wurde auch der damalige Lehrer Rolf Geffken aus Hamburg belegt. Die Bezeichnung unterhalb der Radierung nimmt darauf Bezug: „Wegen sozialistischer Gesinnung mit Berufsverbot belegt: Lehrer Rolf Geffken, Hamburg“.[34]

Als Vorbild für das vierte Blatt aus dem Mappenwerk „Goya-Variationen“ wählte Neuenhausen die 23. Radierung aus „Los Caprichos“ (Abb. 16).[35] Das mit dem Titel „Aquellos polbos“ (Dieser Staub) überschriebene Blatt zeigt eine mit einem spitzen Hut und Büßerhemd bekleidete und von der Inquisition Angeklagte bei der Urteilsverkündung: Sie sitzt auf einem Stuhl, der Kopf ist herabgesunken. Der Verkünder des Urteils steht auf einem Podest und verliest das Urteil. Er ist umgeben von den Zuhörer:innen. Die Verurteilte hebt sich durch ihre weiße Kleidung, die eventuell die Unschuld verdeutlichen soll, vom dunklen Hintergrund ab.

In Blatt 6 seiner „Goya-Variationen“ mit dem Titel „Das waren noch Zeiten!“ bezieht sich Neuenhausen auf das 49. Blatt aus der Serie „Los Caprichos“ (Abb. 17).[36] Die Vorlage mit dem Titel „Duendecitos“ (Kleine Kobolde) zeigt „Poltergeister“. Zu sehen sind zwei Mönche und ein Priester in Gestalt von „Kobolden“: Der mittlere Kobold ist durch eine rechte überproportional dimensionierte Hand gekennzeichnet (Abb. 18). Die beiden anderen phantastischen Gestalten sind in eine Mönchskutte gehüllt. Sie werden als „gefräßige und versoffene kleine Ungeheuer“ dargestellt.[37] Im Kommentar der Biblioteca Nacional in Madrid heißt es:

> „Die Pfaffen und die Mönche sind die wahren Kobolde dieser Welt. Die Kirche rafft mit langer Hand und scharfem Zahn alles was sie kann. Der beschuhte Mönch hüpft fröhlich herum und tunkt Brot in den Wein, während der Barfüßermönch, brutaler und scheinheiliger, die Speise mit dem heiligen Wolltuch bedeckt und den Wein versteckt.“[38]

Neuenhausen übersetzt das graphische Vorbild in eine Gruppe von Nationalsozialisten: Die mittlere Figur trägt einen Helm mit Reichsadler, über der Schulter hängt ein Patronengurt. Seine klauenartige rechte Hand weist nach oben und der Mund ist überwiegend zahnlos.

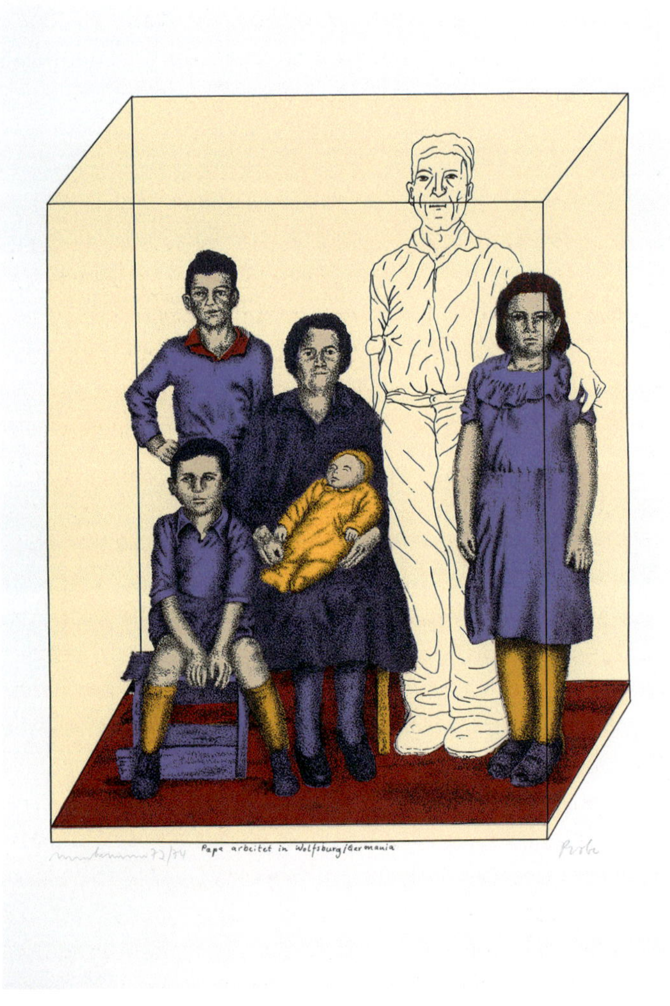

Abb. 19 Siegfried Neuenhausen, Papa arbeitet in Wolfsburg/Germania, 1973/74, Lithographie, Städtisches Museum Braunschweig, Inv. Nr. 2023-0129-00

Im Gegensatz zu Goya, der die kritisierten Personen ganz bewusst nicht identifizierte und höchstens Anspielungen auf einzelne Menschen oder Gruppierungen in seinen Arbeiten durchscheinen ließ, stellte Neuenhausen reale Zeitgenossen in seinen Radierungen dar. Dazu äußerte sich der Künstler im Einführungstext zu seinem Mappenwerk selbst mit folgenden Worten:

> „Ich wollte die vorgefundenen allgemeinen Aussagen und die Anspielungen durch konkrete Zusammenhänge und Figuren ersetzen. Ich begann also, in eine Auswahl der „Caprichos“ ein paar Zeitgenossen einzumontieren, arbeitete, wie Brecht das bezeichnen würde, ‚mit Namen und Datum‘ in die Vorlagen hinein. So taucht in meinen Variationen in Goya’scher Umgebung dieses oder jenes zeitgenössische Individuum auf, identifizierbar, da portraitähnlich, für jedermann.“[39]

Arbeitsmigration und die Folgen für den Menschen

In den 1970er Jahren thematisierte Neuenhausen die Arbeitsmigration der 1950er und 1960er Jahre in Deutschland. In der Lithographie mit dem Titel „Papa arbeitet in Wolfsburg/Germania“ verdeutlicht Neuenhausen in einem Familienbild das Fehlen des Vaters, der als „Gastarbeiter“ bei VW in Wolfsburg den Lebensunterhalt für die Familie verdient (Abb. 19).[40] Während die Mitglieder einer italienischen Familie farbig dargestellt sind, erscheint der Vater lediglich als in Umrissen skizzierte Figur, die nur als eine Art „Geist“ anwesend ist. Die Zerrissenheit von Familien, die im Ausland leben und in Deutschland arbeiten, hat Neuenhausen in mehreren Arbeiten immer wieder neu inszeniert. Die Radierung „Morgen reist Salvatore di Massa wieder zurück nach Essen/Germania“ gleicht einem Familienfoto und zeigt die ganze Familie, bestehend aus Mutter, Vater und Kindern kurz vor Abreise des Vaters nach Deutschland (Abb. 20).[41] Doch die Stimmung ist getrübt: Im Hintergrund sind zum Teil dämonische Gesichter zu erkennen, die Angst und Traurigkeit symbolisieren.
Die zwischen 1973 und 1974 entstandene Lithographie mit dem Titel „Familie in Sessellandschaft“ zeigt eine Mutter mit einem Kind und einem Säugling vollkommen verloren in einer überdimensionierten violetten Sitzgruppe.[42] Das Einkommen des fehlenden Vaters sichert der Familie zwar einen gewissen Wohlstand, aber die einzelnen Familienmitglieder sind getrennt. Die „Geschichte“ der getrennten Familie findet ihre Vollendung in der Lithographie „Stefano will nicht mehr zurück in die Bundesrepublik. Zwei Jahre haben ihm gereicht“.[43] Vor

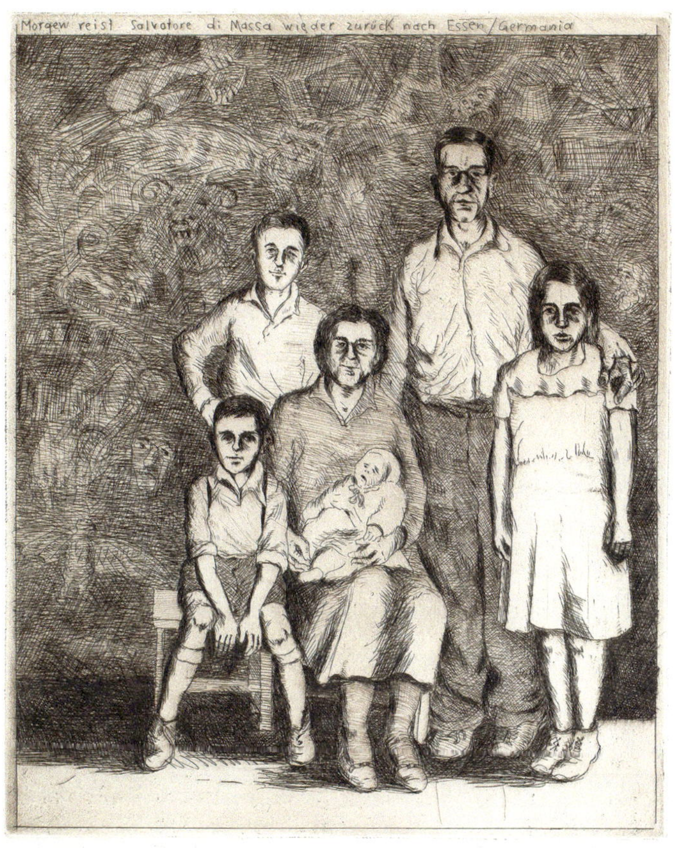

Abb. 20 Siegfried Neuenhausen, Morgen reist Salvatore di Massa wieder zurück nach Essen/Germania, 1973/74, Radierung, Städtisches Museum Braunschweig, Inv. Nr. 2023-0109-00

einem bunten Hintergrund ist die ganze Familie zu sehen. Die Zeit der Trennung ist vorüber, aber die Kinder sind in der Zwischenzeit auch größer geworden: vergangene Zeit, die sich nicht zurückholen lässt.

„Graben nach verschütteter Kreativität"[44] – Skulpturen-Projekte in der Justizvollzugsanstalt Bremen und Psychiatrien in Wunstorf und Ochsenzoll

Ein besonders wichtiger Aspekt im Werk von Siegfried Neuenhausen sind die Skulpturen-Projekte mit Gefangenen in Justizvollzugsanstalten und Patient:innen in Psychiatrien. Sie stehen programmatisch für das soziale Wirken Siegfried Neuenhausens. Vorläufer dieser Projekte waren die „Mobilausstellungen" von 1969.[45] In Frankfurt veranstaltete Neuenhausen mit Student:innen der Braunschweiger Kunsthochschule und dem befreundeten Theaterkritiker Henning Rischbieter auf fünf Plätzen der Stadt eine Art „Straßentheater" mit gesellschaftskritischen Skulpturen.

Die Bildhauerprojekte von 1978 und 1982 im Bremer Gefängnis und in den psychiatrischen Kliniken Wunstorf und Hamburg-Ochsenzoll basierten auf dem gewonnenen Wettbewerb „Kunst im öffentlichen Raum". Die Arbeit mit Gefangenen war für Siegfried Neuenhausen „eine konsequente Weiterführung [seines] Themas ‚Täter und Opfer' […], ein Wechsel von Skulpturen zu Menschen aus Fleisch und Blut".[46] In den künstlerischen Projekten erarbeiteten Gefangene und psychisch Kranke Skulpturen für das Umfeld ihrer Anstalten. In Bremen und Wunstorf entstanden großformatige Steinplastiken und in Hamburg-Ochsenzoll keramische Skulpturen.[47] Die von Siegfried Neuenhausen initiierten Projekte wurden in der überregionalen Presse sehr gelobt. Durch das Engagement des Künstlers konnte eine ständige Bildhauerwerkstatt in der Justizvollzugsanstalt Bremen eingerichtet werden. Sie entwickelte sich stets weiter, konnte ausgebaut werden und feierte 2018 das 40jährige Bestehen und die Erweiterung auf drei Werkstätten: „eine für erwachsene, eine für jugendliche und eine für entlassene Gefangene – mit insgesamt 11 leitenden Künstlern und Künstlerinnen. Hier war geschehen, was meist Utopie bleibt: die Veränderung der Realität durch Kunst."[48]

Resümee

Siegfried Neuenhausen hat mit seiner Kunst soziale, menschliche und politische Unterdrückung stets offengelegt und angeprangert. Zunächst in den bekannten plastischen Arbeiten, wie der 1971 entstandenen Installation, die dem Studenten João Borges de Souza gewidmet ist und ihn gefesselt auf einem Stuhl zeigt (Abb. 1). Neuenhausen hat mit seinen kritischen und auch erschreckenden Skulpturen den „Finger in die Wunde" der Diktaturpolitik der ausgehenden 1960er und beginnenden 1970er Jahre gelegt, indem er in seinen plastischen Arbeiten das Thema „Täter" und „Opfer" ganz eindeutig benannt hat. Auch in den Werken, die „Bruchstücke" vom Menschen, wie gefesselte Arme oder zusammengebundene Hosen zeigen, hat Neuenhausen das Thema des handlungslosen, gelähmten Menschen unumwunden dargestellt (Abb. 4, 5).
Die Anonymität und Isolation des auch in einer Gesellschaft lebenden Individuums hat Siegfried Neuenhausen in seiner bekannten Gruppe „Bürger von B." verbildlicht (Abb. 9). Diese 1967 entstandene Arbeit aus neun Figuren, bekleidet mit Mänteln und Hüten, steht als *pars pro toto* für den „ganz normalen" Bürger, der seiner Arbeit nachgeht, seine Steuern zahlt und seine täglichen Aufgaben verrichtet, aber dabei weder mit seinen Mitmenschen noch mit seiner Umwelt in irgendeiner nennenswerten Form in Berührung tritt.

Mit seinen „Goya-Variationen“ schuf Neuenhausen 1974 ein Mappenwerk, das die politischen Missstände wie Korruption und Vetternwirtschaft sehr deutlich gemacht hat. Neuenhausen übertrug die graphischen Vorbilder aus „Los Caprichos“ und „Desastres de la guerra“ von Francisco de Goya (1746–1828) in die Zeit der 1970er Jahre und interpretierte die Graphikzyklen Goyas auf diese Weise neu (Abb. 13–18).

Einen besonderen Stellenwert im Œuvre Neuenhausens nehmen die Skulpturen im öffentlichen Raum ein. Das soziale Engagement des Künstlers repräsentieren die Skulpturen-Projekte mit Gefangenen in der Justizvollzugsanstalt Bremen und Patient:innen der Psychiatrien in Wunstorf und Hamburg-Ochsenzoll. Durch Neuenhausens vehementes Engagement konnte in Bremen eine Bildhauerwerkstatt dauerhaft eingerichtet werden. Es war das Ziel des Künstlers, die negative Energie der Gefangenen in künstlerische, produktive Arbeit umzuwandeln. So gelang es Neuenhausen, dass Menschen nicht nur ihre „verschüttete Kreativität“ entdecken konnten, sondern nach einer Zeit der intensiven Auseinandersetzung mit sich selbst und der eigenen Vergangenheit zu Erfolgserlebnissen durch künstlerische Arbeit gelangten.

Durch die Arbeit Neuenhausens ist die „Veränderung der Realität durch Kunst“ auf diese Weise um ein bedeutendes Stück gewachsen. Die vom Künstler postulierte Suche nach „Kunst als Waffe gegen Unterdrückung, Manipulation und Unrecht“ ist auch durch die Kooperation mit Insass:innen von Justizvollzugsanstalten gelungen. Denn oft ist ihnen selbst in ihrer Kindheit Gewalt und Unrecht widerfahren. Diese negativen Erlebnisse ließen sich zu einem gewissen Grad mit den künstlerischen Projekten kanalisieren.

Das soziale Engagement Siegfried Neuenhausens und die zur Lebensaufgabe gemachte Kunst manifestierten sich auch in der von ihm 1983 gekauften Kornbrennerei in Hannover-Hainholz. Die zu einem „Künstlerwerkhof“ umgebaute Kornbrennerei erwirtschaftet Erträge, die eines Tages Stipendien für angehende Künstler:innen finanzieren werden.[49] Siegfried Neuenhausens soziale Gedanken und sein unermüdliches Engagement werden so in noch folgenden Jahren ihre Früchte tragen.

1 Nobis 1984, S. 5.
2 Neuenhausen 1976.
3 Siegfried Neuenhausen, Denkmal für João Borges de Souza, 1971, Kleidungsstücke, Holz, Kunststoff, Kunstharzfarbe, 80 × 180 × 65 cm, Kunsthalle zu Kiel.
4 Nobis 1984, S. 30. Vgl. auch Thomas 1986, S. 297 und Abb. 122. Sowie: Stoeber 2013, S. 7.
5 Neuenhausen 2022, S. 123.
6 „Probleme des Friedens“ – Info 5. Jahrgang, Heft 5–8/1970“, zitiert nach: Ausst. Kat. Hagen 1972, o. P. [S. 9].
7 Siegfried Neuenhausen, Porträt Hortense David, 1971, Blei- und Buntstift, 72,7 × 51 cm, Städtisches Museum Braunschweig, Inv. Nr. 1973/29.
8 Siegfried Neuenhausen, Porträt Hortense David, 1973, Papier und Pappmaché, 27,5 × 35 × 5,5 cm, Städtisches Museum Braunschweig, Inv. Nr. 1973-0030-00.
9 „Stücke vom Menschen“ lautete der Titel einer gemeinsamen Ausstellung mit dem Bildhauer Erwin Wortelkamp vom 8. bis 30. Dezember 1972 in der Kunsthalle zu Kiel. Vgl. den Ausst. Kat. Kiel 1972.
10 Zitiert nach: Ausst. Kat. Hagen 1972, o. P. [S. 6].
11 Siegfried Neuenhausen, Gefesselte Faust III, 1970, Kleidungsstück, Holz, Kupferschelle, Ölfarbe, 100 × 65 × 20 cm. Vgl. Nobis 1984, S. 25 (Abb.).
12 Ebd., S. 21.
13 Siegfried Neuenhausen, Mann in Kiste, 1968, Kleidungsstücke, Holz, Kunststoff, Ölfarbe, 80 × 80 × 56 cm. Vgl. Nobis 1984, S. 22 (Abb.).
14 Ausst. Kat. Hagen 1972, o. P. [S. 4].
15 Siegfried Neuenhausen, Figuren unter Plane, 1972, Radierung, 71,9 × 52,5 cm, Städtisches Museum Braunschweig, Inv. Nr. 2023-0111-00.
16 Siegfried Neuenhausen, Die Bürger von B., 1967, Ensemble von 9 lebensgroßen Skulpturen, Kleidungsstücke, Gips, Papier, Styropor, Kunstharzfarbe, Sammlung Ludwig, Ludwig Forum für Internationale Kunst, Aachen.
17 Vgl. Nobis 1984, S. 16.
18 Krempel 2011, S. 3–6.
19 Siegfried Neuenhausen, Innenhof mit Personen, 1989, Offsetdruck und Gouache, 31,5 × 23,4 cm, Städtisches Museum Braunschweig, Inv. Nr. 2023-0514-00.
20 Siegfried Neuenhausen, Leute/Landschaft, 2005, Aquarell und Gouache, Städtisches Museum Braunschweig, Inv. Nr. 2023-0521-00.
21 Vgl. Mícko 1958 und Paas-Zeidler 1978.
22 Vgl. Gäßler 1990, S. 36.
23 Ebd.
24 Ebd.
25 Ebd., S. 94.
26 Ebd.
27 Siegfried Neuenhausen, Goya-Variationen, zehnteiliges Mappenwerk mit Einführungstext von Siegfried Neuenhausen, 1974, Strichätzung und Aquatinta, 53,3 × 38,2 cm, Städtisches Museum Braunschweig, Inv. Nrn. 2023-0086-01 bis 2023-0086-10; Einführungstext, Typoskript, S. 10.
28 Ebd., S. 4.
29 Francisco de Goya, „El sueño de la razon produce monstruos“, Blatt 43, aus: Los Caprichos, 1799, Radierung und Aquatinta, Hamburger Kunsthalle, Kupferstichkabinett, Inv. Nr. 1996-128-43. Vgl. Harris 1964, S. 115, Nr. 78.
30 Gäßler 1990, S. 66, Nr. 53.
31 Ebd.
32 Ebd.

33 URL: https://online-sammlung.hamburger-kunsthalle.de/de/objekt/1996-128-43/%22el-sue%C3%B1o-de-la-razon-produce-monstruos.%22–der-schlaf-der-vernunft-gebiert-ungeheuer?term=Der%20Schlaf%20der%20Vernunft%20gebiert%20Ungeheuer&context=default&position=0 (Aufruf: 22.01.2024).

34 Siegfried Neuenhausen, Wegen sozialistischer Gesinnung mit Berufsverbot belegt, Blatt 4 aus dem Mappenwerk: „Goya-Variationen", 1974, Aquatinta, 53,4 × 38,1 cm, Städtisches Museum Braunschweig, Inv. Nr. 2023-0086-04.

35 Francisco de Goya, „Aquellos polbos", Blatt 23 aus: Los Caprichos, 1799, Radierung und Aquatinta, 21,7 × 14,8 cm, Albertina, Wien, Inv. Nr. DG1935/36. Vgl. Harris 1964, S. 93, Nr. 58.

36 Siegfried Neuenhausen, Das waren noch Zeiten!, Blatt 6 aus dem Mappenwerk: „Goya-Variationen", 1974, Aquatinta, 53,3 × 38,2 cm, Städtisches Museum Braunschweig, Inv. Nr. 2023-0086-06. Francisco de Goya, „Duendecitos", Blatt 49 aus: Los Caprichos, 1799, Radierung und Aquatinta, 31 × 21,4 cm, Albertina, Wien, Inv. Nr. DG1935/62. Vgl. Harris 1964, S. 122, Nr. 84

37 Gäßler 1990, S. 69, Nr. 59.

38 Ebd.

39 Siegfried Neuenhausen, Goya-Variationen, zehnteiliges Mappenwerk mit Einführungstext von Siegfried Neuenhausen, 1974, Strichätzung und Aquatinta, 53,3 × 38,2 cm, Städtisches Museum Braunschweig, Inv. Nrn. 2023-0086-01 bis 2023-0086-10; Einführungstext, Typoskript, S. 5.

40 Siegfried Neuenhausen, Papa arbeitet in Wolfsburg/Germania, 1973/74, Lithographie, Städtisches Museum Braunschweig, Inv. Nr. 2023-0129-00.

41 Siegfried Neuenhausen, Morgen reist Salvatore di Massa wieder zurück nach Essen/Germania, 1973/74, Radierung, Städtisches Museum Braunschweig, Inv. Nr. 2023-0109-00.

42 Siegfried Neuenhausen, Familie in Sessellandschaft, 1973/74, Lithographie, Städtisches Museum Braunschweig, Inv. Nr. 2023-0138-00.

43 Siegfried Neuenhausen, Stefano will nicht mehr zurück in die Bundesrepublik. Zwei Jahre haben ihm gereicht, 1973, Lithographie, Städtisches Museum Braunschweig, Inv. Nr. 2023-0136-00.

44 Neuenhausen 1992.

45 Neuenhausen 2022, S. 123.

46 Ebd., S. 124.

47 Ebd.

48 Ebd.

49 Dies erzählte mir Siegfried Neuenhausen bei einem persönlichen Gespräch in Hannover. Für die zahlreichen, interessanten Einblicke in seine Arbeit und wichtige Impulse für die Ausstellung sei ihm, auch an dieser Stelle, herzlich gedankt.

Katalog

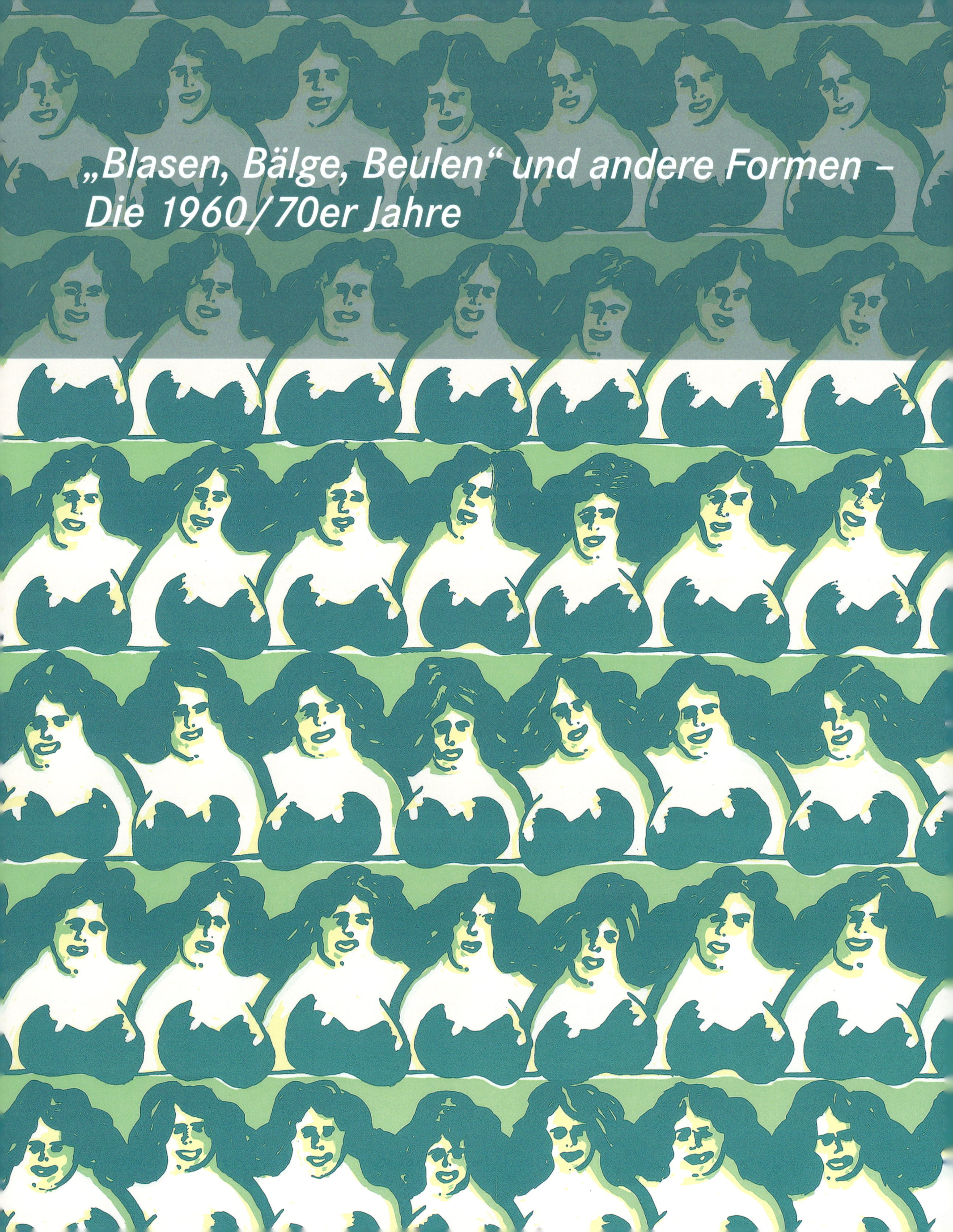

„Blasen, Bälge, Beulen“ und andere Formen – Die 1960/70er Jahre

Die Ausstellung beginnt mit dem 1964 in einer Mischtechnik aus Papiermaché und Eitempera auf Holz entstandenen Relief „Nachbarn“: Es zeigt in vier Registern übereinander Köpfe und Gesichter verschiedener, nicht näher identifizierbarer Menschen.[1] Die einzelnen Gestalten sind entweder als bloßer Kopf im Halbprofil oder *en face* mit verschwommenen Gesichtern gekennzeichnet. Lediglich zwei Figuren in den unteren beiden rechten Bildfeldern wurden mithilfe eines Schwarz-Weiß-Fotos konstruiert. Bei den Dargestellten auf dem Foto handelt es sich um Kaiser Wilhelm II. und seine Gemahlin Auguste Viktoria von Schleswig-Holstein-Sonderburg-Augustenburg. Die Arbeit unterstreicht Neuenhausens Interesse an einer Mischung aus Malerei und Plastik, die in seinem Werk besonders in den 1960er Jahren charakteristisch ist. Die Begeisterung für plastische Arbeiten ist bereits 1963 in der Arbeit „Rosa semperflorens“ zu fassen.[2] In einer Mischung aus Papiermaché, Holz, Leinen und Aquarellfarbe gestaltete Neuenhausen eine undefinierbare hügelige „Landschaft“ auf rosafarbenem Grund, man könnte auch an eine Brust denken. Diese Arbeit stammt aus der ersten plastischen Phase im Werk von Neuenhausen, als der Künstler „Blasen“ entstehen lässt. Diese entwickeln sich erst später zu definierbaren Körperformen, wie Armen, Köpfen oder Brüsten.[3]

Siegfried Neuenhausen betonte, dass „die figurative Skala von der Assoziation bis zur Porträtähnlichkeit [reicht]. Beispiel: Kopf als Balg - Blase als Kopf - Kopf als Porträt - Kopf als Kopf - Kopf plastisch oder (und) gemalt - Kopf als Foto usw. Leim, viel Leim, Kleister, Papier, Pappe, Farbe, Kreiden. Beulen - Blasen - Buckel - Busen - Bälge - Köpfe - Körper.“[4]

Norbert Nobis erkennt in der „zerknitterte[n] Form, die wie zufällig aus dem augenblickhaften Impuls entstanden zu sein scheint und die einen biomorphen und organischen Charakter aufweist, ohne jedoch die Nachbildung eines definierbaren Körpers sein zu wollen [...] Anzeichen für eine Auseinandersetzung mit dem Informel.“[5] Neuenhausen wird sich mit informeller Kunst beschäftigt haben, jedoch sind seine weiteren Reliefarbeiten wie „Kleines Neußer Requiem“ (1963) oder auch die Arbeit „Nachbarn“ (1964) nicht nur durch das „Prinzip der Formlosigkeit“ gekennzeichnet, das der informellen Kunst zugrunde liegt.[6] Das „Kleine Neußer Requiem“ lässt sich direkt mit der Arbeit „Nachbarn“ vergleichen: es zeigt, in sechs Bildfeldern in drei Registern übereinander, eine Art Collage aus Zeitungsausschnitten, die Gesichter unterschiedlicher Frauen zeigt. Im unteren Bildfeld rechts sind eine Frau und ein Mann zu sehen. Die Gesichter sind zum Teil übermalt oder werden durch die farbliche Umrahmung besonders betont. Den zweidimensionalen Ausschnitten aus Zeitschriften stehen plastisch geformte Köpfe und Körper aus Papiermaché gegenüber. Neuenhausen hat in seinen Reliefs „Kleines Neußer Requiem“ und „Nachbarn“ besonders die Anonymität der Dargestellten und die Flüchtigkeit des Moments thematisiert. Die Gesichter sind verwischt oder verschwimmen, so als würde man an den Personen vorbeigehen.

Die von Neuenhausen in seiner Arbeit „Rosa semperflorens“ verwendeten Formen, die wie zerknitterte, rohe „Fleischhaufen“ wirken, entwickeln sich weiter zu konkreten plastischen Formen. Es entstehen die sogenannten „Brustbilder“. Kennzeichnend für diese Arbeiten sind nicht nur die anthropomorphen, ausdifferenzierten Formen, sondern auch das Serielle. Seit Mitte der 1960er Jahre entstehen die „Brustbilder“ nicht nur als Relief, sondern auch als Druckgraphiken. Nicht nur angesichts der in unserer heutigen Zeit geführten Debatte über Sexismus in Gesellschaft und Kunst muss man auch die „Brustbilder“ hinsichtlich ihrer sich auf einen Körperteil reduzierenden Form kritisch befragen. Bereits 1971 wurde der Künstler Neuenhausen in einem Interview mit dem Kurator der Aachener Neuenhausen-Ausstellung Wolfgang Becker nach der pornografischen bzw. sexistischen Bedeutung seiner Arbeiten befragt. Daraufhin antwortete Neuenhausen, dass die Objekte „nie pornografisch“ gewesen wären, „dafür waren sie zu burlesk. Sie waren nie wirklich scharf sexuell, dafür waren sie zu beulenhaft und auch zu unartifiziell gemacht. Weder hatten sie die Glätte und die glatte Konsumierbarkeit der Illustriertenfotos, noch die Brillanz der Amerikaner [gemeint sind etwa Tom Wesselmann und Allen Jones; Anm. d. Verf.] ... Es sind keine Sex-Objekte. Die Sachen sind zu emblemhaft, als dass sie wirklich Sex-Objekte sein könnten.“[7]

Neuenhausen interessierte sich in Anlehnung seiner ersten körperformenbildenden Arbeit über Blasen und Beulen also für die plastische Form von Brüsten, und hier vor allem als serielles Element seiner Reliefs. Die „Brustbilder“ lassen durch ihre knalligen Farben und Formen an Werke der Pop-Art denken. Tatsächlich ließ sich Neuenhausen auch durch die Bewegung der Pop-Art inspirieren. Die eigentlichen Quellen für Neuenhausens Bildschöpfungen der 1960er Jahre liegen jedoch in einem gänzlich anderen Bereich, wie der Künstler in einem Interview 1967 verriet: „So muß zunächst einmal erwähnt werden, daß gerade in dieser Zeit sich der Einfluß der amerikanischen Pop-Art auf Europa bemerkbar machte, Neuenhausen hat nun nicht ihre Motive, wohl aber das triviale Element der Pop-Art für seine eigene Kunst nutzbar gemacht.“

In einem Interview aus dem Jahre 1967 (abgedruckt im Magazin KUNST, Nr. 25, 1967) bestätigt der Künstler den Einfluß der Pop-Art, relativiert ihn aber auf die Tatsache, dass „... die Bereitschaft geschärft war, aus Quellen zu schöpfen, die bisher nicht entdeckt waren. Diese Quellen waren für mich Kar-

nevalsfiguren, Kirmesbuden, die lackierten Holzpferde, die Pappköpfe ... und vor allem die großen Pappfiguren, die bei Schützenumzügen mitgeführt wurden."[8]
Bereits gegen Ende der 1960er Jahre thematisiert Neuenhausen die Anonymität der Menschen und das „Bruchstückhafte" des Menschen, beispielsweise in seiner 1967 entstanden Lithographie „Vier blaue Jacken". Die Jacken gleichen körperlosen Hüllen, die dicht nebeneinandergepfercht im Raum stehen. In dem 1971 mit Siegfried Neuenhausen geführten Interview thematisierte Wolfgang Becker die Tatsache, dass Neuenhausen in seinen Arbeiten „nie von einem kompletten Menschenbild ausgegangen" wäre bzw. „von einem harmonischen Akt selbst, sondern [...] immer von Stücken, von Menschen und ihre[n] Bekleidungen".[9] Auf die Frage nach Menschen in gruppenartigen Darstellungen antwortete Neuenhausen:

> „Zuerst war bei diesen Gruppen die Vorstellung der Mäntel da, die Fortsetzung der Jacken. Die Figuren sind anonym und auch da natürlich vergleichbar den Brustbildern oder diesen frühen Torsi, die auch keine Gesichter haben, abgesehen von den Paar Porträts, die ich gemacht habe. Wenn man überhaupt von Individuellem sprechen will, dann liegt das in den Mänteln, an den Mänteln kann man sie erkennen, Kleider machen Leute. Also stückhaft sind auch diese Sachen, aber was ich für wichtig halte, ist, dass die letzten Arbeiten sich aus Stücken so zusammengerauft haben. Das ist natürlich ein anderer Vorgang, als wenn ich mit einer Vorstellung vom ganzen Menschen begonnen hätte. Wie sollte ich dazu kommen? Ich habe keine Vorstellung von ganzen Menschen, der irgendwie die heile Welt repräsentieren könnte, sondern eine betont stückhafte. Bruchstückhaft. Die Bruchstücke verweisen auf irgend einen Menschen, wobei nicht wichtig ist, wem der Arm gehört, sondern was man mit einem Arm machen kann, den kann man fesseln, man kann eine Faust daraus machen, den kann man abreissen."[10]

Neuenhausen setzte sich Ende der 1960er Jahre bereits mit Gewalt, Unterdrückung und Folter auseinander, wie seine Äußerungen zeigen. Diese Andeutungen werden sich in seinen Torsi der 1970er Jahre noch bildlich verstärken, beispielsweise durch gefesselte Arme, einzelne Köpfe oder andere Körperteile.
Karin Thomas ordnete die Kunst Siegfried Neuenhausens der Post-Pop Art in Deutschland zu und beschrieb seine Werke mit folgenden Worten:

> „In Deutschland inszeniert sich die Post-Pop Art als kritisch-ironischer Feldzug gegen die manipulative Figuration des modernen Reklame-Gebrauchs. Siegfried Neuenhausen (geb. 1931) benutzt die plastischen ‚Vulgärformen' von bemalten Pappmaché-Figuren, um die Spannung zwischen banaler Stofflichkeit und klischeehafter Idolverherrlichung im moritatenhaften, drastischen Schießbudenjargon unmittelbar zu vergegenwärtigen. Indem der monströse Busen der Pin-up-Torsi aus Pappmaché ebenso wie der uniformierte Normalanzug von kleinbürgerlichen Männerbüsten in ihrer penetranten Serienfiguration zum Allgegenwartsprodukt erhoben wird, parodiert Neuenhausen mit diesen trivial-sentimentalen Dekorationsattrappen den hohlen Kirmesbudenschwulst der modernen Werbungsmethoden. Im Verlauf der frühen siebziger Jahre entstehen aus den Pin-up-Persiflagen und Schießbuden-Jedermännern Folterpuppen ohne Gesicht, deren Körpern man dennoch eine unmenschliche Qual ansieht. Mit diesen Folterpuppen weist Neuenhausen auf die vielen Menschenrechtsverletzungen hin, die trotz einer hohen Zivilisation immer stärker anwachsen; selbst noch nach Auschwitz schreckt man vor dem systematischen rassistisch oder ideologisch motivierten Völkermord nicht zurück."[11]

1 Nobis 1984, S. 9.
2 Ebd., S. 6.
3 Vgl. das Interview zwischen Wolfgang Becker und Siegfried Neuenhausen, in: Ausst. Kat. Aachen 1971, S. 1 [o. P.].
4 Neuenhausen 1965, S. 22.
5 Nobis 1984, S. 6.
6 Wedewer 2007, S. 15 f.
7 Vgl. das Interview zwischen Wolfgang Becker und Siegfried Neuenhausen, in: Ausst. Kat. Aachen 1971, S. 6.
8 Nobis 1984, S. 15.
9 Vgl. das Interview zwischen Wolfgang Becker und Siegfried Neuenhausen, in: Ausst. Kat. Aachen 1971, S. 7.
10 Ebd., S. 8.
11 Thomas 1986, S. 297.

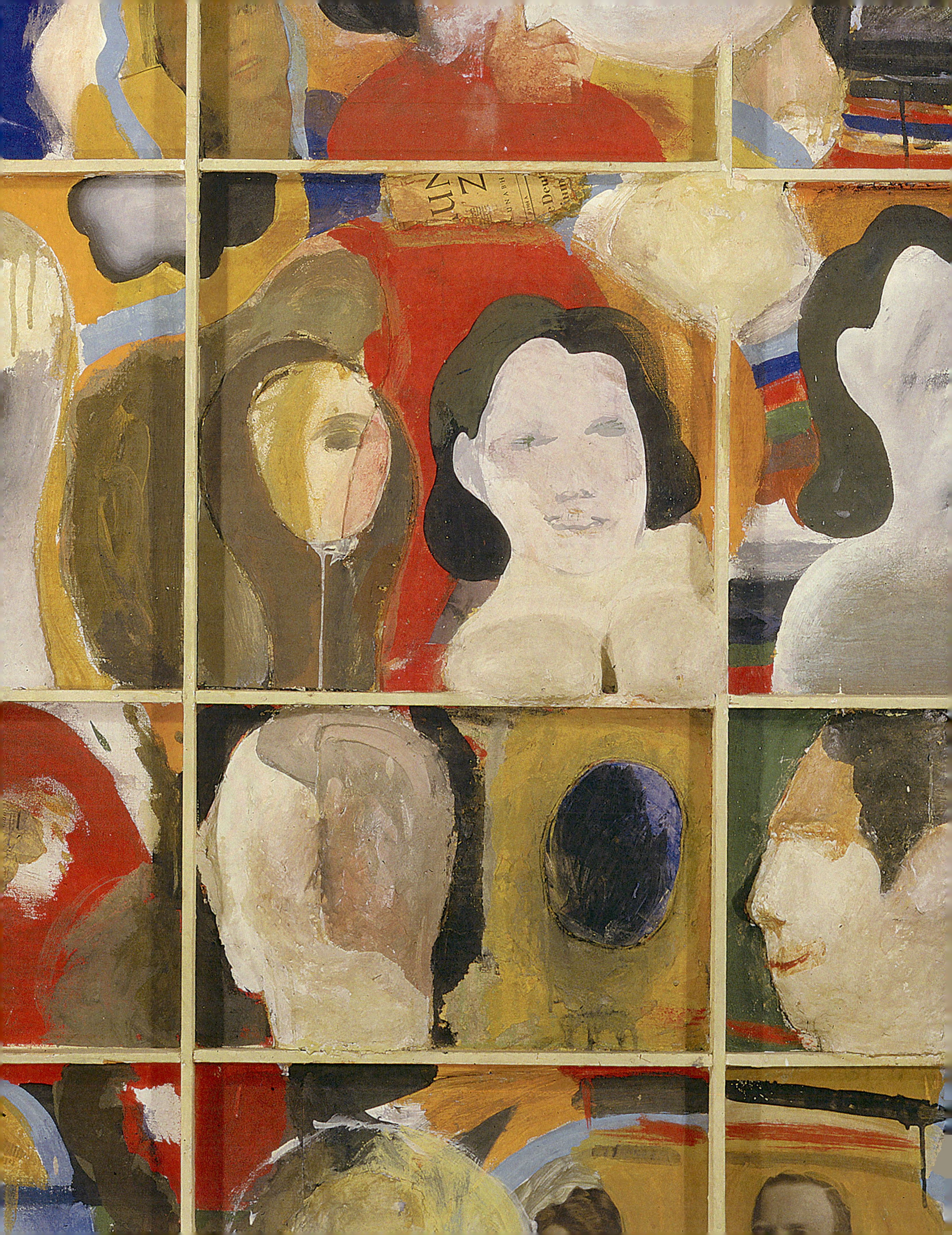

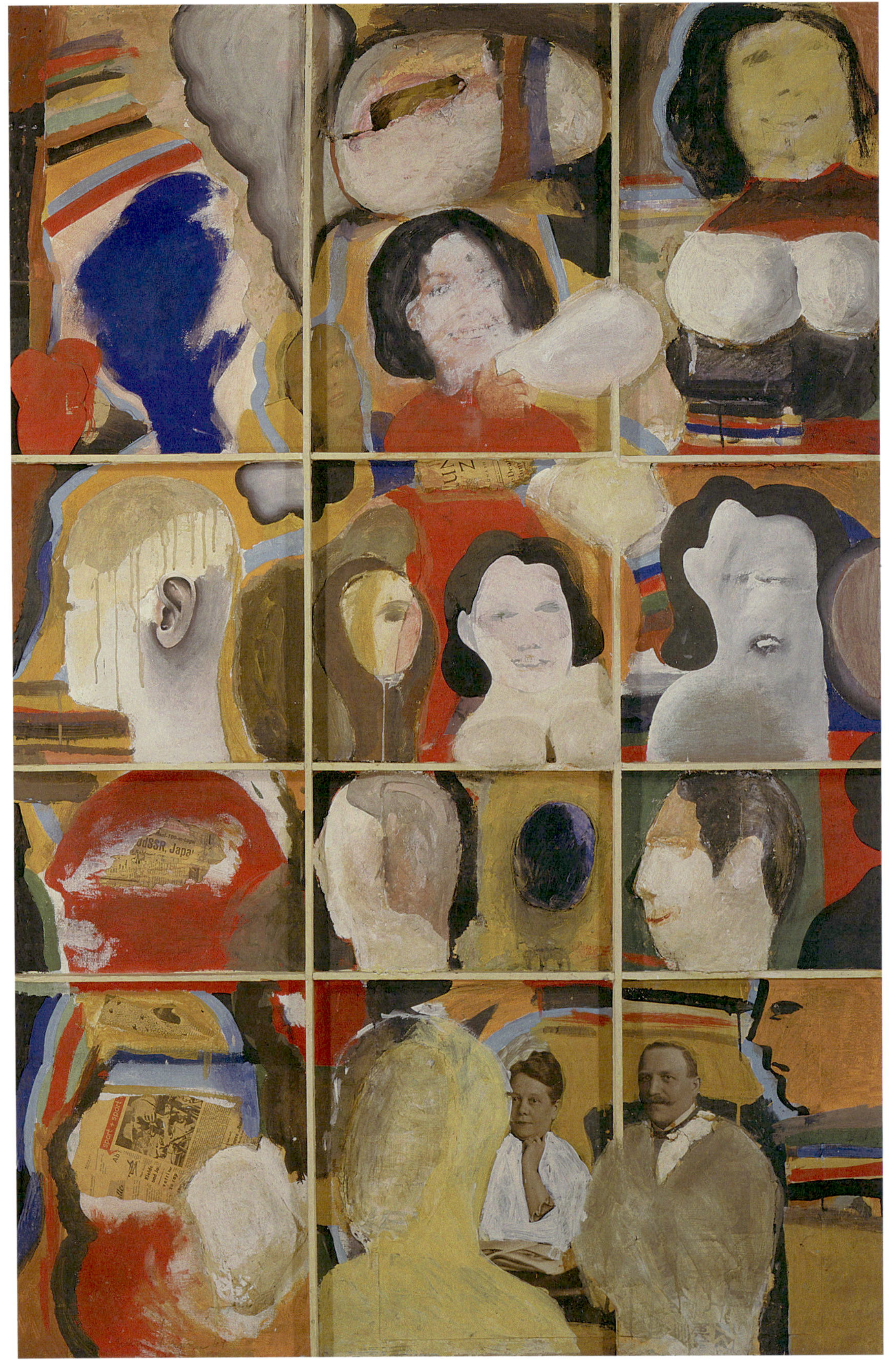

Nachbarn (wie Detail auf Seite vorher), 1964, Öl, Collage/Pressspan, Papiermaché, 182,6 × 121,7 cm, Inv. Nr. 1972-0033-00
Erworben von der Galerie Langer, Braunschweig (1972)

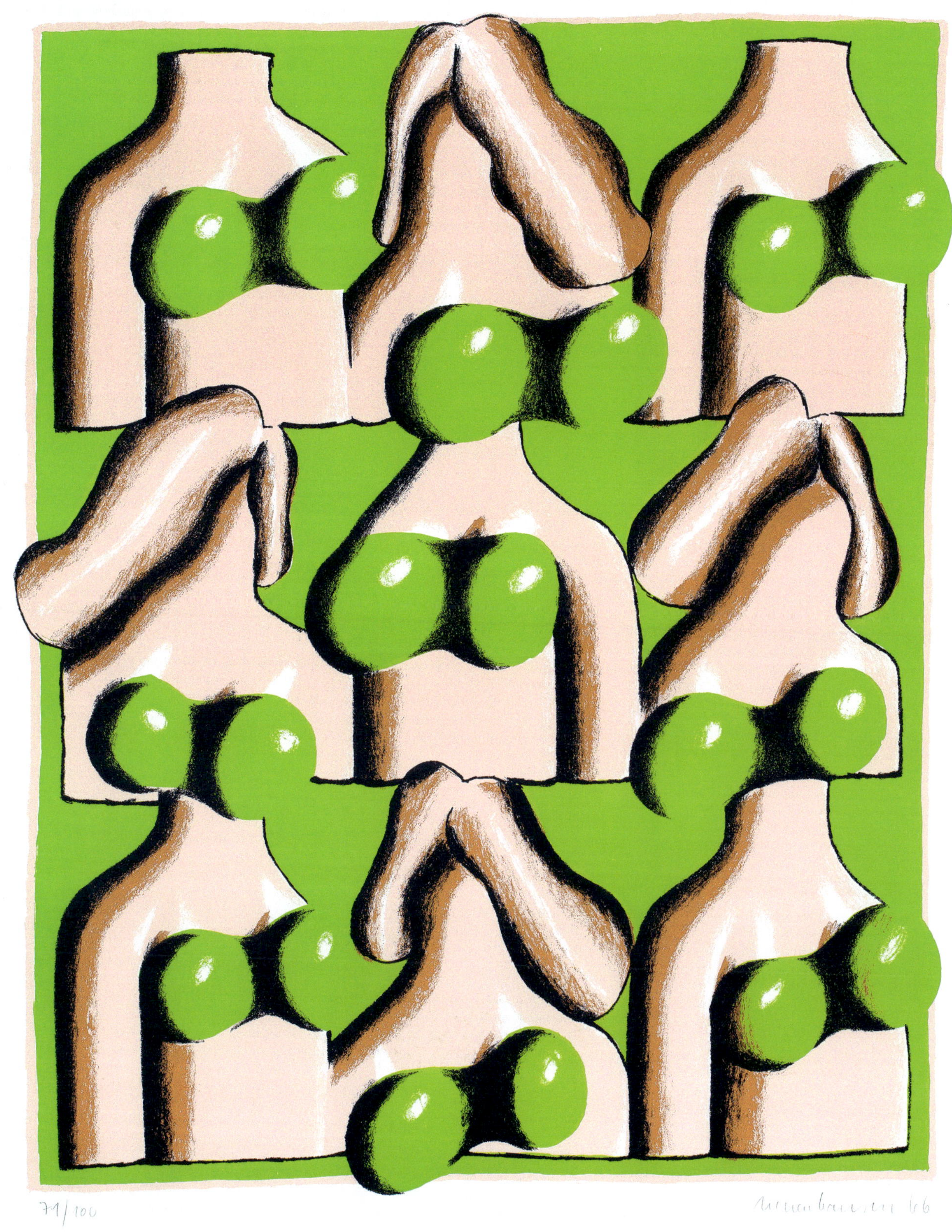

Neun Busen (Frauen; grün), 1966, Lithographie, 57 × 45,9 cm, Inv. Nr. 2023-0116-00
Schenkung Prof. Siegfried Neuenhausen, Hannover 2023

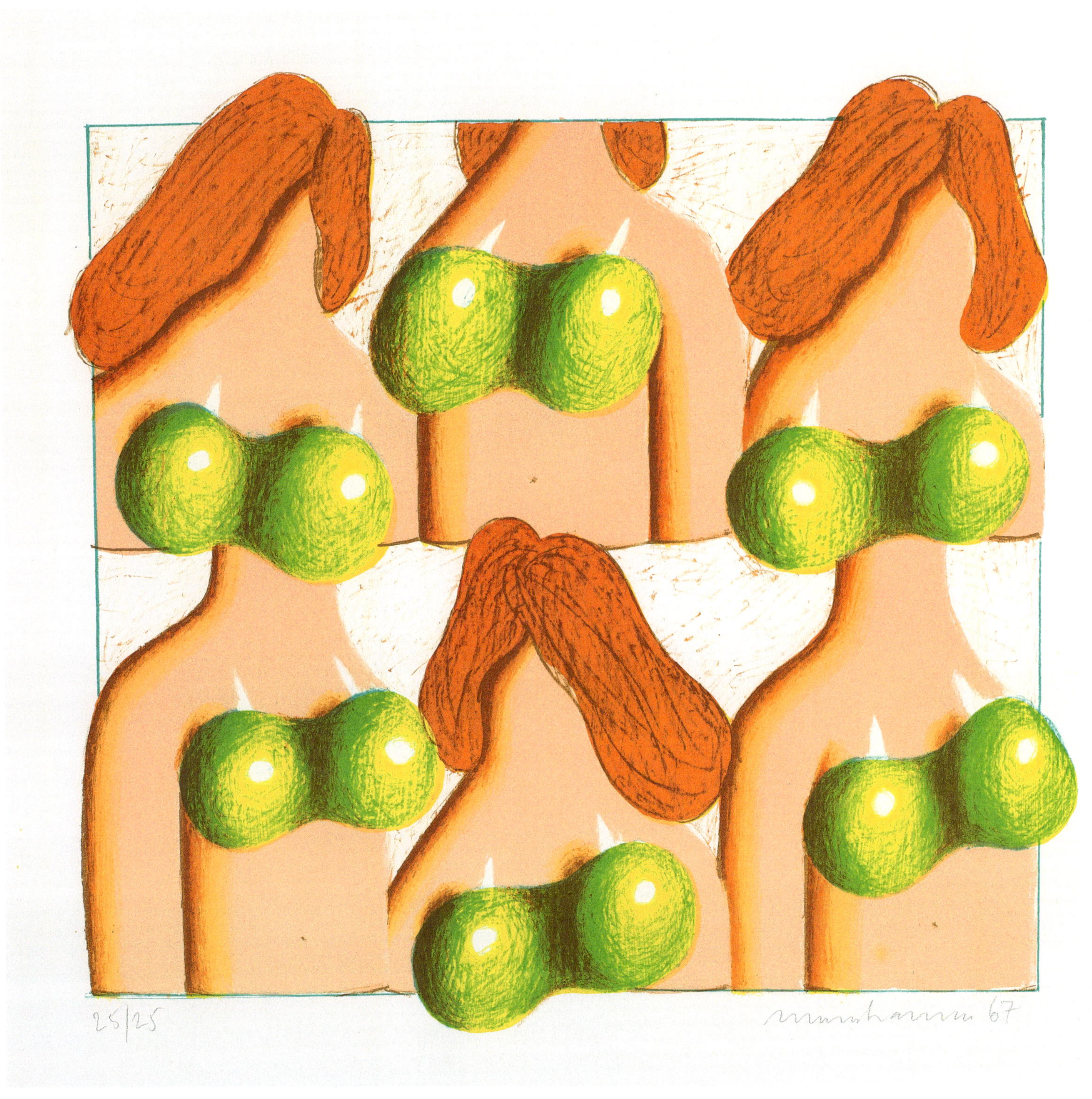

Sechs Busen (Frauen), 1967, Lithographie, 40,8 × 42,9 cm, Inv. Nr. 2023-0114-00
Schenkung Prof. Siegfried Neuenhausen, Hannover 2023

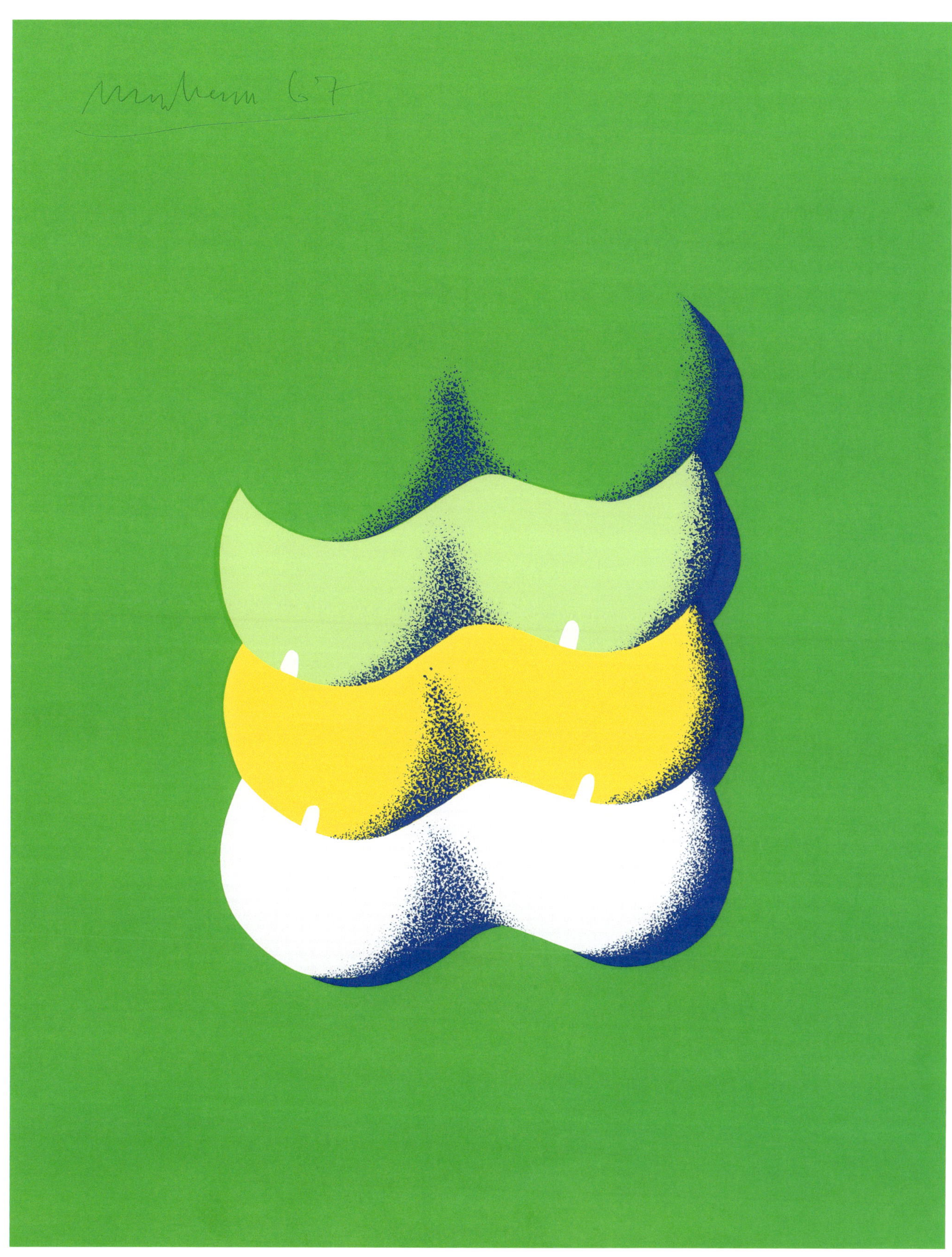

Busenformen, 1967, Offsetdruck, 43 × 34 cm, Inv. Nr. 2023-0093-00
Schenkung Prof. Siegfried Neuenhausen, Hannover 2023

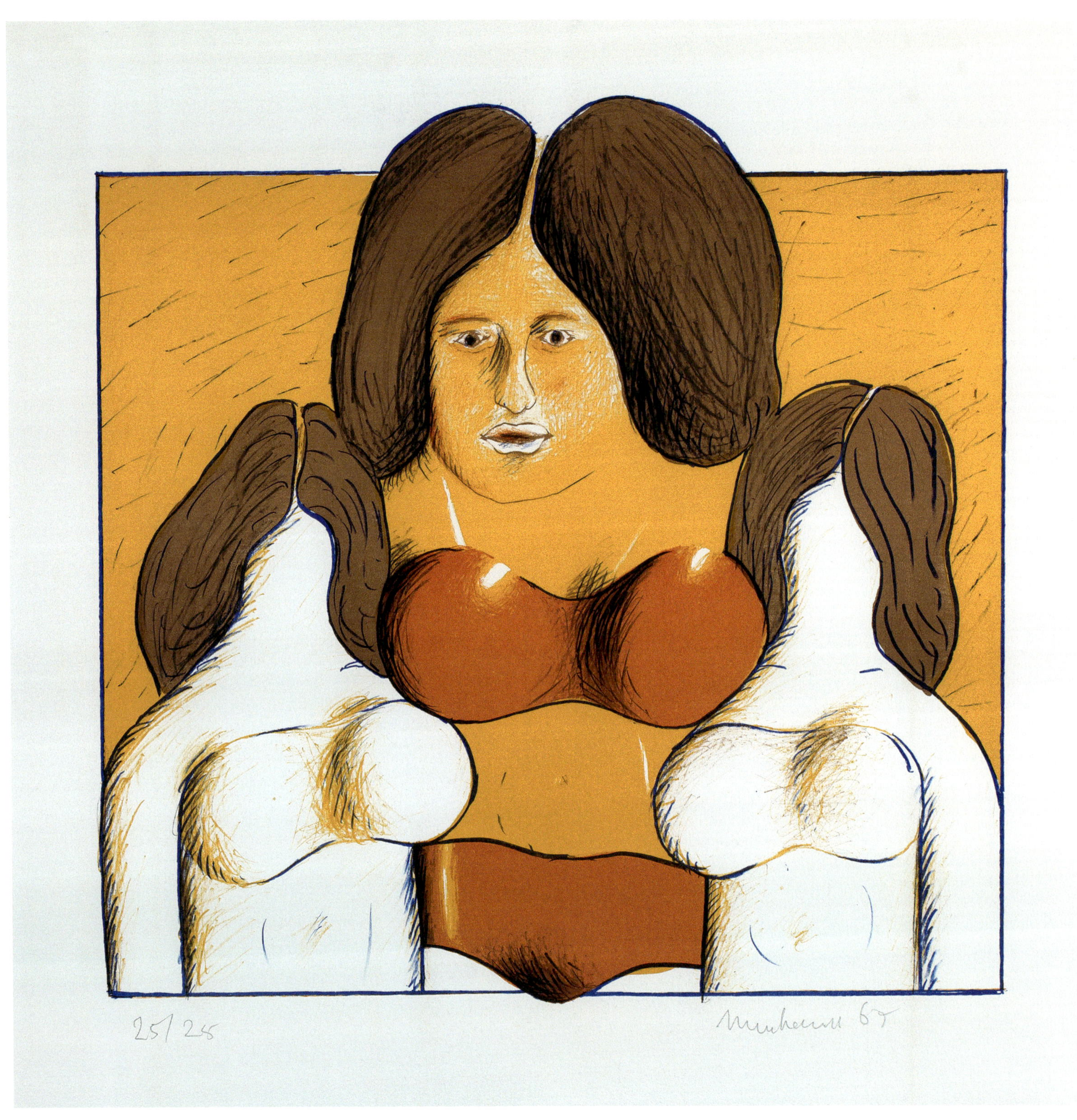

Drei Frauen, 1967, Lithographie, 42,4 × 43 cm, Inv. Nr. 2023-0115-00
Schenkung Prof. Siegfried Neuenhausen, Hannover 2023

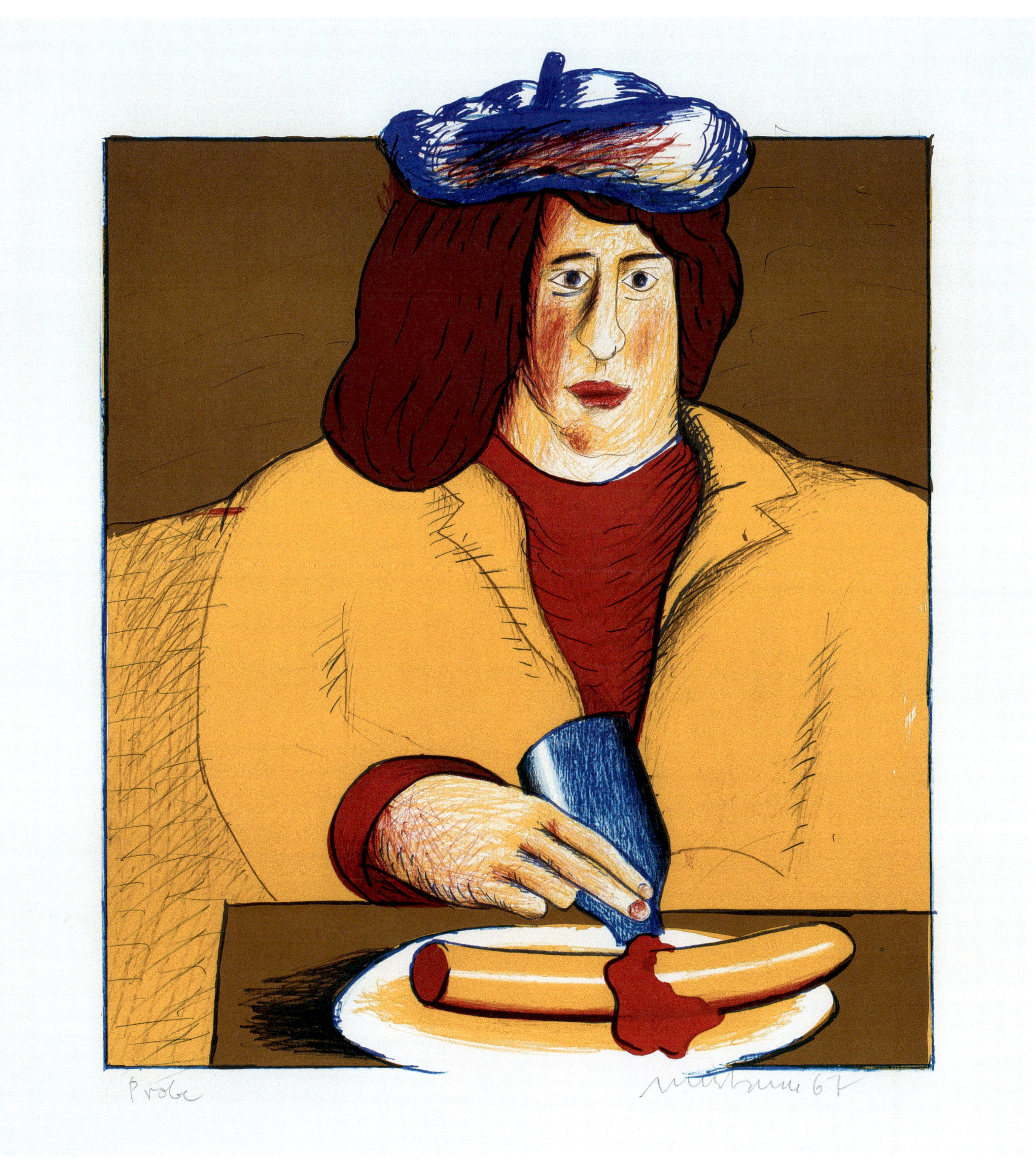

Würstchenesserin, 1967, Lithographie, 41,5 × 39,6 cm, Inv. Nr. 2023-0112-00
Schenkung Prof. Siegfried Neuenhausen, Hannover 2023

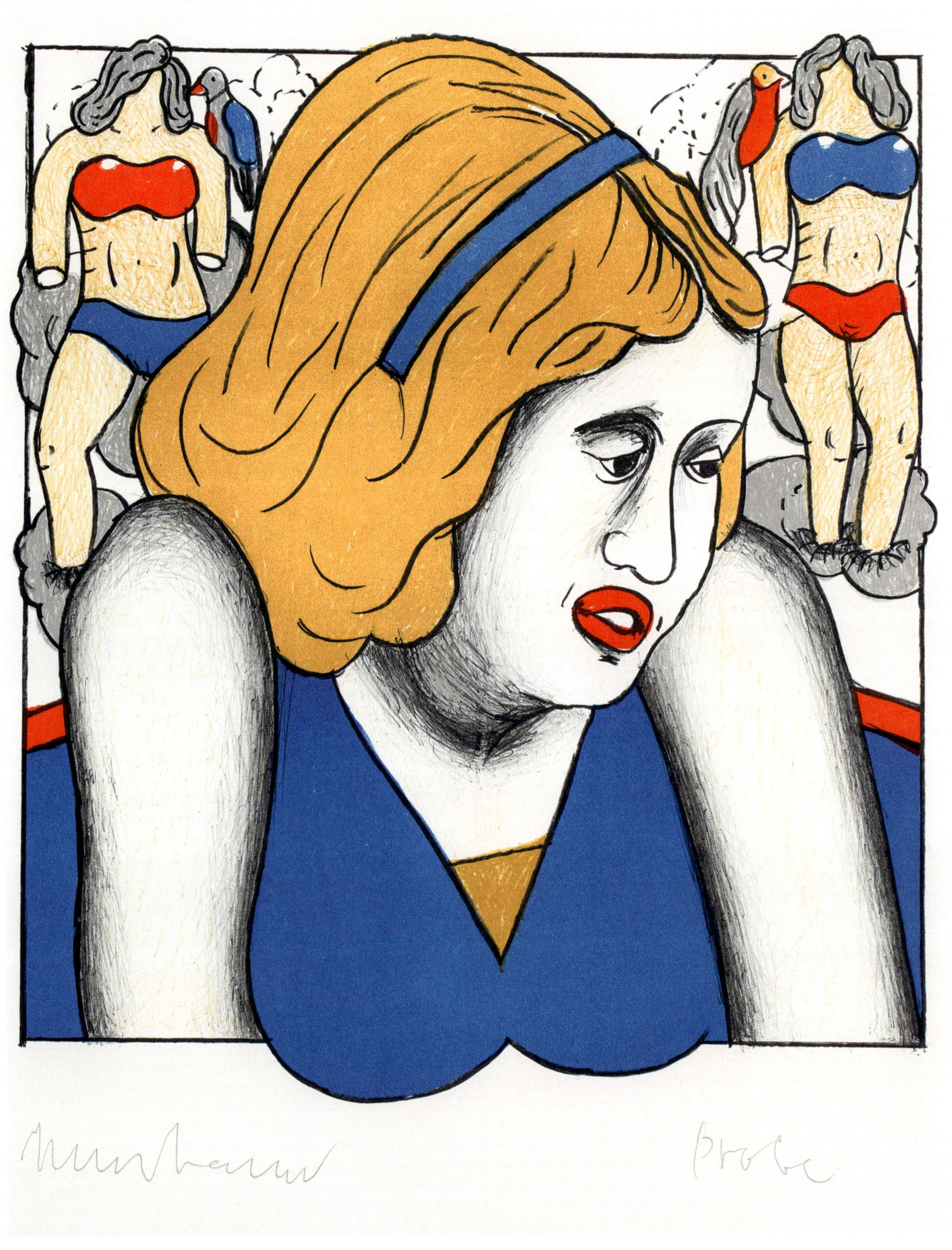

Frau mit blauer Bluse, undatiert, Offsetdruck, 42,9 × 30,3 cm, Inv. Nr. 2023-0095-00
Schenkung Prof. Siegfried Neuenhausen, Hannover 2023

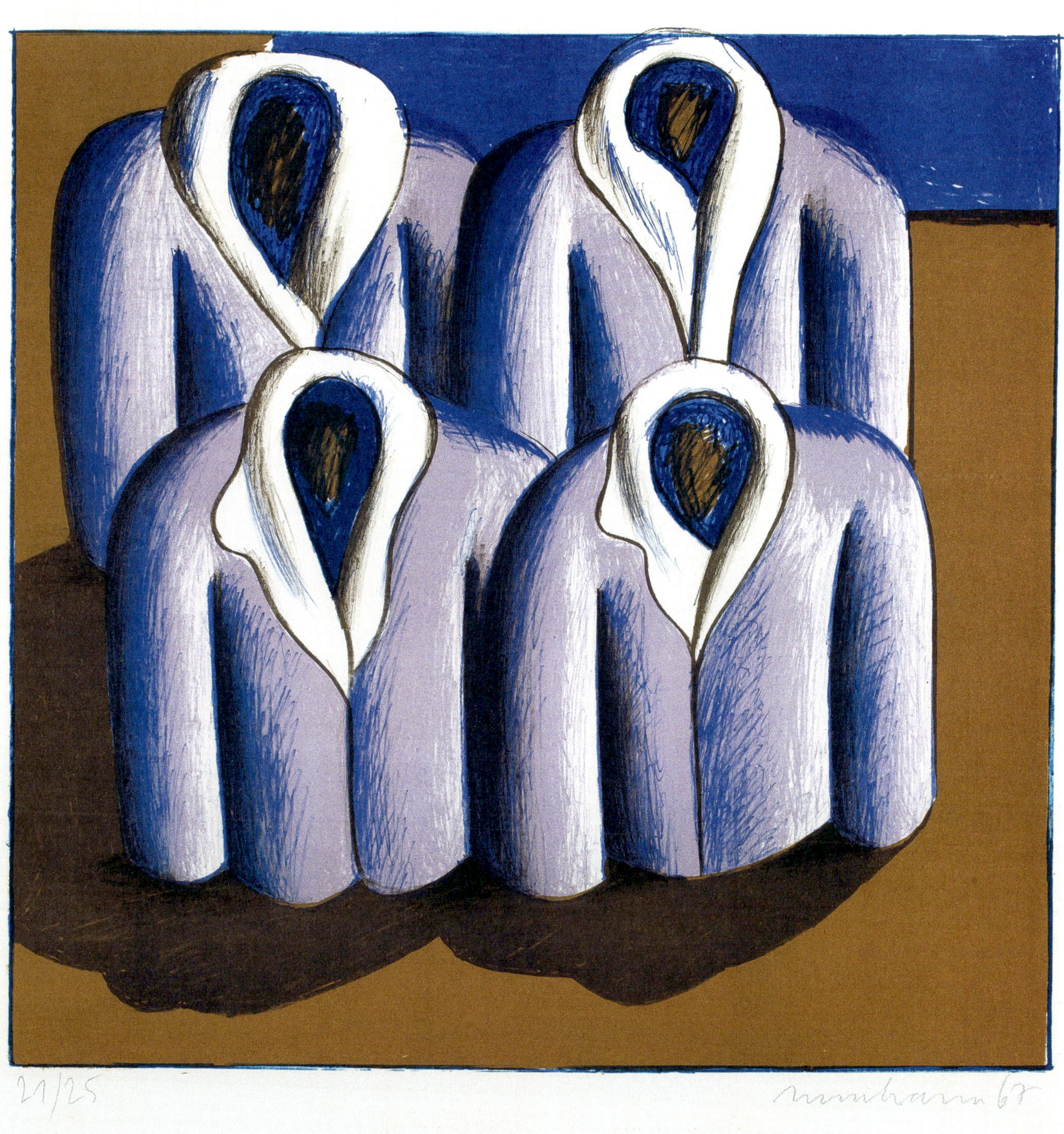

Vier blaue Jacken, 1967, Lithographie, 41,4 × 43,4 cm, Inv. Nr. 2023-0113-00
Schenkung Prof. Siegfried Neuenhausen, Hannover 2023

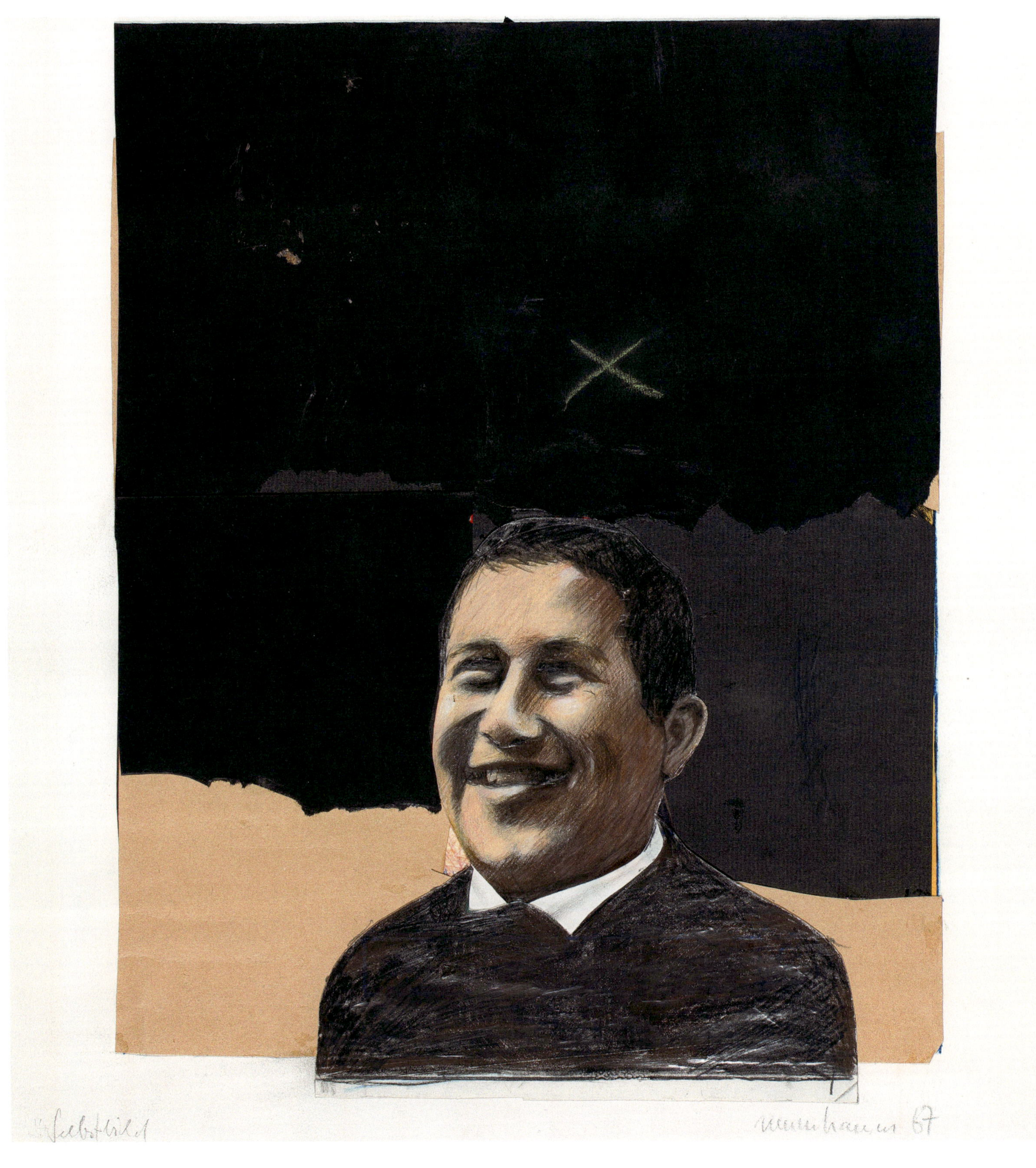

Selbstbild, 1967, Collage, Blei- und Bunststift, 41,6 × 39,8 cm, Inv. Nr. 1974/49
Erworben von der Galerie Schmücking, Braunschweig (1974)

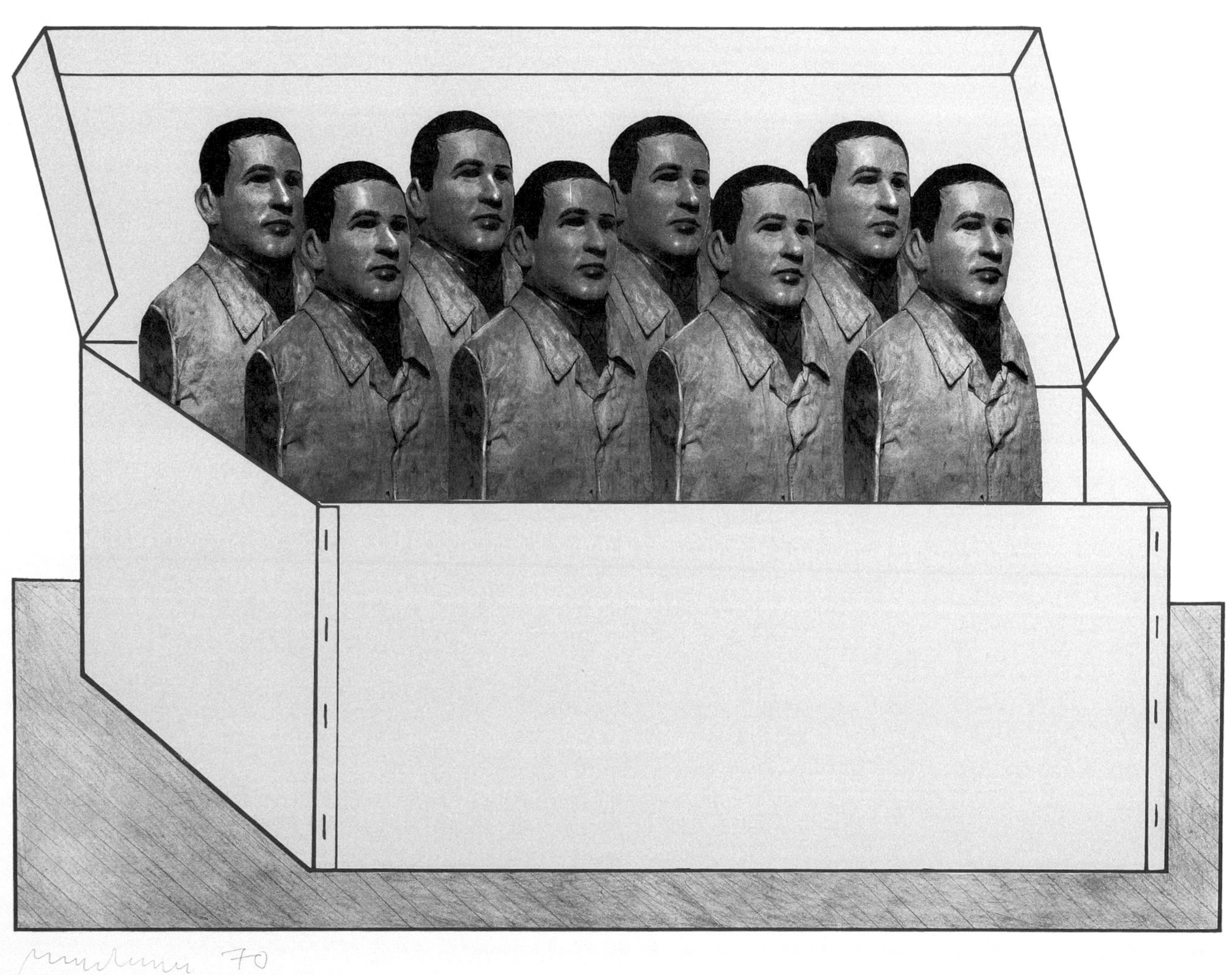

Selbstporträt im Kasten, 1970, Lithographie, 58,4 × 79 cm, Inv. Nr. 2023-0120-00
Schenkung Prof. Siegfried Neuenhausen, Hannover 2023

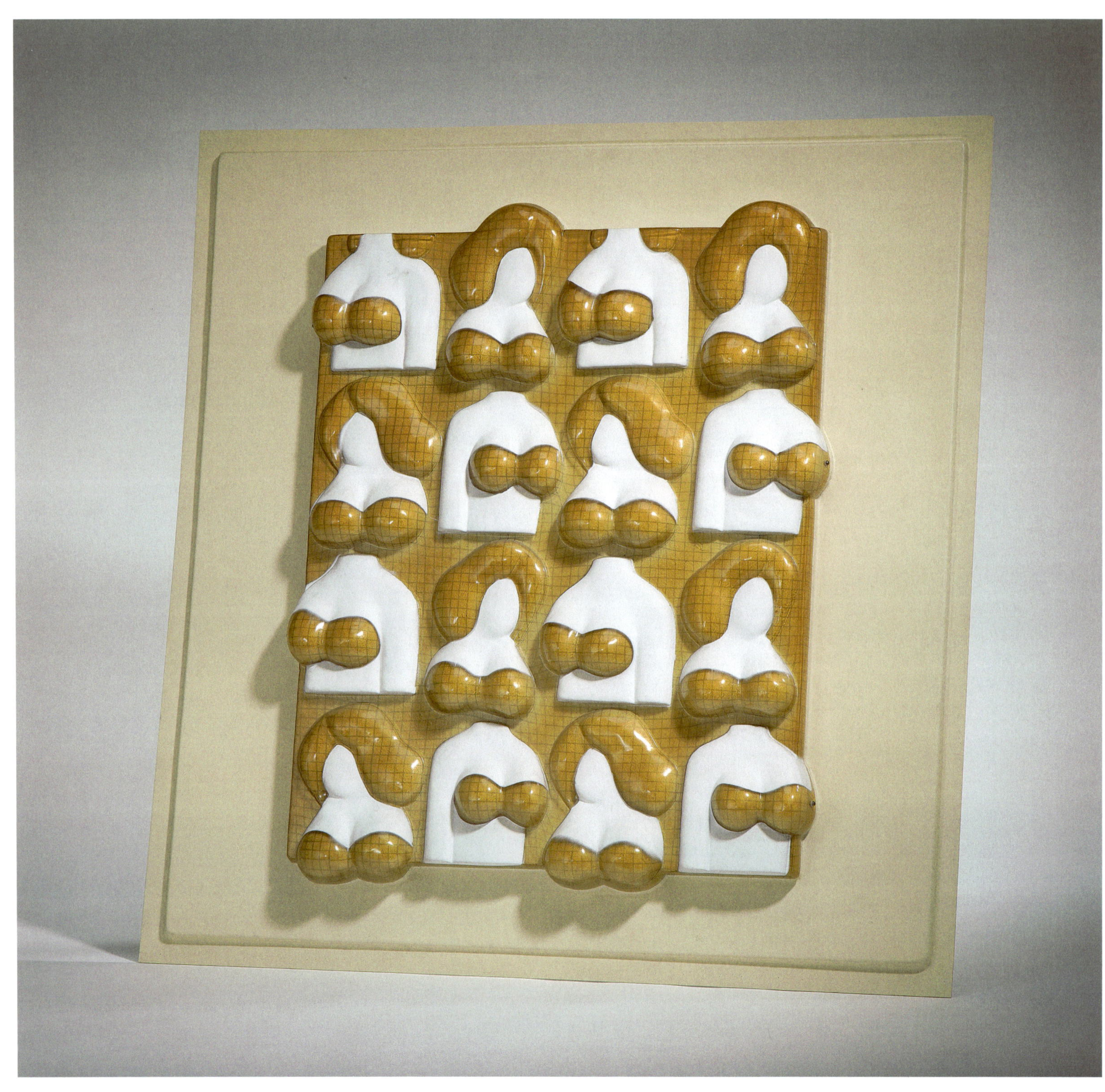

Brustbild VII, 1968, Kunststoff, 100 × 100 × 51 cm, Inv. Nr. 1968-0108-00
Erworben von der Galerie Langer, Braunschweig, aus Mitteln des Kulturamts (1968)

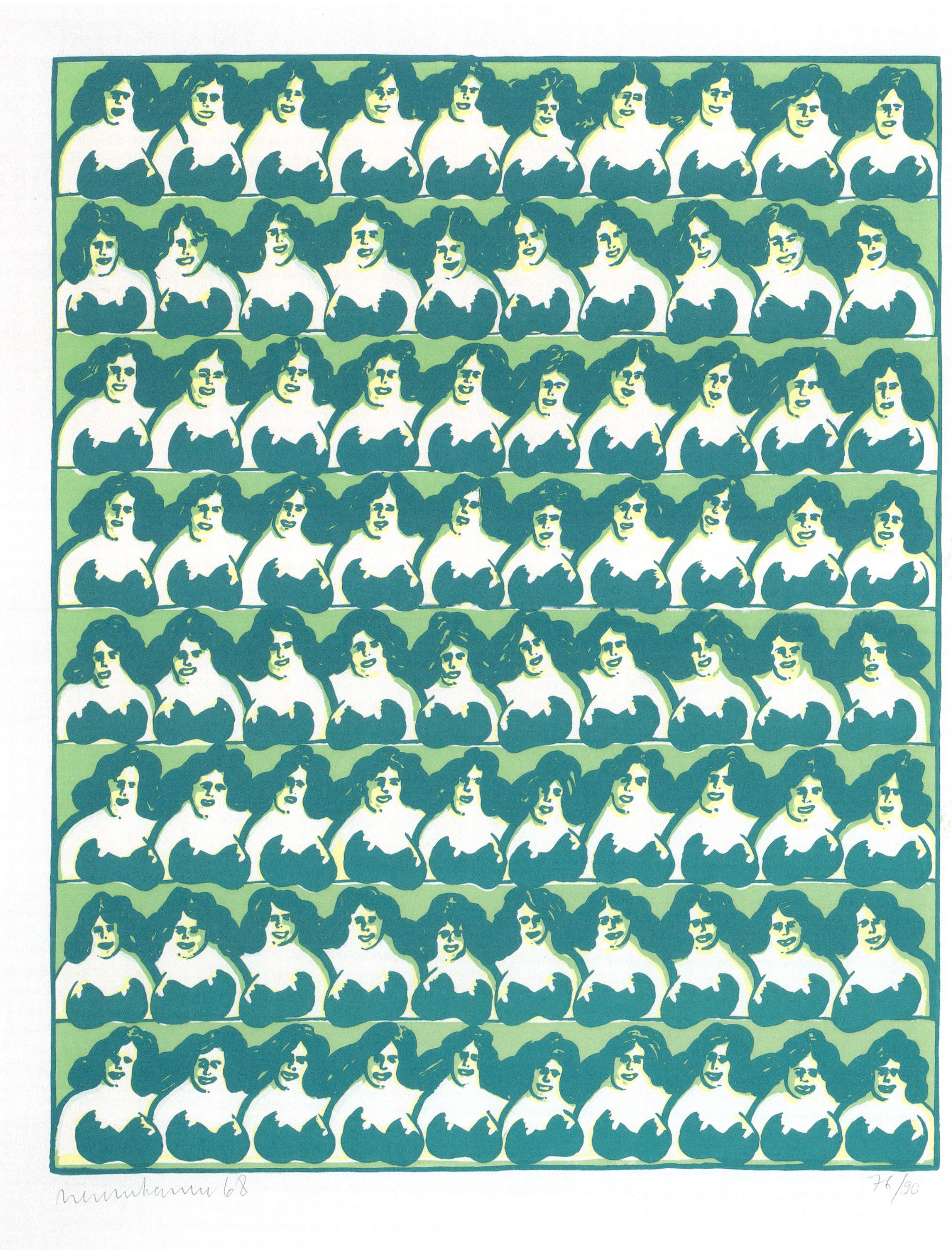

80 grüne Witwen, 1970, Lithographie, 74,5 × 59,7 cm, Inv. Nr. 2023-0121-00
Schenkung Prof. Siegfried Neuenhausen, Hannover 2023

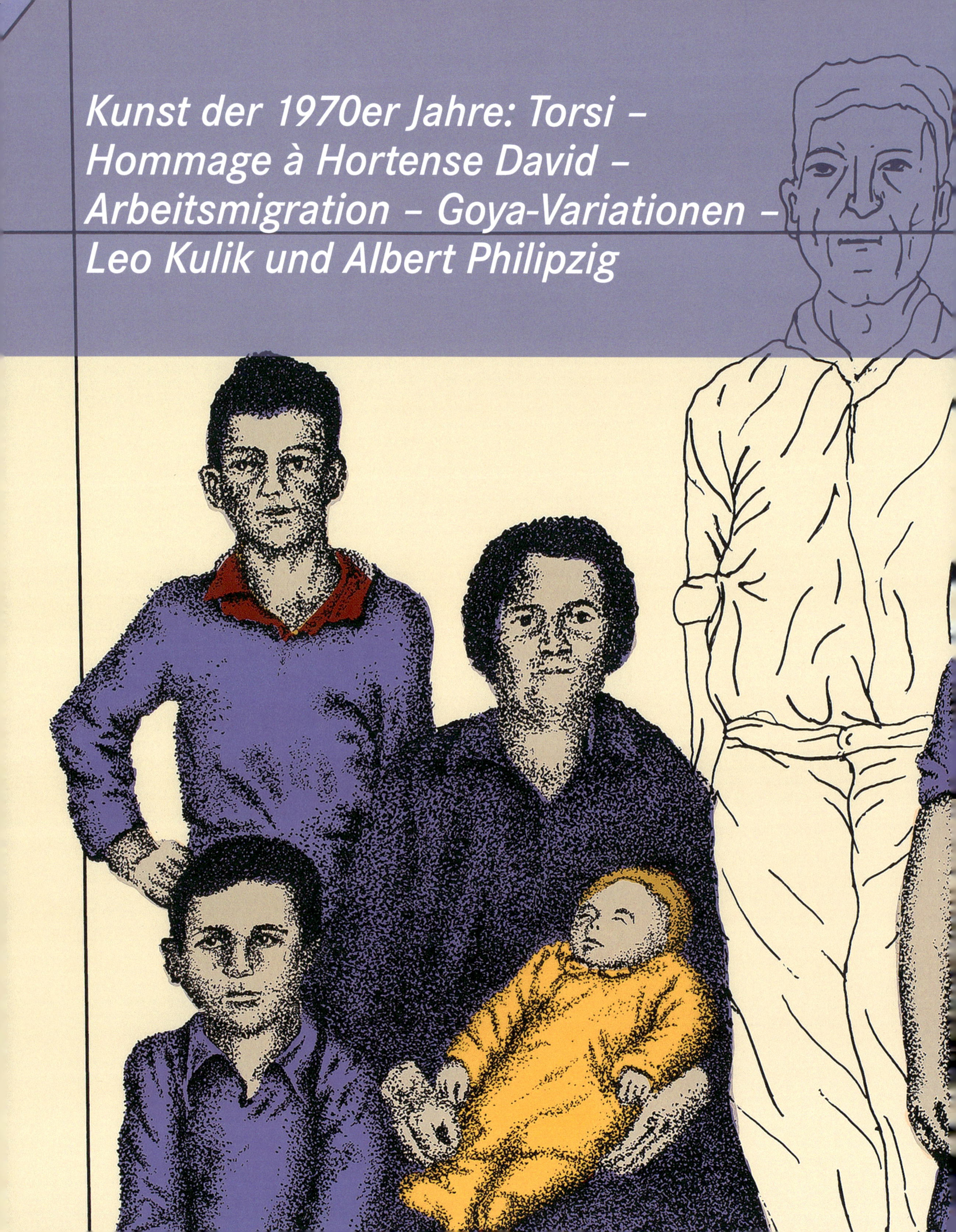
Kunst der 1970er Jahre: Torsi –
Hommage à Hortense David –
Arbeitsmigration – Goya-Variationen –
Leo Kulik und Albert Philipzig

Die 1970er Jahre sind eine extrem produktive Zeit hinsichtlich des künstlerischen Schaffens Siegfried Neuenhausens, besonders auch im Bereich der Graphik. Es entstehen Lithographien, die junge Frauen, bekleidet mit Bikini oder Badeanzug und einem Eishockey-Schutzhelm zeigen. Dabei wird der Mund vom Gesichtsschutz verdeckt, so dass die Figuren wie geknebelt wirken. Die Lithographie ist mit dem Titel „For Berlin Students - Face Guards" versehen. Die Frauen stecken bis zu den Oberschenkeln in einem Sandhaufen. Neuenhausen thematisiert auf diese Weise nicht nur die Handlungsunfähigkeit einzelner Menschen, sondern vermutlich auch das Recht auf eine freie Meinungsäußerung. Das Thema der Unterdrückung, des Gefesselt-Seins, führt Neuenhausen auch in seinen sehr realistischen Offsetdrucken der frühen 1970er Jahre weiter. Beispielsweise in der Arbeit mit dem Titel „Juan Borges de Souza, unter dem Portrait seines Präsidenten Médici sitzend" (1970).[1] Das Blatt zeigt den Studenten Borges de Souza, der von der Staatspolizei in Recife gefoltert wurde. An der Wand hängt ein Porträt des brasilianischen Präsidenten Emílio Garrastazu Médici (1905–1985), der mit Folter und Menschenrechtsverletzungen in Verbindung gebracht wird. Kurz bevor sich Médici 1979 aus seinem politischen Amt verabschiedete, garantierte er sich selbst politische und juristische Amnestie, die eine Aufarbeitung seiner Amtszeit bis heute verhindert.[2] Die Motive des auf einem Stuhl sitzenden Mannes mit gefesselten Händen und einem verhüllten Kopf wiederholen sich im druckgraphischen Werk Neuenhausens zu Beginn der 1970er Jahre. In der Serigraphie „Kinetta" ist lediglich ein Torso eines Mannes ohne Oberkörper zu sehen. Der Torso ist durch zwei Kabel mit einer Art Batterie oder einem Folterinstrument (?) verbunden. Die besondere Ironie besteht darin, dass neben dem Torso eine Annonce für eine Immobilie mit folgendem Wortlaut abgedruckt ist: „Kinetta: Bungalows für 2 Personen. Kinetta liegt an einer sonnigen Bucht 57 km von Athen entfernt an der Strecke Athen - Corinth - Patras. Die Bungalowsiedlung liegt durch die Berge im Hintergrund sehr windgeschützt und hat ein mildes, trockenes Klima. Sämtliche Bungalows haben Meerblick. Die Anlage hat ein großes Restaurant mit griechischer und internationaler Küche."

Ein wichtiges Motiv für Neuenhausen - sowohl in der Zeichnung als auch in der Plastik - war Hortense David (1836–1893), eine mutige und selbstbewusste Bürstenmacherin, die nach dem deutsch-französischen Krieg 1870/71 und dem Sturz Napoléons III. (1808–1873) in die Barrikadenkämpfe gegen die königstreue Regierung verwickelt war. Sie wurde am 16. April 1872 zu lebenslanger Zwangsarbeit verurteilt.

Opportunismus und politisch unterwürfiges Verhalten thematisiert Neuenhausen beispielsweise in der 1973 entstandenen Lithographie „Kriechen vor der Uniform": Vor einer blauen, mit zahlreichen Orden und Abzeichen dekorierten Uniform kriechen nackte Männer, als würde es sich bei der Militäruniform um ein Heiligtum handeln. Die Lithographien mit den Titeln „Ja! Der gute Bürger" und „Ja! Der ideale Gefolgsmann" (1973/1979) zeigen vom menschlichen Körper nur noch ein kopfloses Wesen, das einer Hülle gleicht, die aus einem Mantel besteht: Willenlosigkeit und Manipulation werden von Neuenhausen gekonnt ins Bild gesetzt. Die 1973 entstandene Variante der Lithographie geht sogar noch einen Schritt weiter: Die kopflose Gestalt in der Mitte wird von zwei nackten kleineren männlichen Figuren flankiert, die jeweils ein Schild in der Hand halten. Dort ist zu lesen: „DER GUTE BÜRGER SAGT JA!" und „WER NEIN SAGT, WIRD EINGESPERRT!". Neuenhausen prangert in dieser Lithographie zweifelsohne die diktatorischen Machtsysteme an, die bis in die heutige Zeit hinein die freie Meinungsäußerung aufs Schärfste einschränken und verbieten. Die Überwachung und Manipulation von Menschen, wie sie beispielsweise auch George Orwell in seinem bahnbrechenden Roman „1984" schilderte, wird auch in der multiplen Arbeit mit dem Titel „Programmiert (verkabelter Kopf)" von 1974 deutlich, die einen mit Plastikkabeln verbundenen Kopf zeigen, der in seiner „harmlosesten Sichtweise an ein Elektroenzephalogramm (EEG) erinnern mag".[3]

In einem 1971 entstandenen Offsetdruck führt Neuenhausen das dunkelste Kapitel der deutschen Geschichte des 20. Jahrhunderts vor Augen: Unter dem Titel „Das da hätt einmal fast die Welt regiert" zeigt er Adolf Hitler, der bis zu den Stiefeln in einem buchstäblich „braunen" Sumpf steckt. In der Bildunterschrift zitiert Neuenhausen Bertolt Brecht mit seinem bekannten Ausspruch: „Der Schoß ist fruchtbar noch, aus dem das Übel kroch". Gerade vor dem Hintergrund erstarkender rechter politischer Kräfte ist dieses Zitat aktueller denn je. Die aus den machthaberischen und weltbeherrschenden Gelüsten resultierenden Folgen illustriert Neuenhausen etwa in der 1974 entstandenen Radierung mit dem Titel „Die Bombe steht bereit". Auf Podesten, die einer Art „Siegertreppe" von sportlichen Wettkämpfen gleichen, stehen eine Granate, ein Gartenzwerg und ein gefesselter Bürger, dessen Kopf verhüllt ist. Auf einem anderen Podest im Vordergrund ist ein abgerissener Arm zu sehen. Diese Symbole ließen sich als Stellvertreter für kleingeistiges und unbedachtes Handeln und der Arm als ausführende Gewalt ohne Kopf interpretieren. In einer 1972 entstandenen Serigraphie hält die Freiheitsstatue eine Rakete in der linken Hand. Mit dieser Darstellung spielt Neuenhausen vermutlich auch auf die Einmischung der USA in die Weltpolitik und die dadurch nicht endenden Kriege an.

Das Mappenwerk „Goya-Variationen“ entstand 1974 und ist eine Fortführung der gesellschaftskritischen Aquatinta-Radierungen „Los Caprichos“ und „Desastres de la guerra“ von Francisco de Goya (1746–1828). Neuenhausen setzt die politischen Probleme seiner Zeit, wie beispielsweise Korruption und Vetternwirtschaft, eindrucksvoll ins Bild.

1975 beschäftigte sich Siegfried Neuenhausen in dem Hochschulprojekt „Herr Kulik und Herr Philipzig“ in einer medienübergreifenden künstlerischen Auseinandersetzung mit der Existenz zweier Obdachloser.[4] Leo Kulik und Albert Philipzig nahmen regelmäßig an den Seminaren von Siegfried Neuenhausen teil und saßen für die Künstler:innen Modell. Sie hatten auf diese Weise einen geregelten Tagesablauf und kamen mit den Studierenden ins Gespräch. Aus der gemeinsamen Arbeit mit Leo Kulik und Albert Philipzig entstanden von Siegfried Neuenhausen sowohl Radierungen als auch Gemälde.[5] Einen gesellschaftskritischen Einblick in das Leben von Leo Kulik gibt Neuenhausen auch in der Radierung „Szenen mit Herrn K.“[6]. Das Blatt zeigt Herrn Kulik, wie er etwa an der Hochschule für Bildende Künste mit den Studierenden gemeinsam arbeitet. Neuenhausen hat die Radierung mit folgenden Worten versehen:

> „Seit 1974 arbeitet Herr Kulik als Portraitmodell an der SHFBK [Anm. d. Verf. = Staatlichen Hochschule für Bildende Künste] Br[aunschweig]. Das Bewußtsein, gebraucht zu werden, macht ihn froh. Oft spricht er mit den Studenten über deren Zeichnungen. // Menschen, die sich in der kapitalistischen Gesellschaft nicht in den herrschenden Produktions- und Konsumkreislauf einordnen können, werden automatisch von dieser Gesellschaft verachtet. Herr Kulik ist einer von ihnen. Zu krank und zu alt zum Arbeiten, fristet er im Obdachlosenasyl in Braunschweig sein Dasein. Er teilt mit zwei anderen Männern eine muffige Bude. Die Lage des Heimes – weit außerhalb der Stadt und einsam – / entspricht genau der gesellschaftlichen Stellung seiner Bewohner. Oft ist der Alkohol das einzige Mittel, die bedrückende Wirklichkeit zu vergessen.“[7]

In den Jahren 1977/78 entstanden unter dem Titel „Graben nach verschütteter Kreativität“ Bildhauerprojekte mit Insass:innen der Justizvollzugsanstalt Bremen. Siegfried Neuenhausen wurde dafür mit dem ersten Preis beim Wettbewerb „Kunst im öffentlichen Raum“ ausgezeichnet.

1 Vgl. Ausst. Kat. Hagen 1972, S. 9 [o. P.]

2 https://www.amnesty.de/journal/2014/april/bleierne-jahre (Aufruf: 06.03.24).

3 Siegfried Neuenhausen, Programmiert (verkabelter Kopf), 1974, Kunststoffobjekt in verglastem Holzkasten, 47,5 × 40,0 × 10,5 cm, rückseitig signiert und datiert 1974, auf Objekt nummeriert 12/100, Sammlung Kraft, Köln. Vgl. Kraft 2015, S. 50. Sowie: Ausst. Kat. Mülheim/Heidenheim/Villingen-Schwenningen 2016/17, S. 49 (Hartmut Kraft).

4 Neuenhausen 1976.

5 Siegfried Neuenhausen, Bildnis Herr Leo Kulik II, 1975, Acryl auf Leinwand, 150,6 × 100,7 cm, Städtisches Museum Braunschweig, Inv. Nr. 1977-0006-00. Sowie: Siegfried Neuenhausen, Herr Kulik, 1975, Radierung, 75,9 × 54,1 cm, Städtisches Museum Braunschweig, Inv. Nr. 2023-0110-00.

6 Siegfried Neuenhausen, „Szenen mit Herrn K.“, 1975, Radierung und Aquatinta, 382 × 540 mm, Städtisches Museum Braunschweig, Inv. Nr. 1977/5.

7 Art. „Siegfried Neuenhausen, Erinnerungen des Herrn K.“, in: Ausst. Kat. Braunschweig 2020, S. 85–87, Kat. Nr. 21 (Lars Berg).

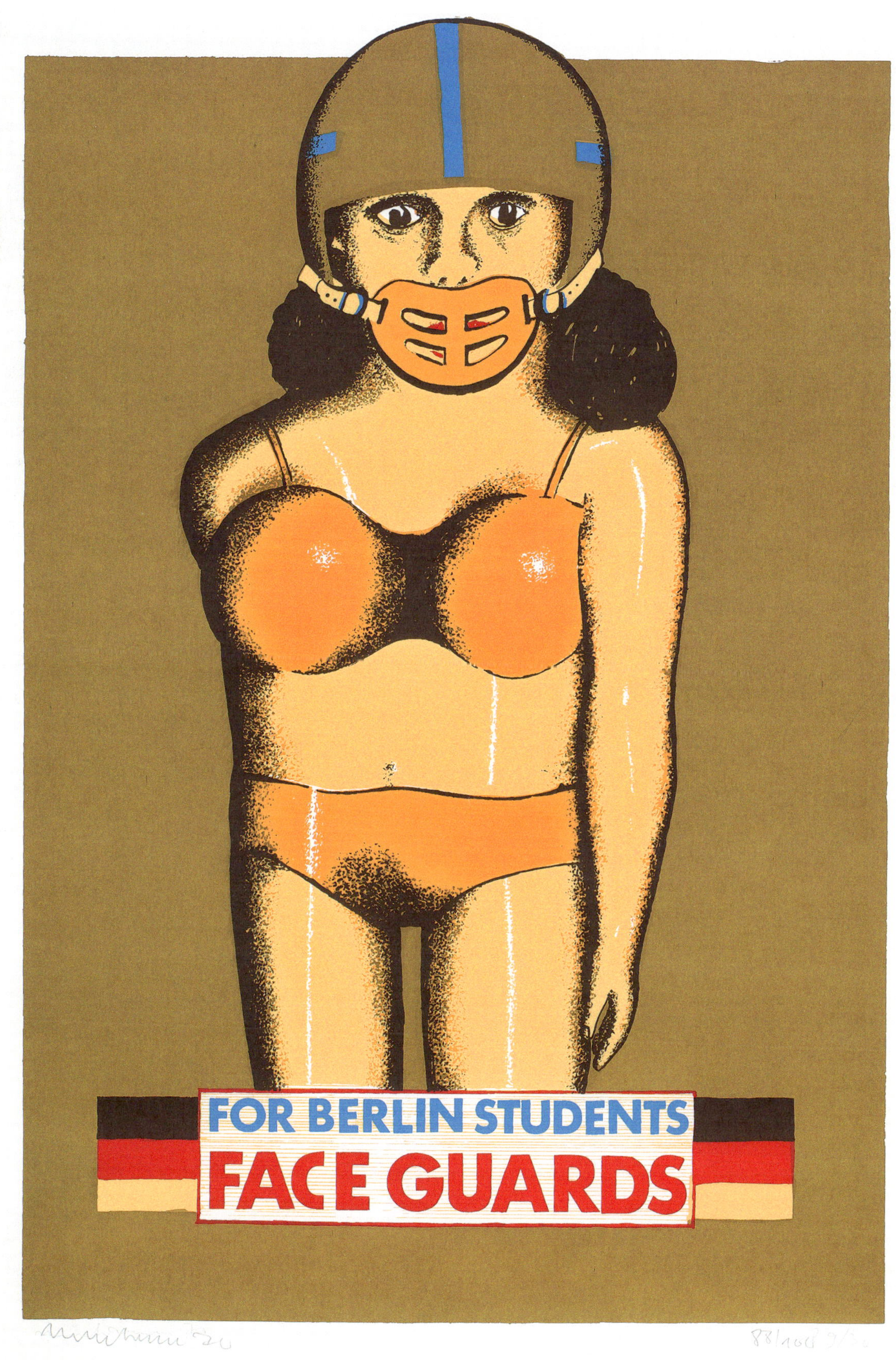

For Berlin Students – Face Guards, 1970, Lithographie, 61 × 43,1 cm, Inv. Nr. 2023-0117-00
Schenkung Prof. Siegfried Neuenhausen, Hannover 2023

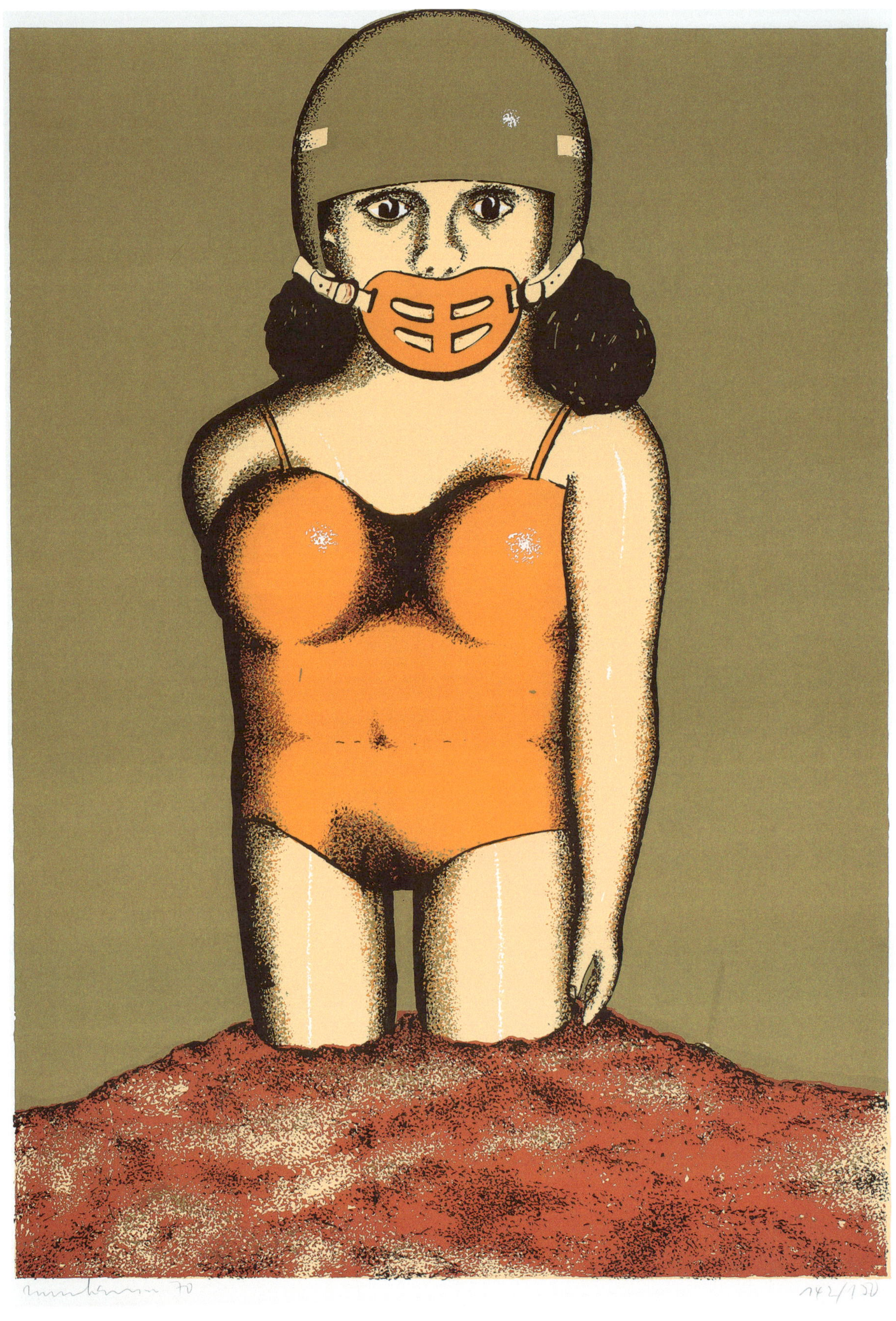

Face Guard (Haufen), 1970, Lithographie, 60,8 × 43 cm, Inv. Nr. 2023-0118-00
Schenkung Prof. Siegfried Neuenhausen, Hannover 2023

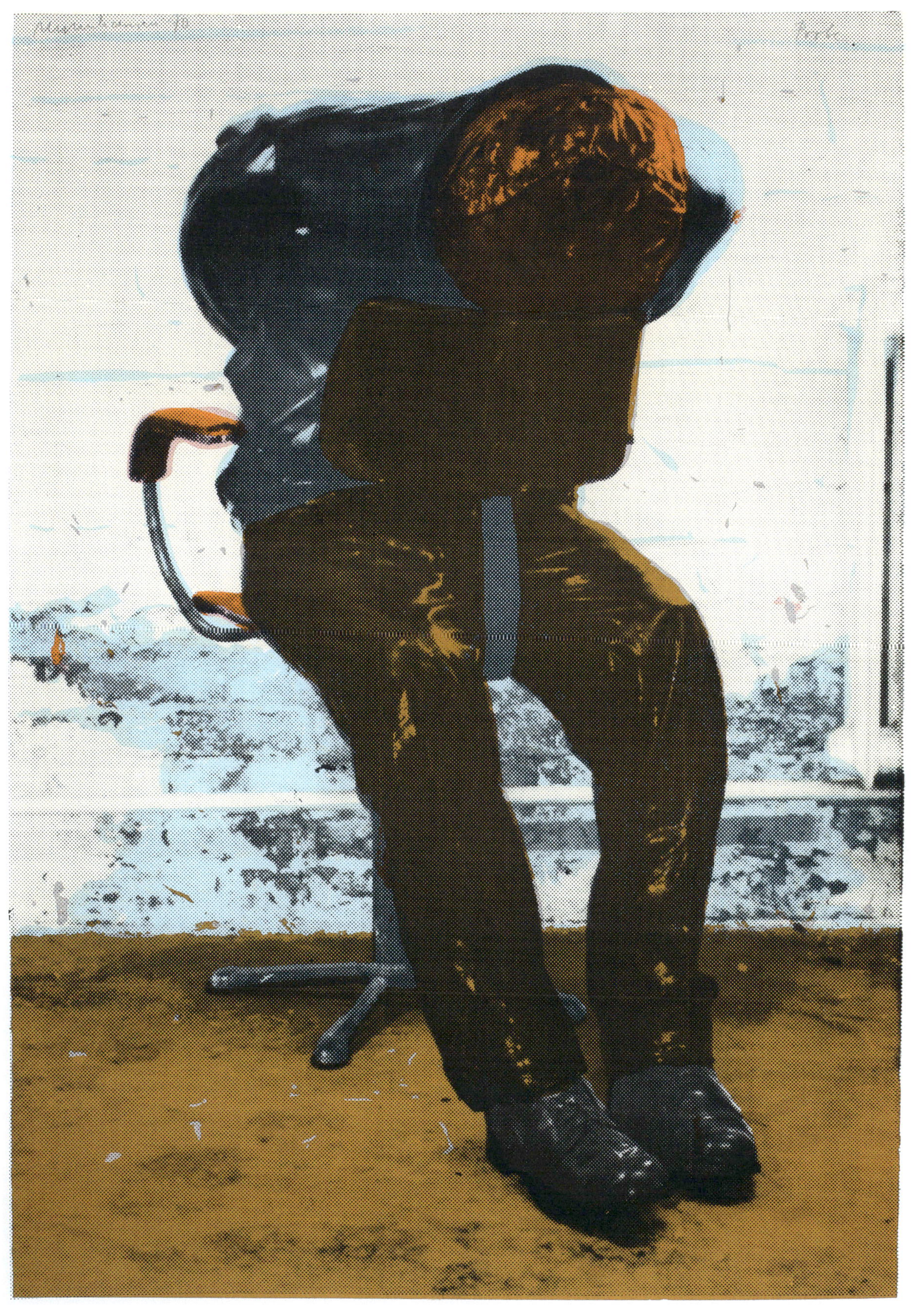

Mann auf Drehstuhl, 1970, Offsetdruck, 70,1 × 50,4 cm, Inv. Nr. 2023-0133-00
Schenkung Prof. Siegfried Neuenhausen, Hannover 2023

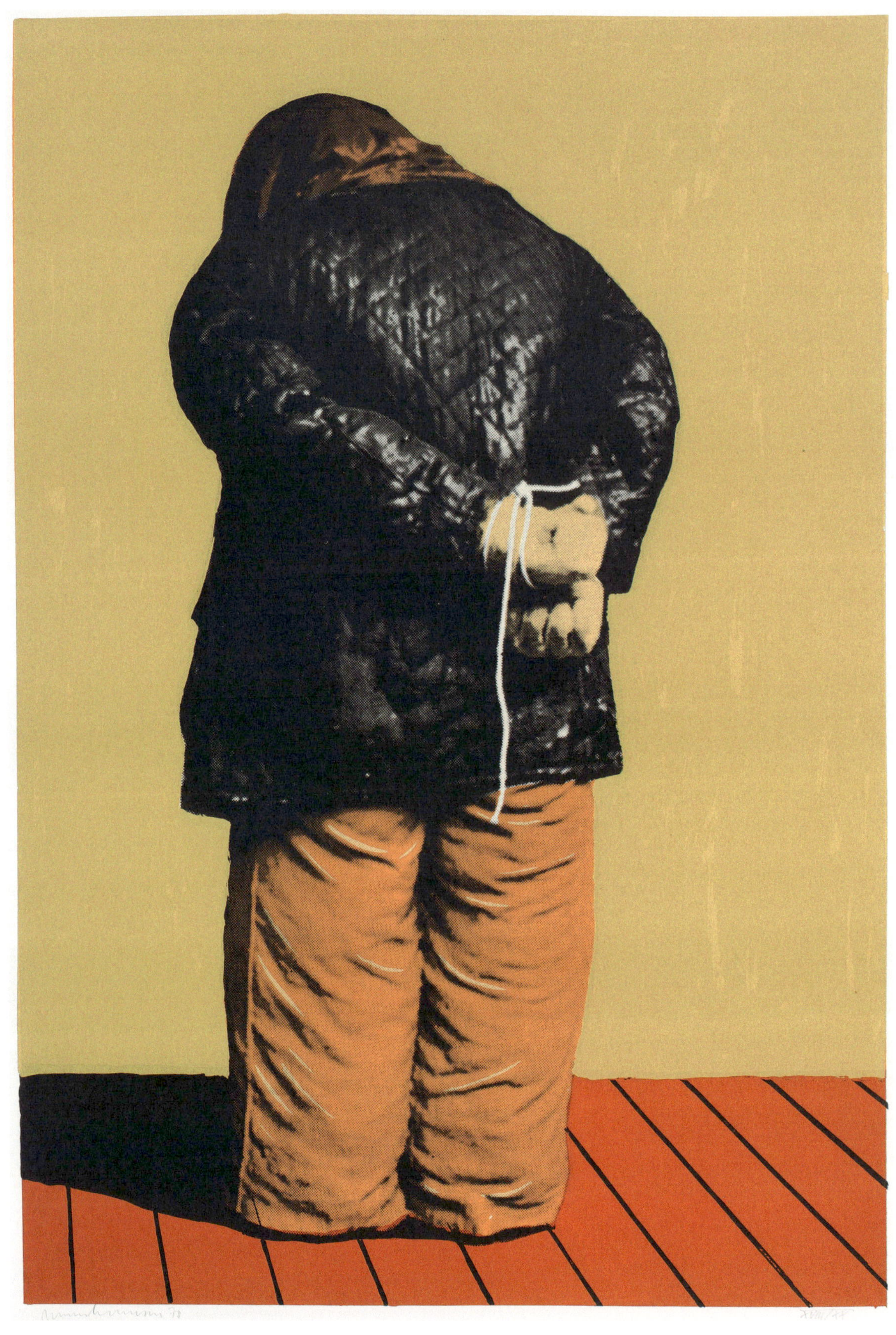

Gefesselter, 1970, Offsetdruck, 61,4 × 43 cm, Inv. Nr. 2023-0132-00
Schenkung Prof. Siegfried Neuenhausen, Hannover 2023

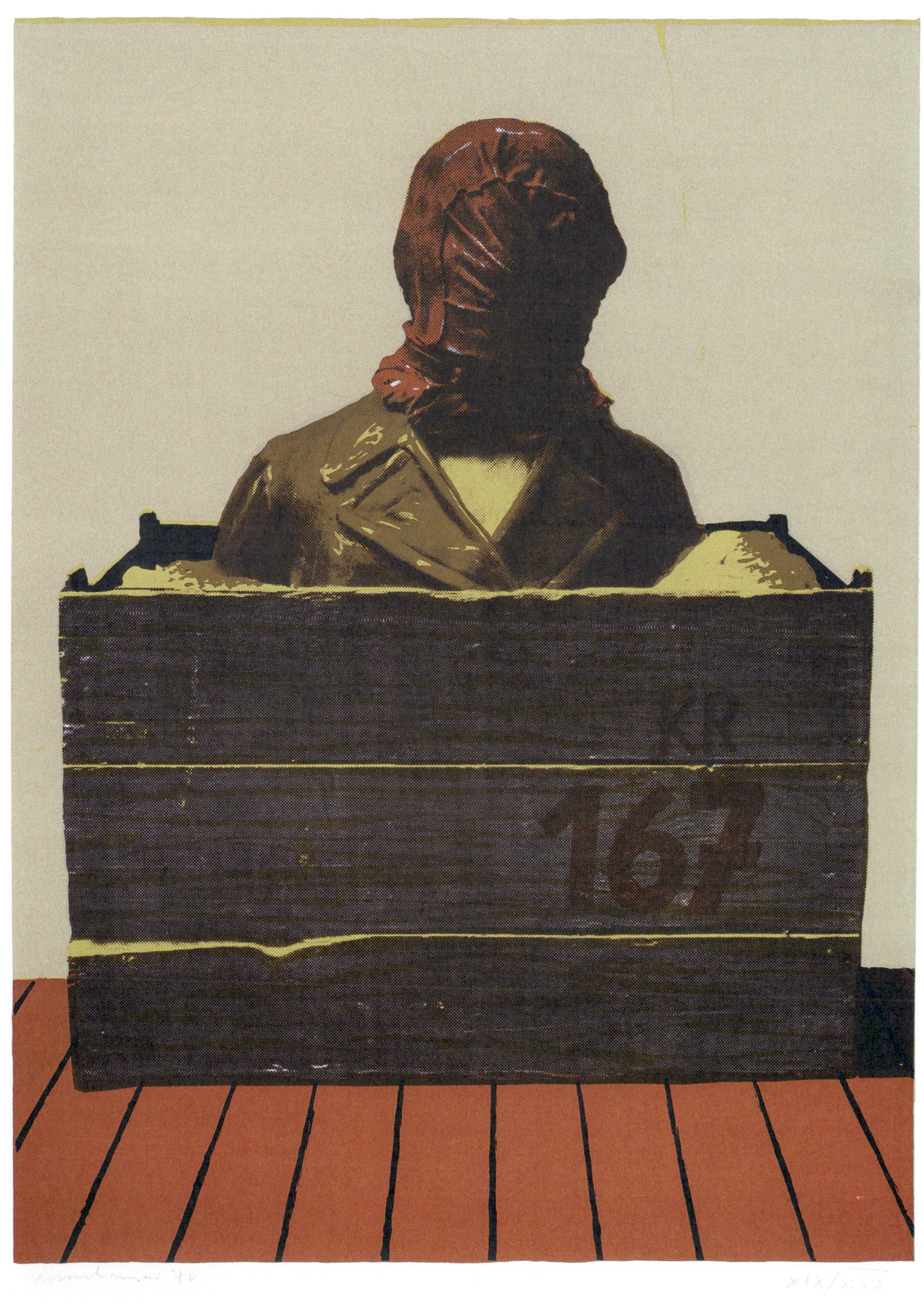

Mann in Kiste, 1970, Offsetdruck, 60,9 × 42,7 cm, Inv. Nr. 2023-0130-00
Schenkung Prof. Siegfried Neuenhausen, Hannover 2023

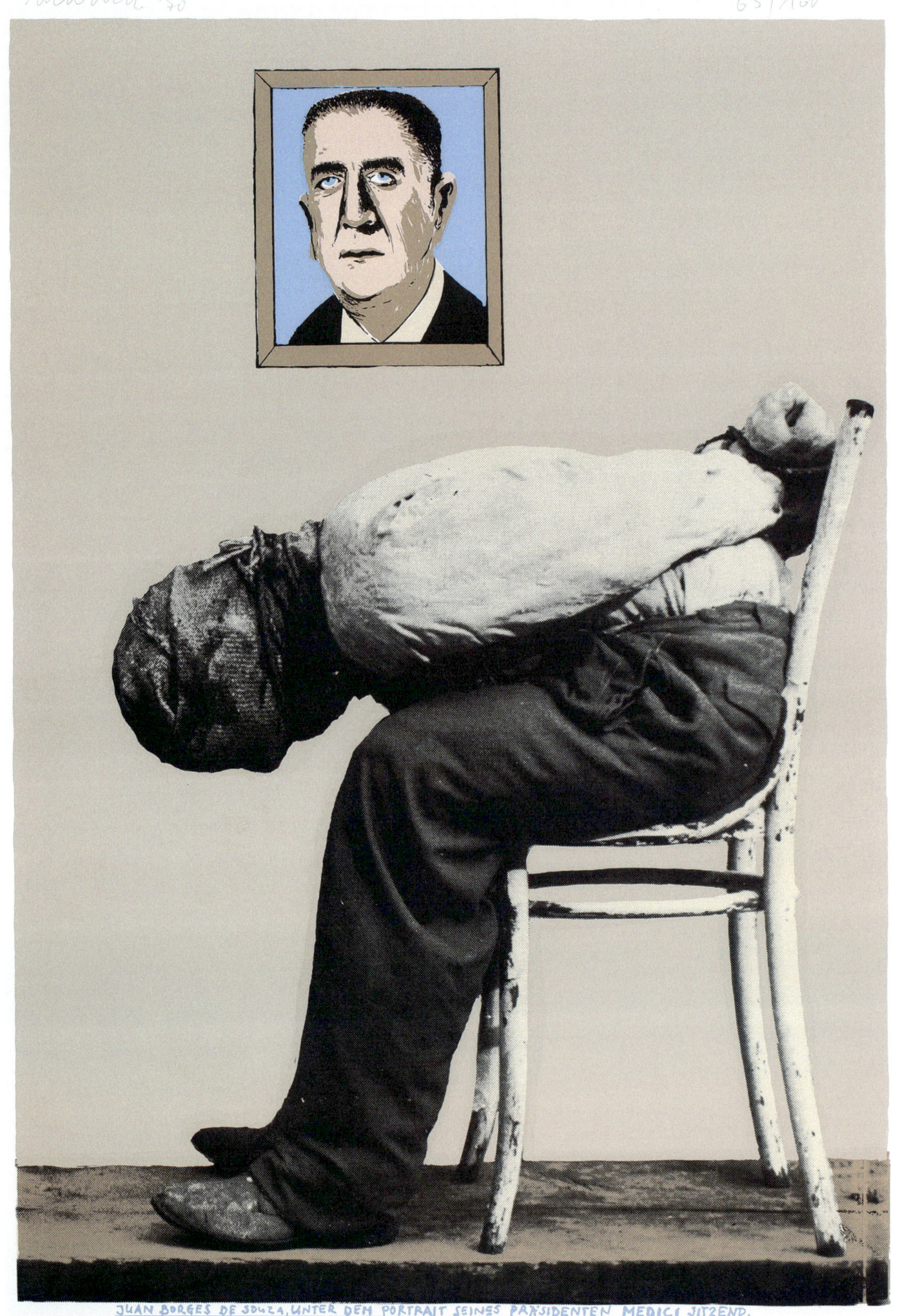

Juan Borges de Souza, unter dem Portrait seines Präsidenten Médici sitzend, 1970, Offsetdruck, 62,3 × 42,9 cm, Inv. Nr. 2023-0131-00, Schenkung Prof. Siegfried Neuenhausen, Hannover 2023

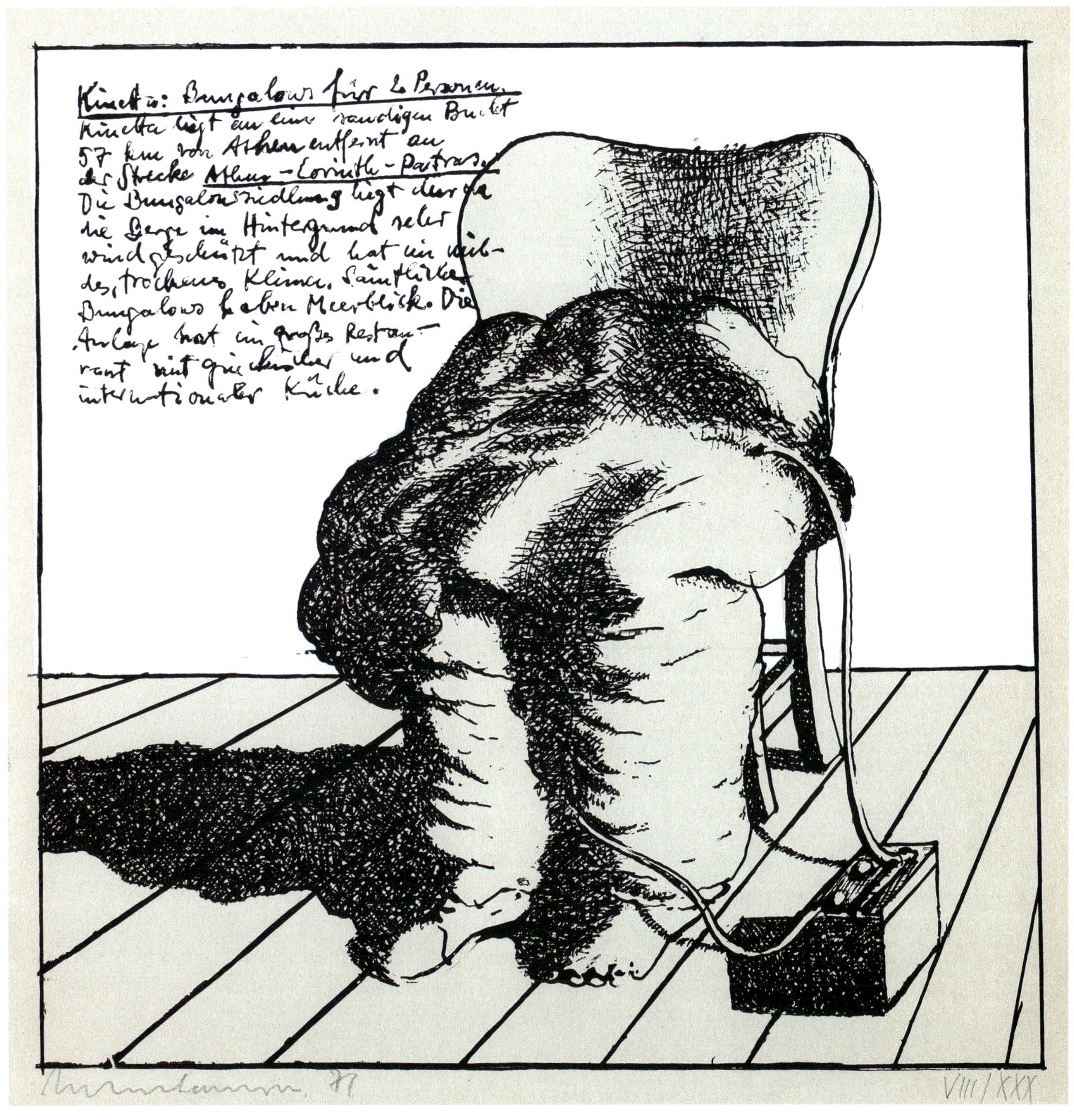

Kinetta (Torso auf Stuhl), 1971, Serigraphie, 27 × 27 cm, Inv. Nr. 2023-0088-00
Schenkung Prof. Siegfried Neuenhausen, Hannover 2023

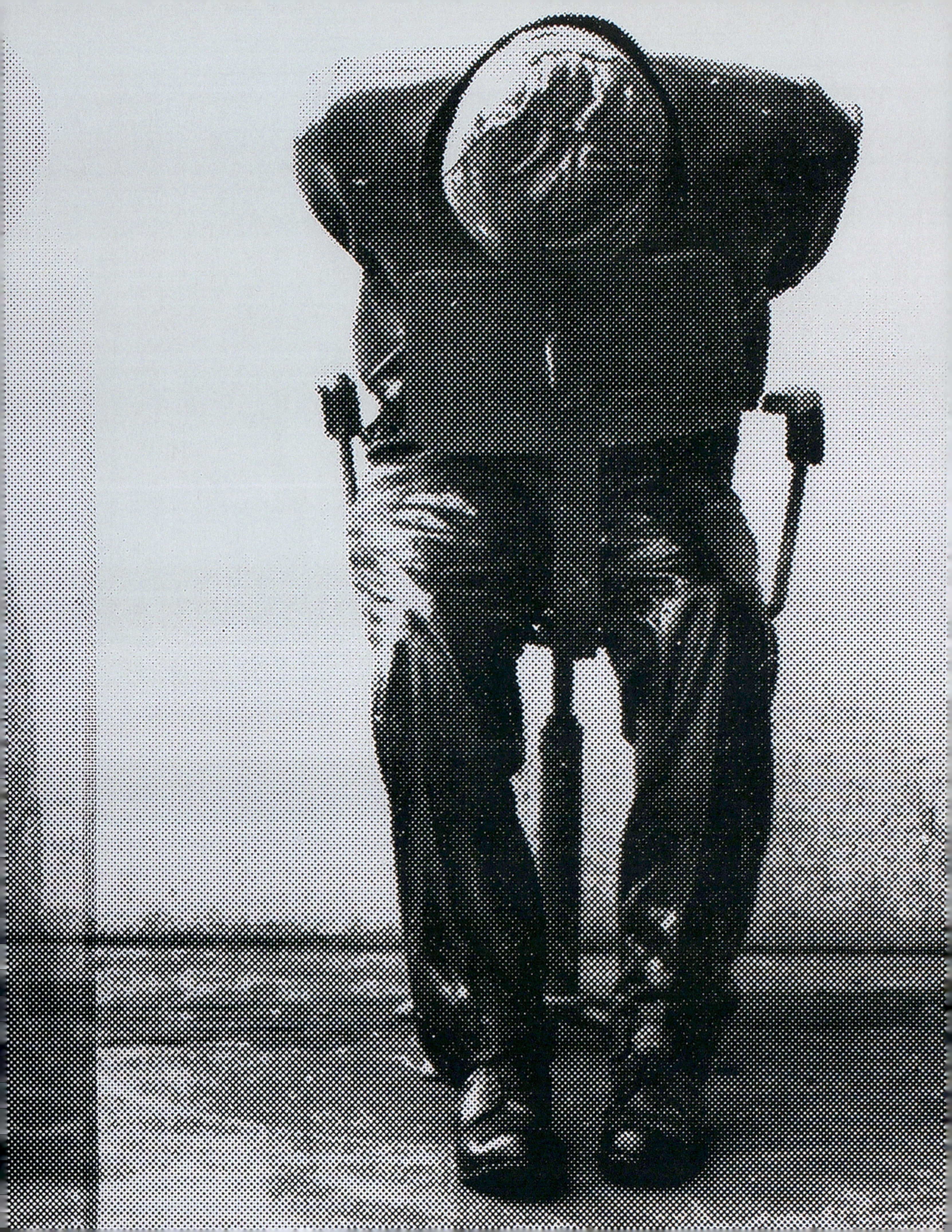

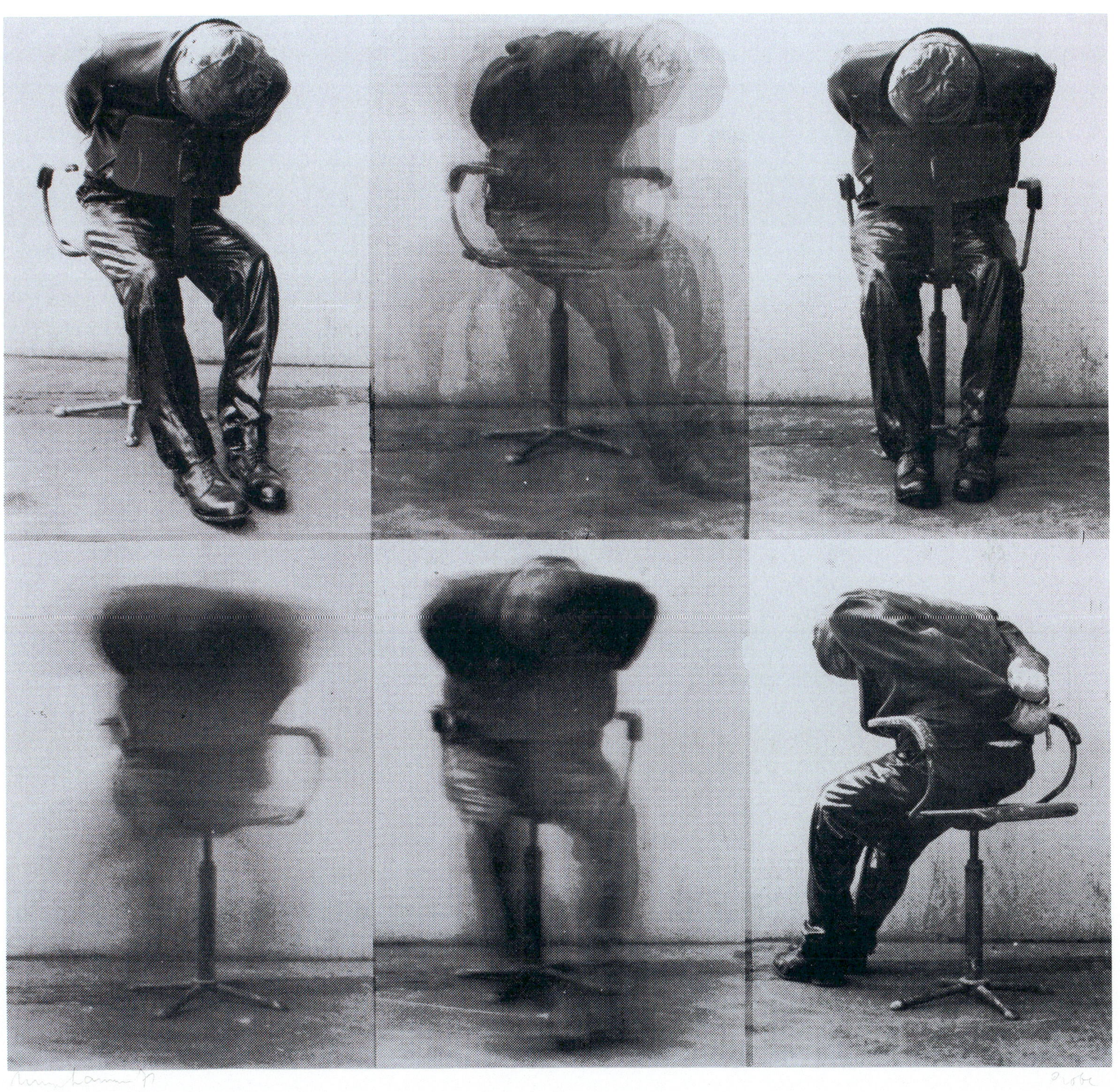

Sechs Mal Mann auf Drehstuhl (wie Detail auf Seite vorher), 1971, Offsetdruck, 54,8 × 58,7 cm, Inv. Nr. 2023-0124-00
Schenkung Prof. Siegfried Neuenhausen, Hannover 2023

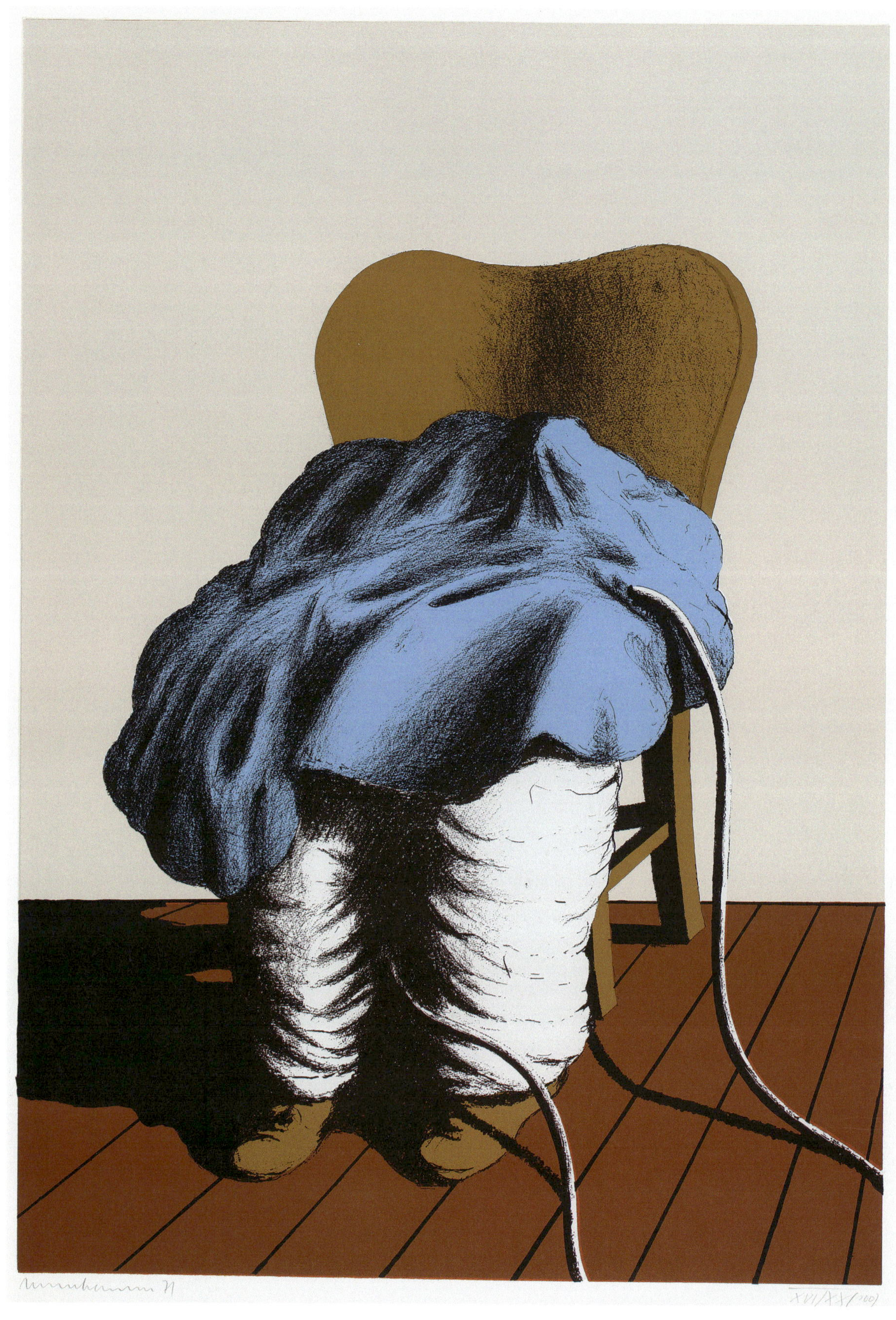

Torso auf Stuhl, 1971, Lithographie, 70,4 × 50,4 cm, Inv. Nr. 2023-0125-00
Schenkung Prof. Siegfried Neuenhausen, Hannover 2023

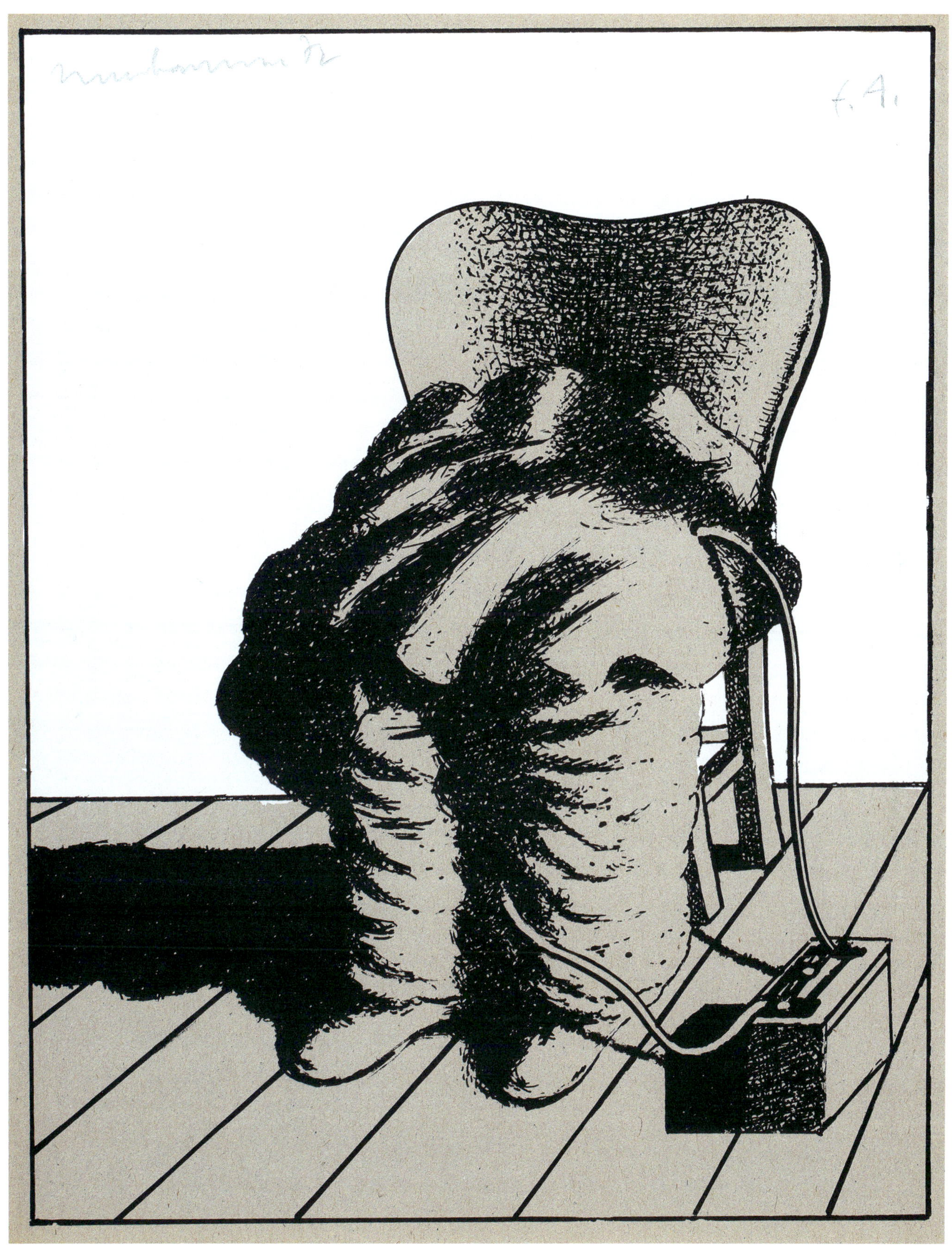

Torso auf Stuhl, 1972, Serigraphie, 29 × 23 cm, Inv. Nr. 2023-0089-00
Schenkung Prof. Siegfried Neuenhausen, Hannover 2023

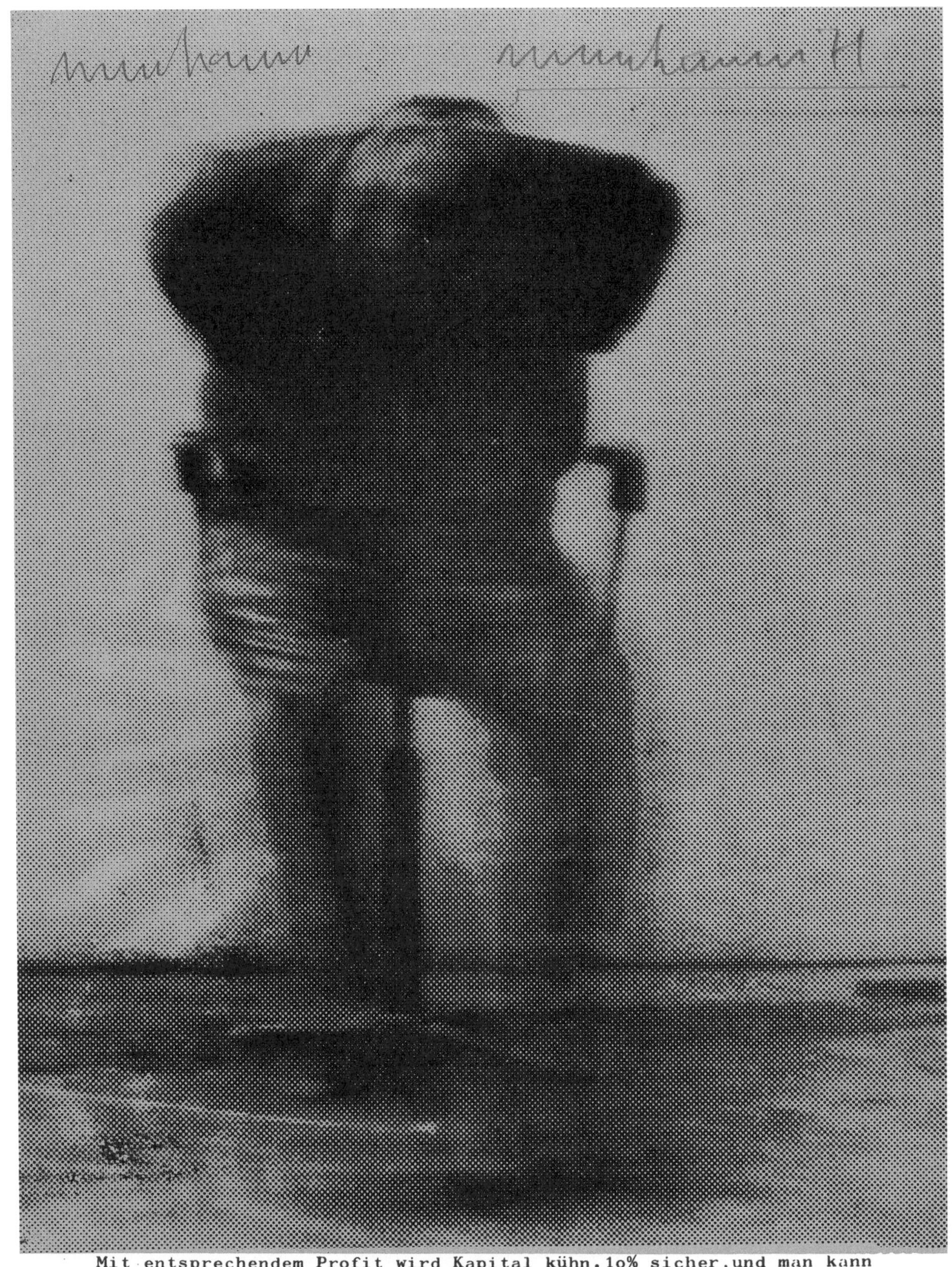

Mit entsprechendem Profit ..., 1974, Offsetdruck, 29,6 × 21,1 cm, Inv. Nr. 2023-0087-00
Schenkung Prof. Siegfried Neuenhausen, Hannover 2023

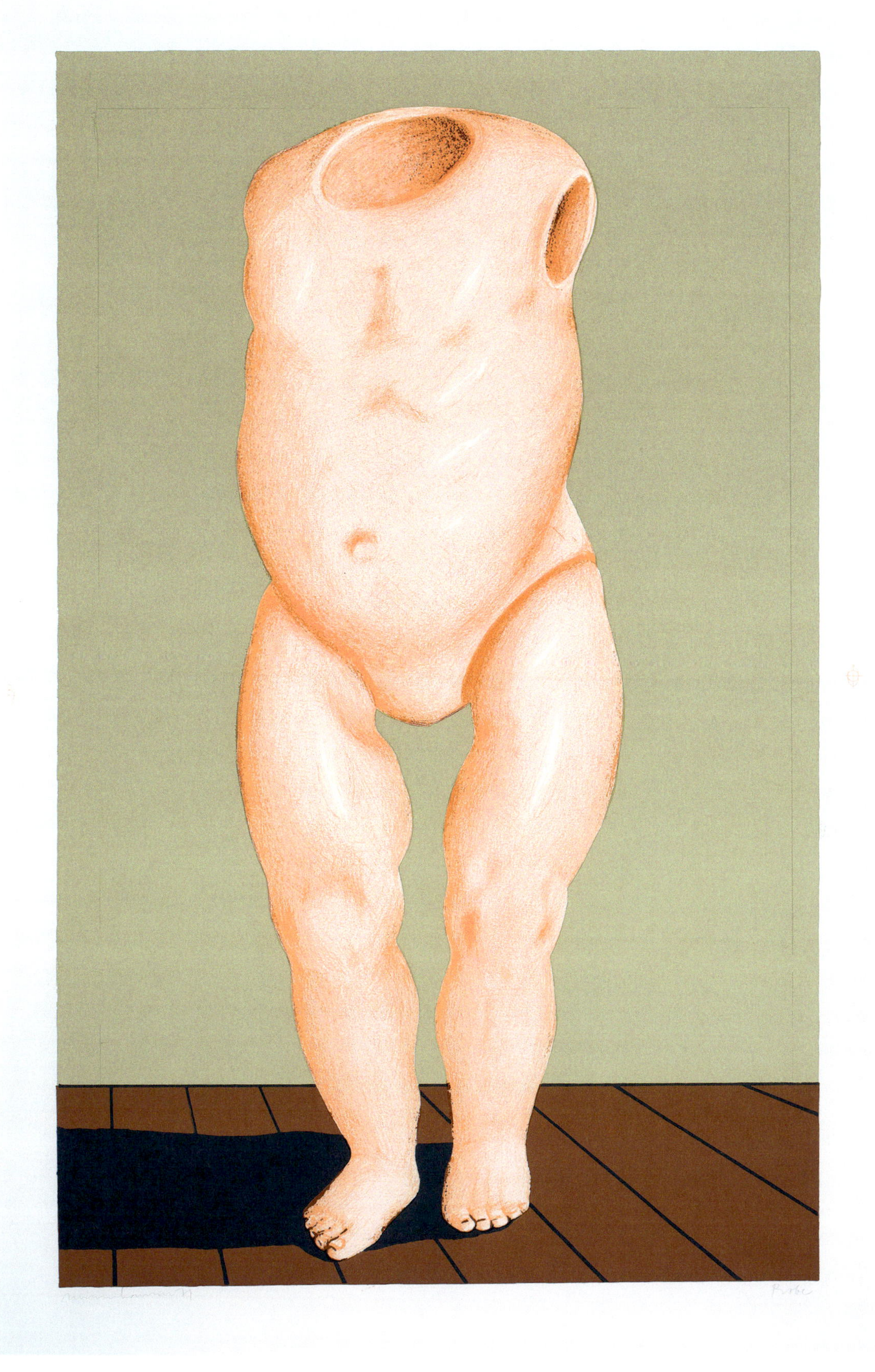

Puppentorso, 1971, Lithographie, 84 × 59,5 cm, Inv. Nr. 2023-0119-00
Schenkung Prof. Siegfried Neuenhausen, Hannover 2023

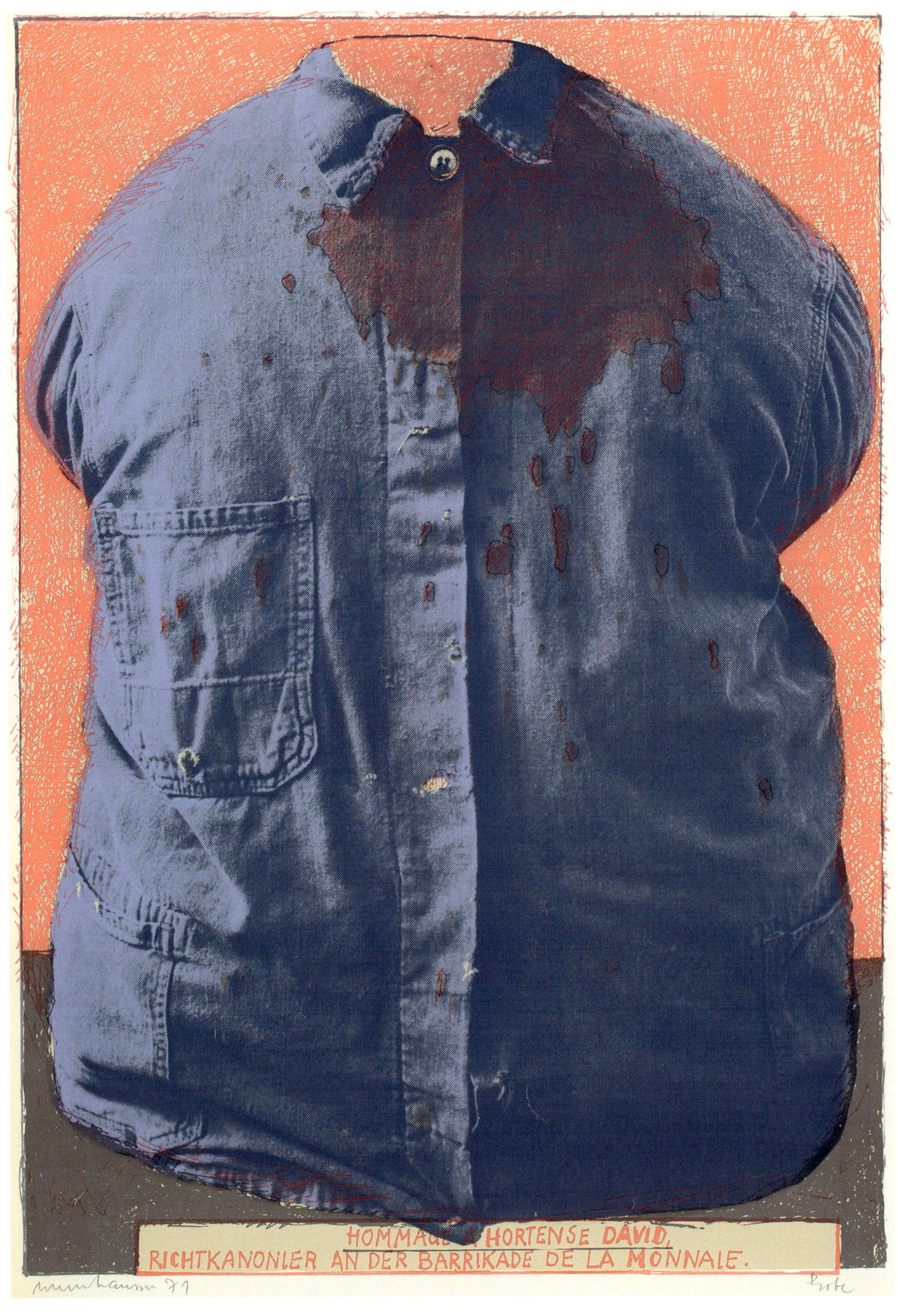

Hommage à Hortense David, 1971, Serigraphie, 61 × 43,4 cm, Inv. Nr. 1973/31
Vom Künstler aus Mitteln des Kulturamts erworben (1973)

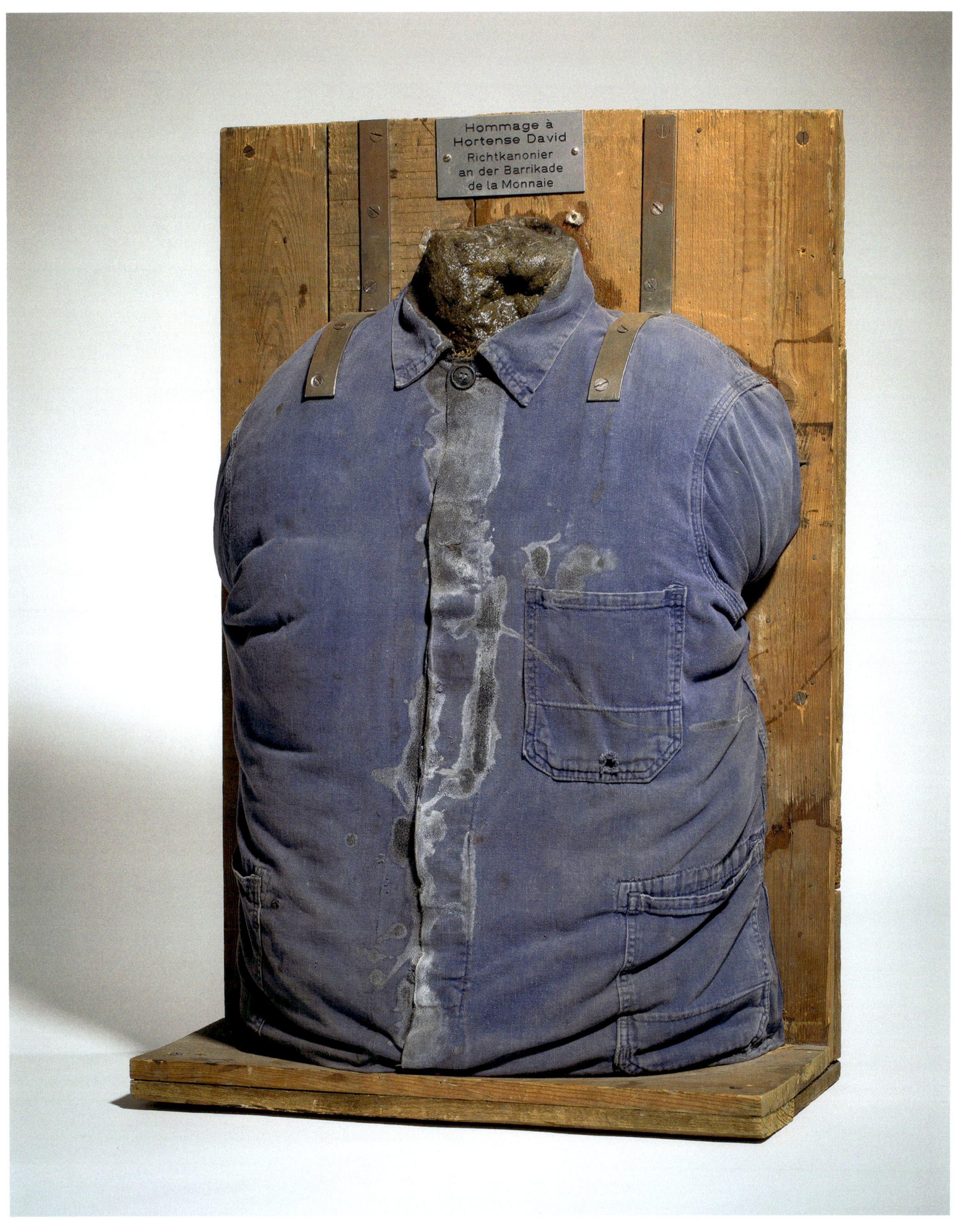

Hommage à Hortense David, 1973, Holz, Pappmaché, Metall, 72,5 × 50 × 23 cm, Inv. Nr. 1973-0028-00
Vom Künstler aus Mitteln des Kulturamts erworben (1973)

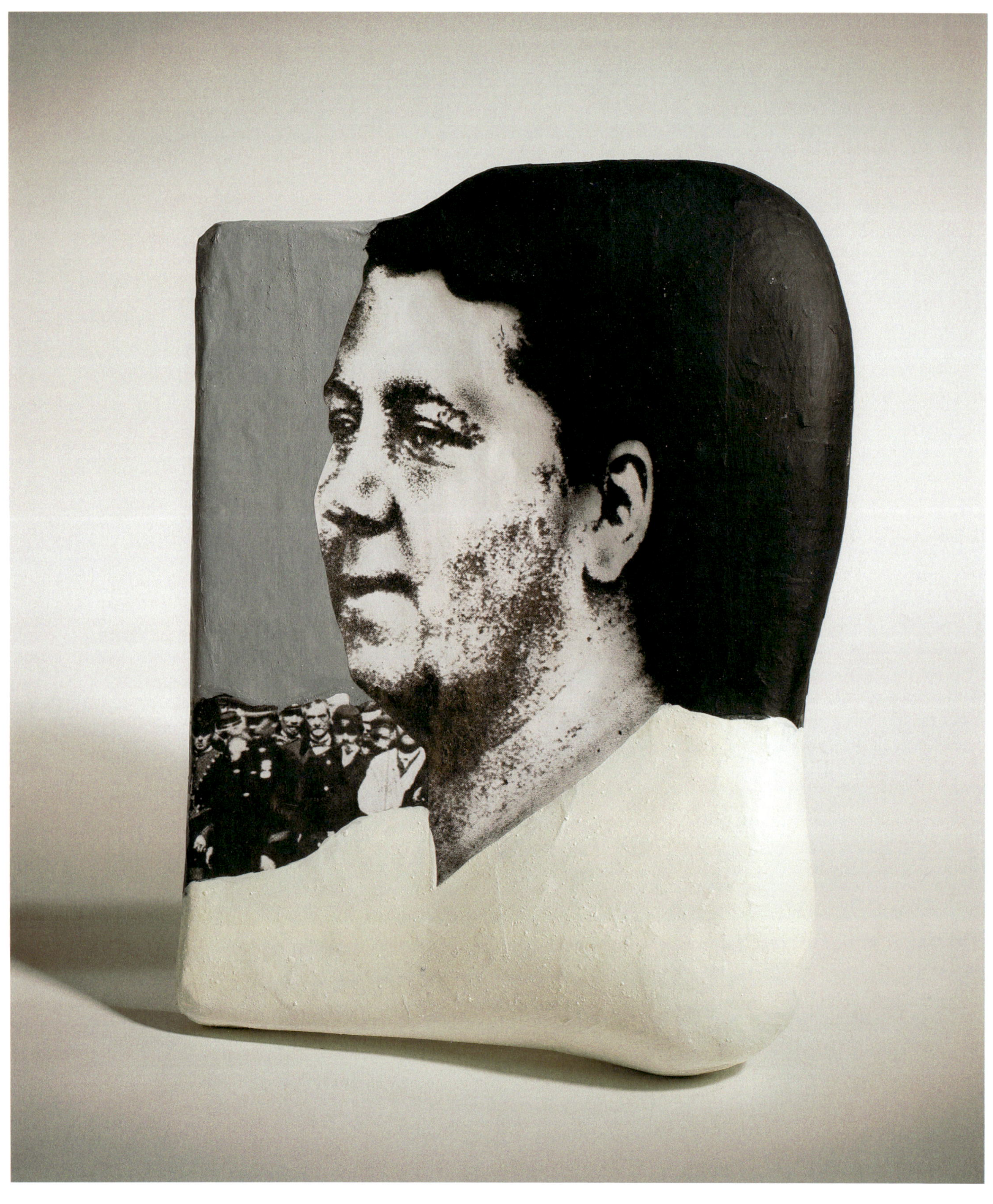

Portrait Hortense David, 1973, Pappmaché, Papier, 35 × 27,5 × 5,5 cm, Inv. Nr. 1973-0140-00
Vom Künstler aus Mitteln des Kulturamts erworben (1973)

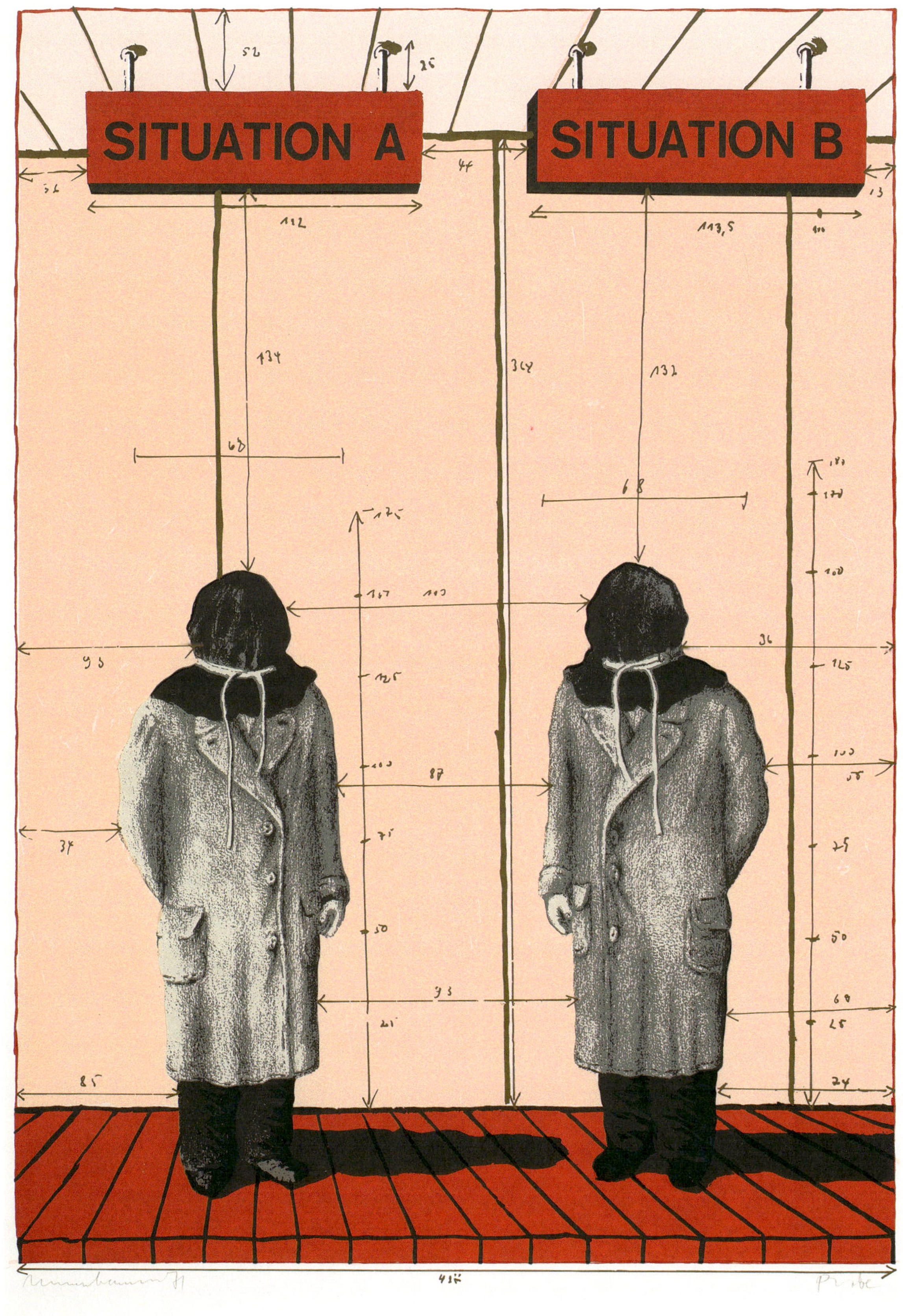

Situation A – Situation B, 1971, Lithographie, 61,1 × 42,9 cm, Inv. Nr. 2023-0127-00
Schenkung Prof. Siegfried Neuenhausen, Hannover 2023

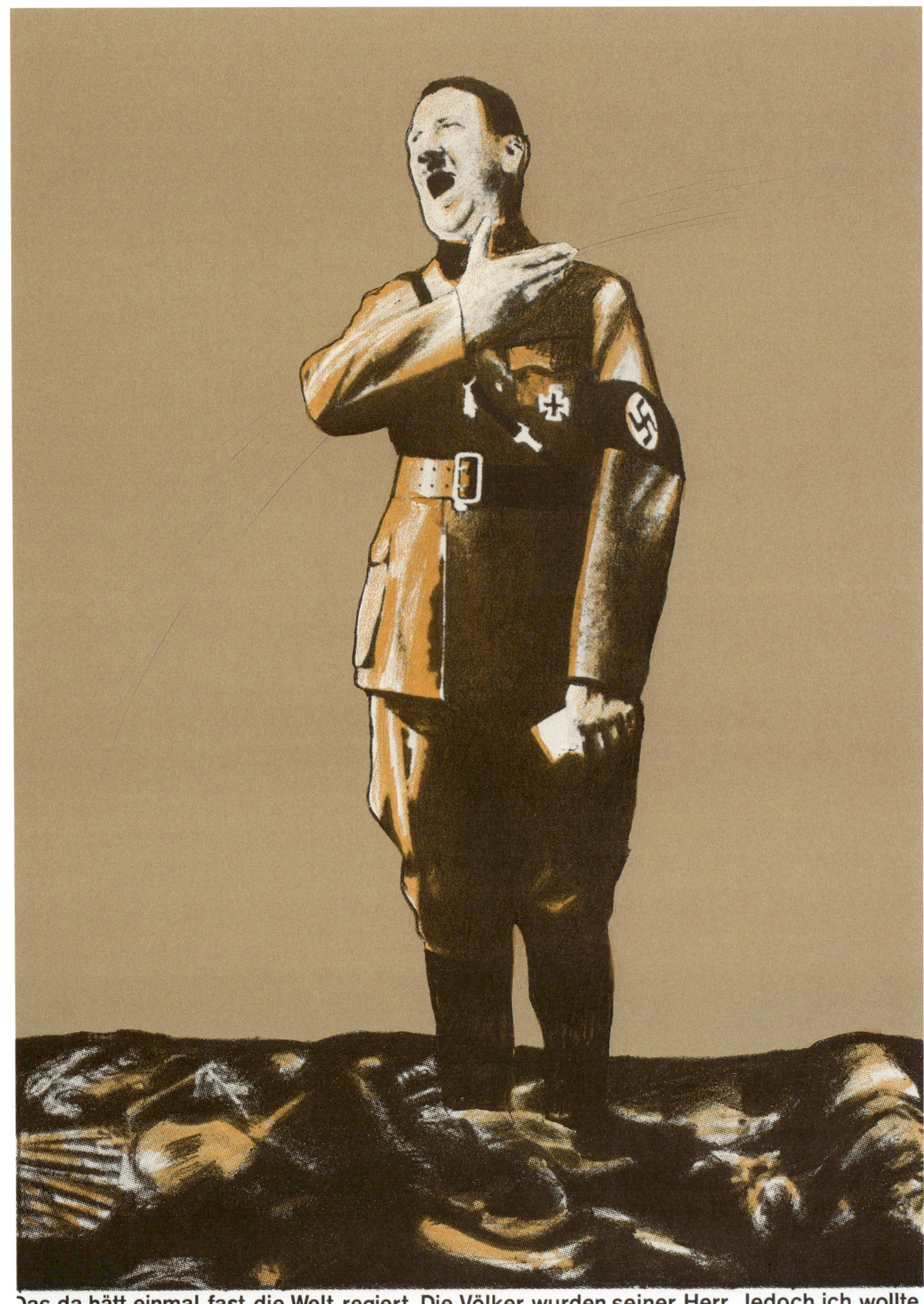

„Das da hätt einmal fast die Welt regiert“, 1971, Offsetdruck, 60,9 × 42,2 cm, Inv. Nr. 2023-0128-00
Schenkung Prof. Siegfried Neuenhausen, Hannover 2023

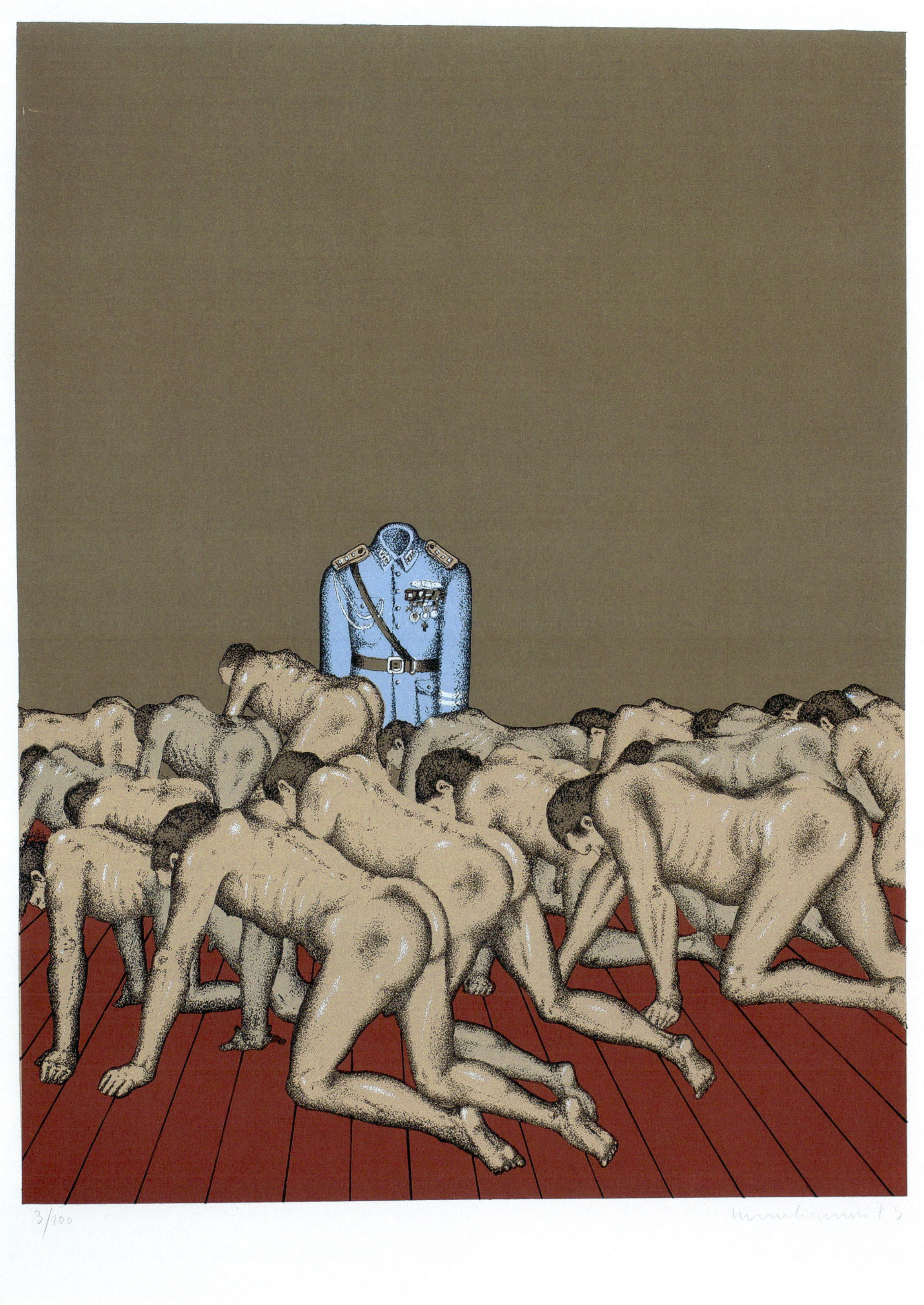

„Kriechen vor der Uniform“, 1973, Lithographie, 65 × 50 cm, Inv. Nr. 2023-0126-00
Schenkung Prof. Siegfried Neuenhausen, Hannover 2023

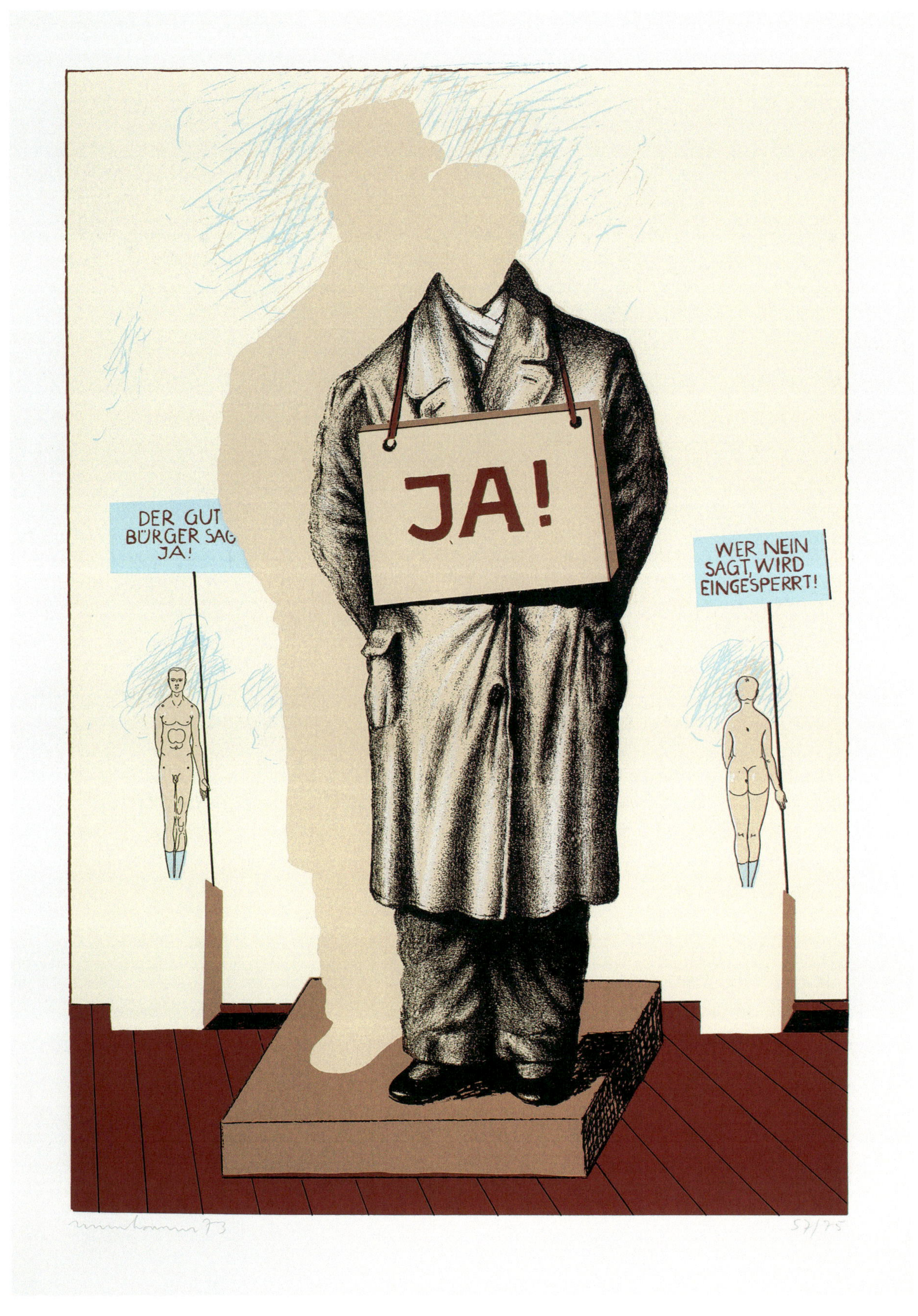

„Ja! Der gute Bürger“, 1973, Lithographie, 70 × 50 cm, Inv. Nr. 2023-0134-00
Schenkung Prof. Siegfried Neuenhausen, Hannover 2023

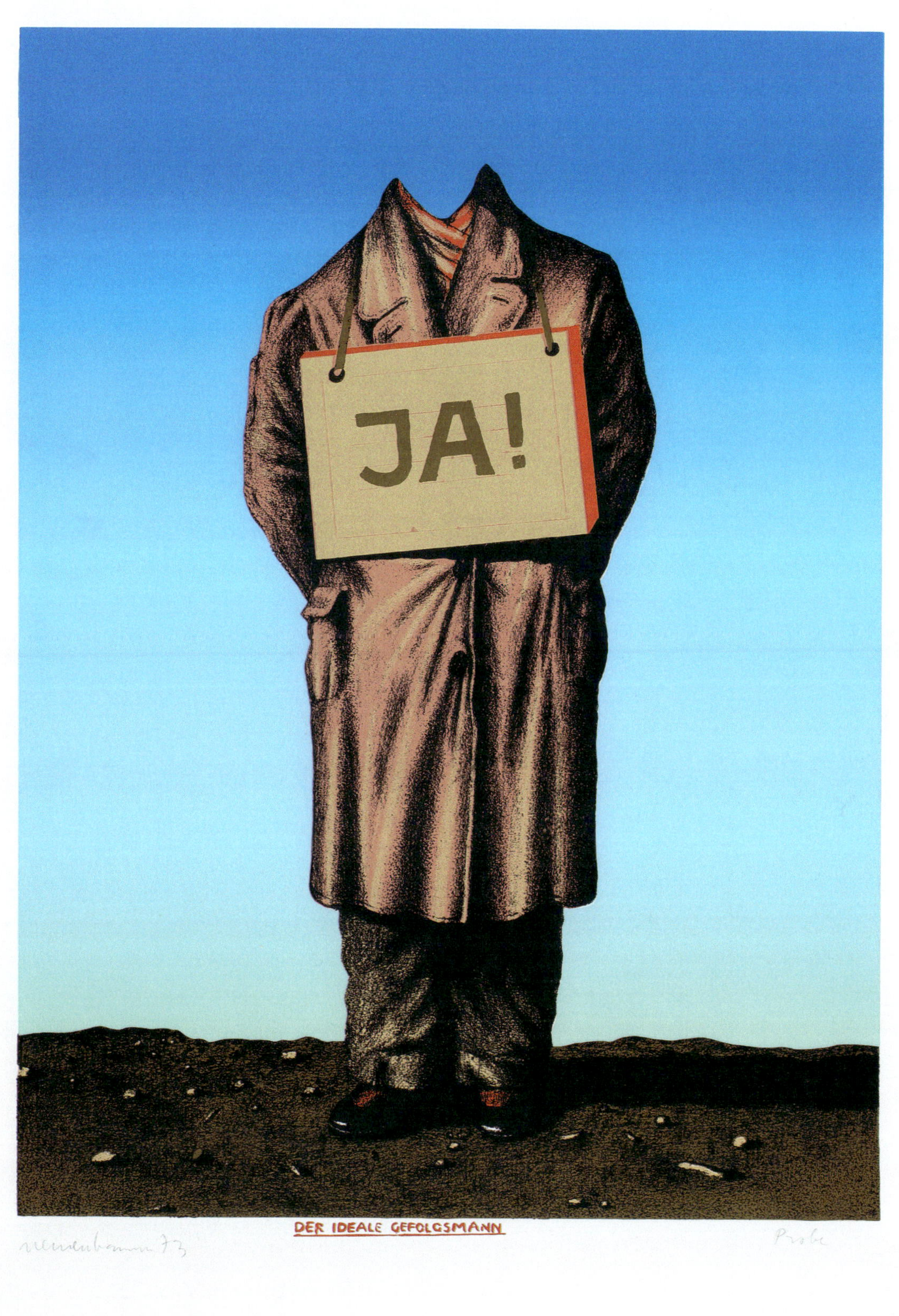

„Ja! Der ideale Gefolgsmann“, 1979, Lithographie, 70 × 50 cm, Inv. Nr. 2023-0123-00
Schenkung Prof. Siegfried Neuenhausen, Hannover 2023

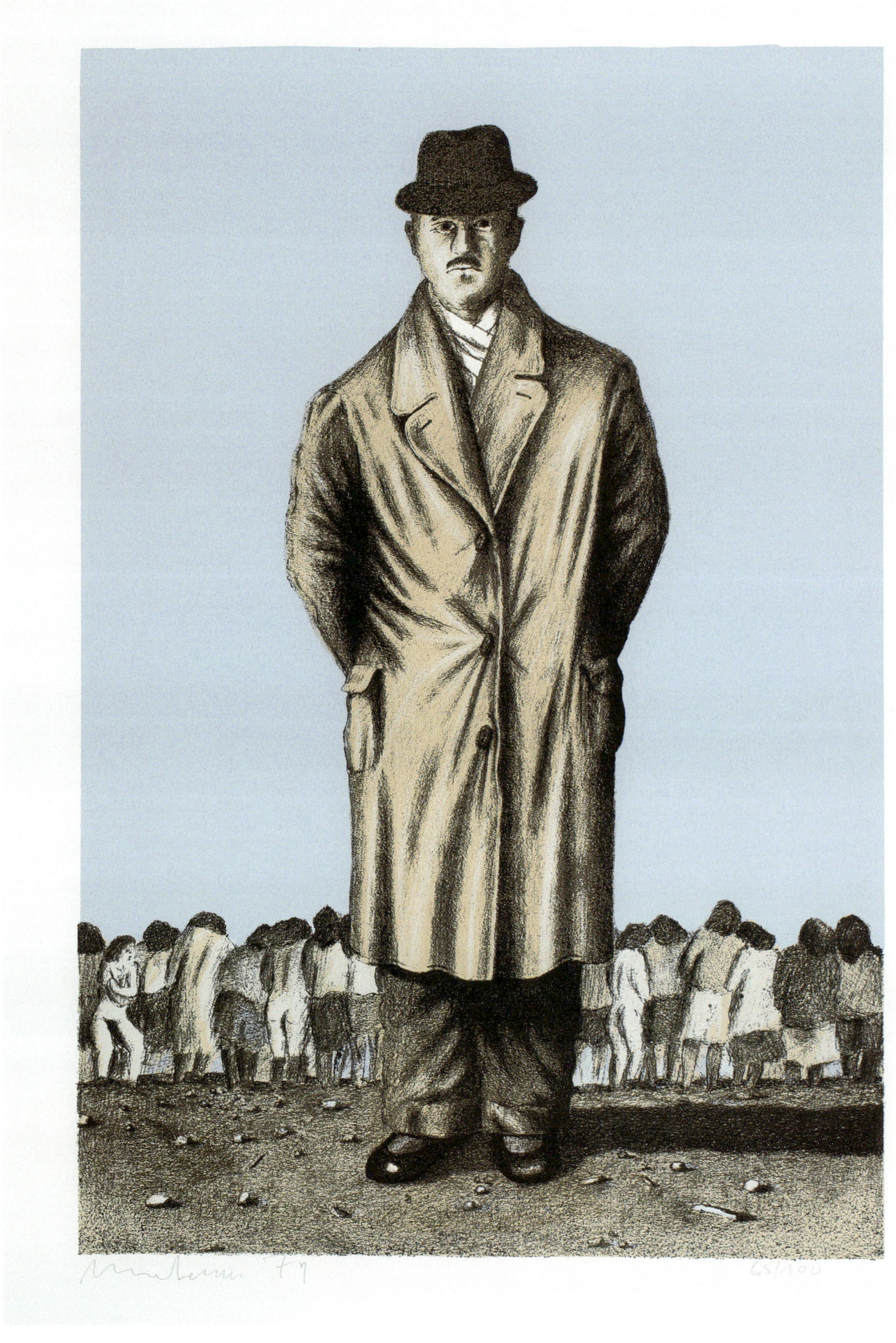

Ein Bürger, 1979, Lithographie, 65 × 50 cm, Inv. Nr. 2023-0122-00
Schenkung Prof. Siegfried Neuenhausen, Hannover 2023

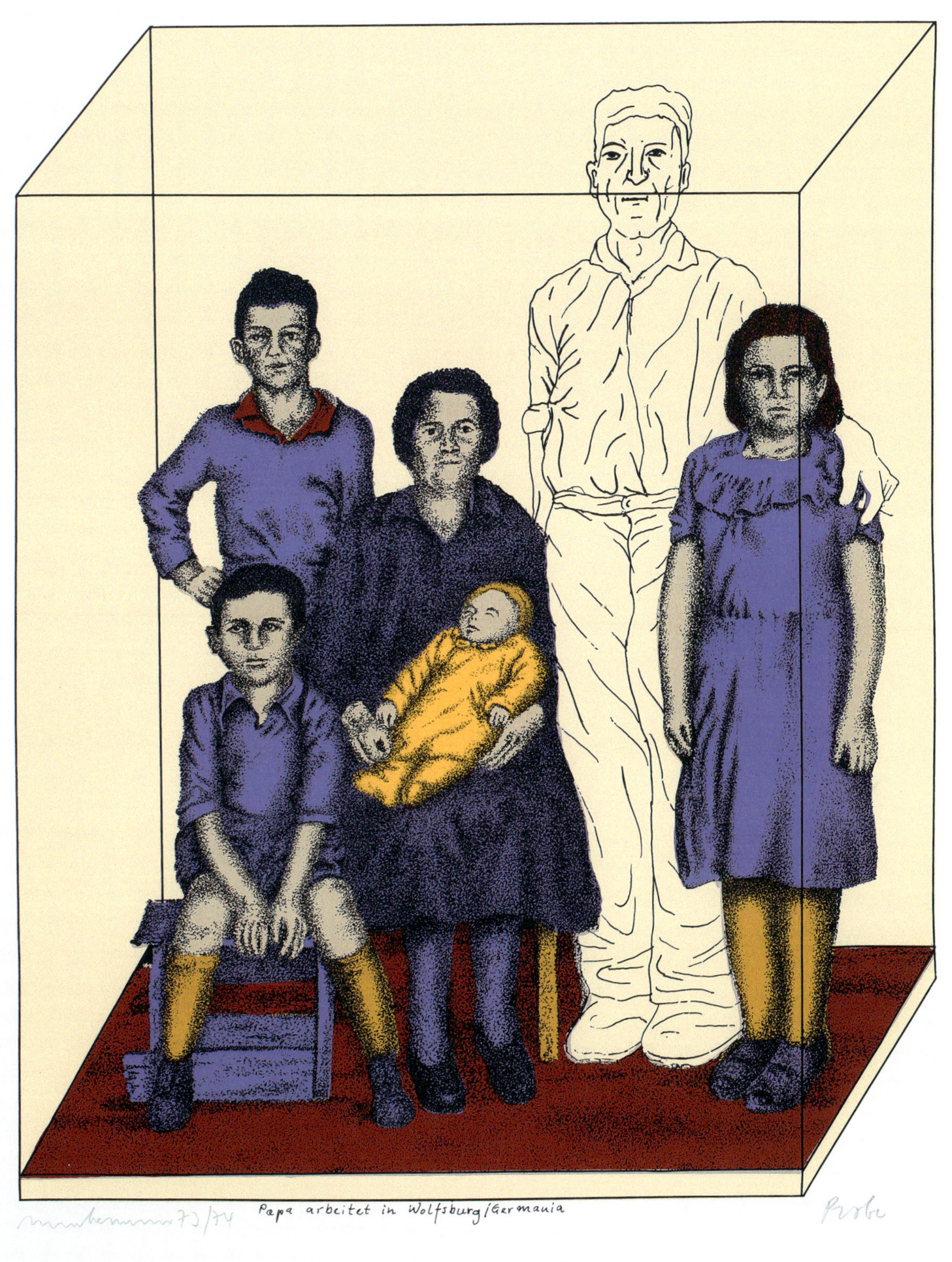

Papa arbeitet in Wolfsburg/Germania, 1971, Lithographie, 62,1 × 44 cm, Inv. Nr. 2023-0129-00
Schenkung Prof. Siegfried Neuenhausen, Hannover 2023

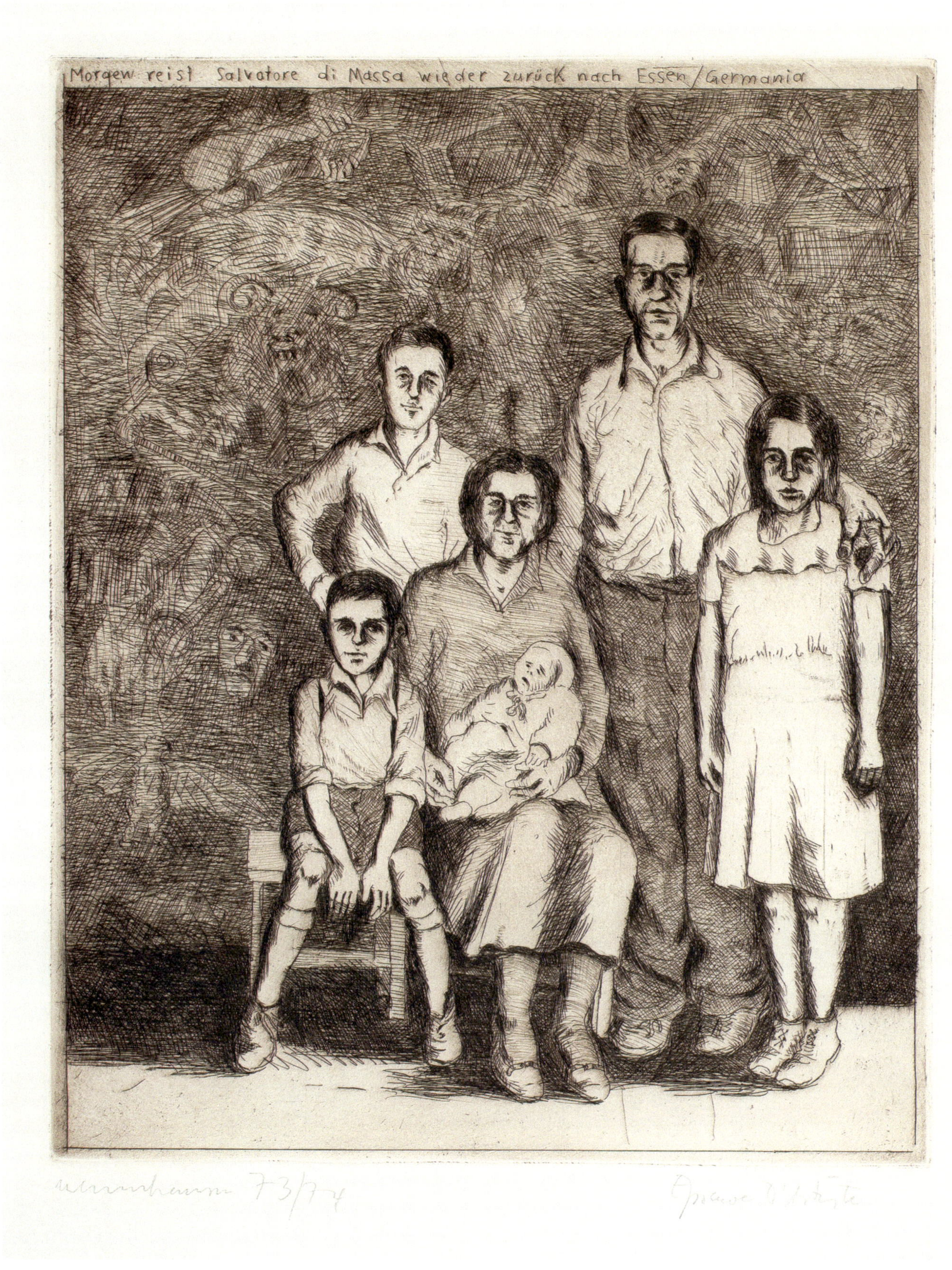

„Morgen reist Salvatore ...“, 1973/74, Radierung, 76,6 × 54,1 cm, Inv. Nr. 2023-0109-00
Schenkung Prof. Siegfried Neuenhausen, Hannover 2023

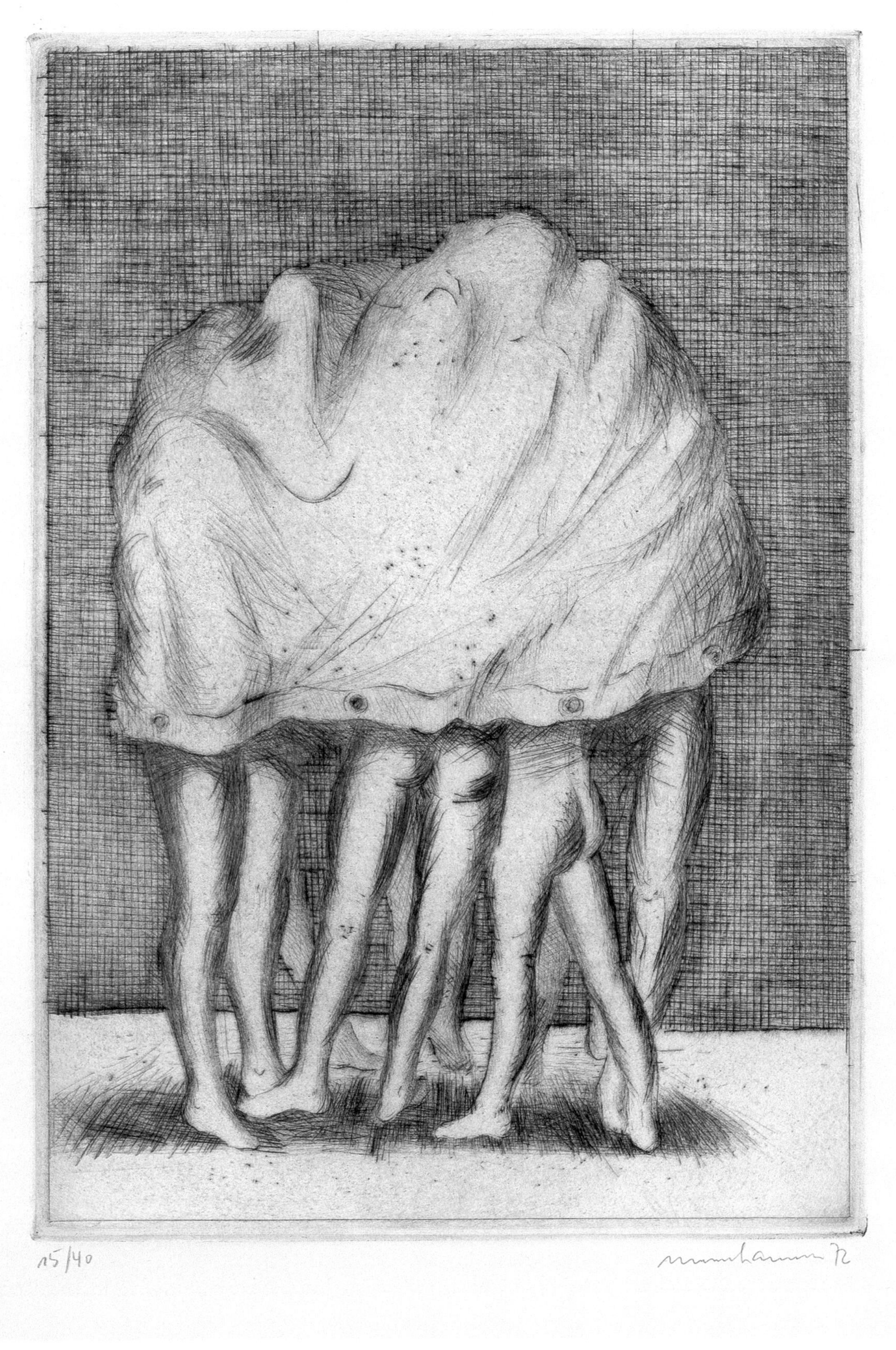

Figuren unter Plane, 1972, Radierung, 71,9 × 52,5 cm, Inv. Nr. 2023-0111-00
Schenkung Prof. Siegfried Neuenhausen, Hannover 2023

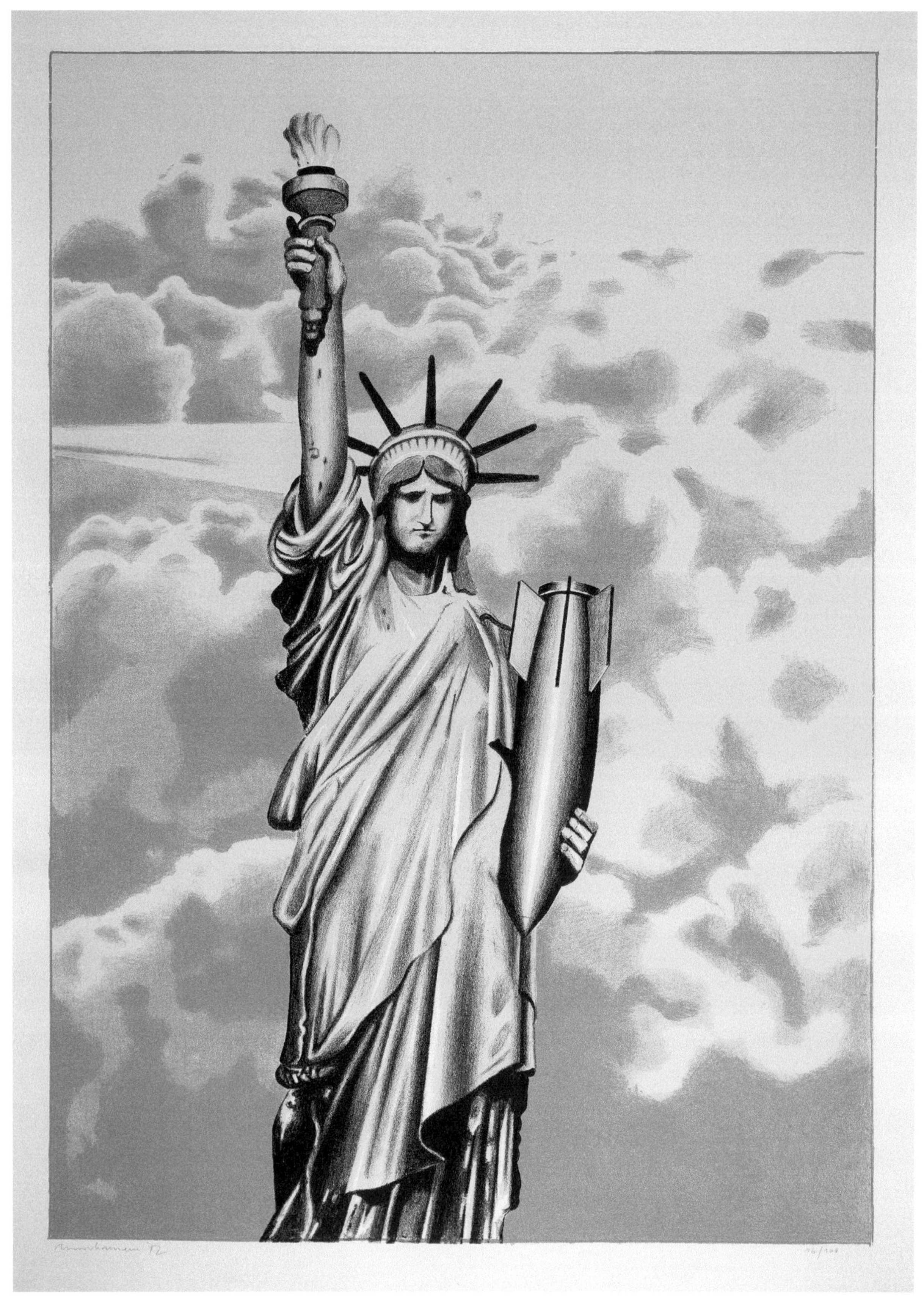

State of Liberty, 1972, Serigraphie, 89,9 × 65,1 cm, Inv.-Nr. 1973/122
Schenkung der Galerie Schmücking, Braunschweig (1973)

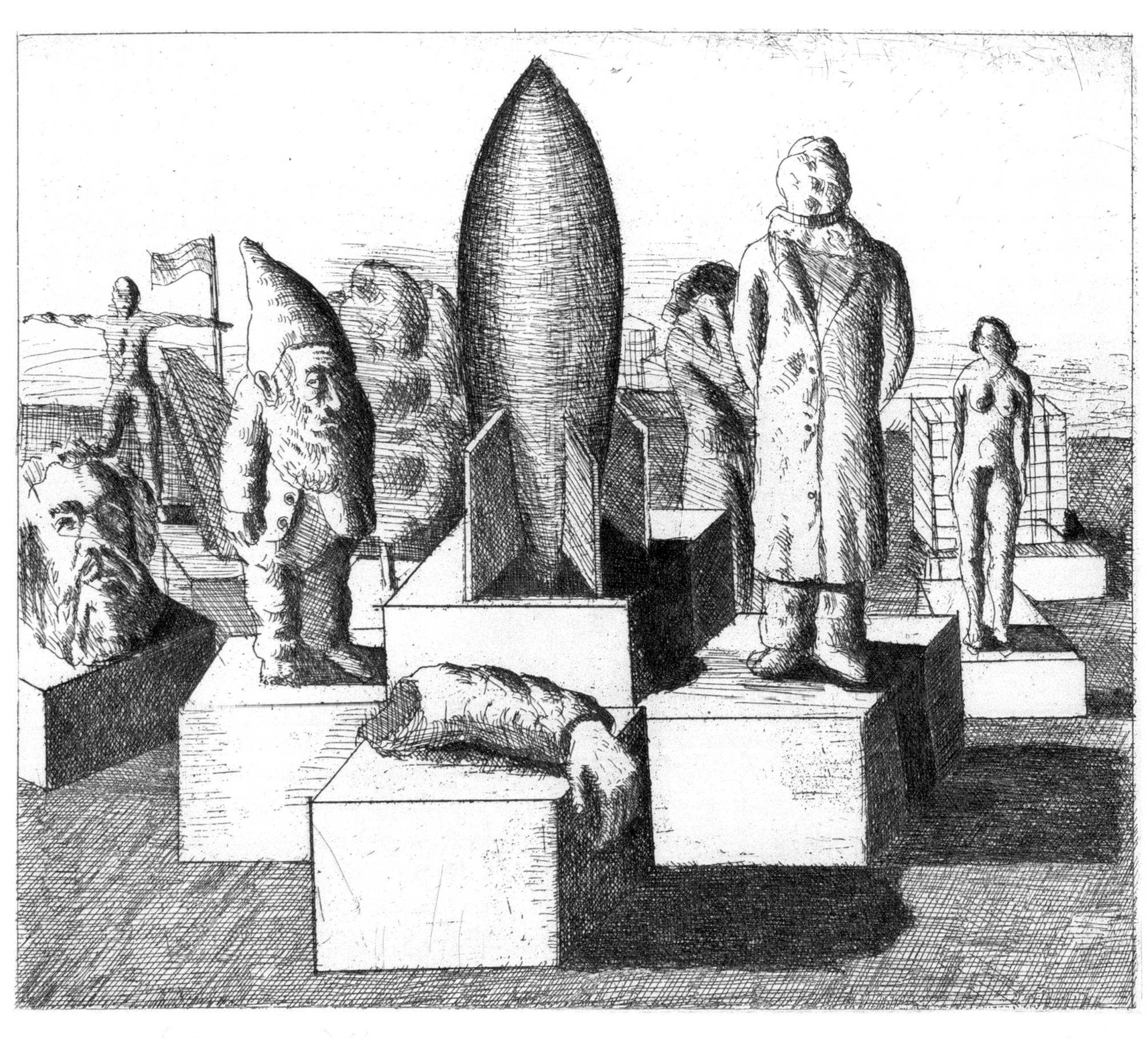

Die Bombe steht bereit, 1974, Radierung, 39,6 × 53,2 cm, Inv. Nr. 2023-0107-00
Schenkung Prof. Siegfried Neuenhausen, Hannover 2023

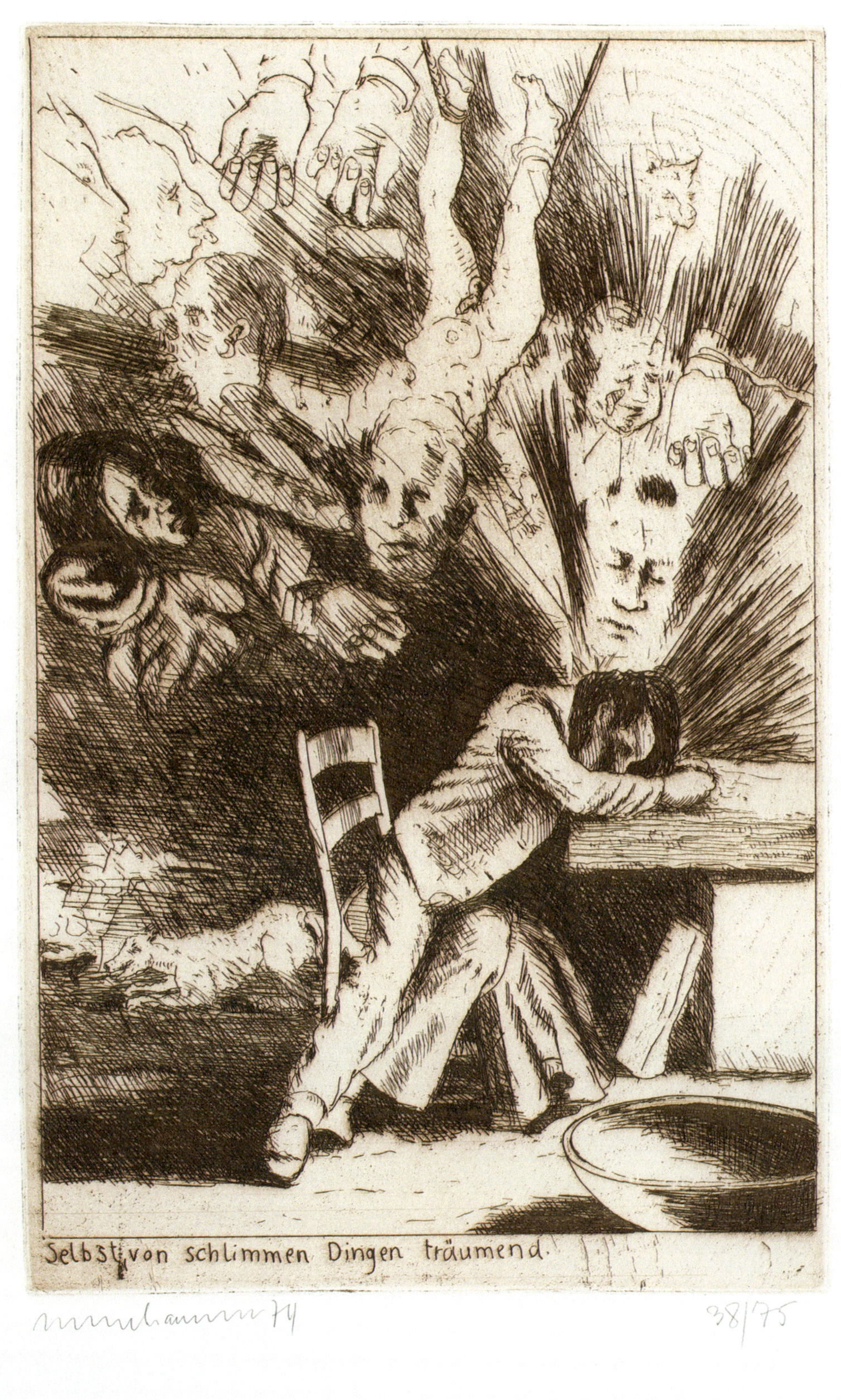

Selbst, von schlimmen Dingen träumend (Blatt 1 des Mappenwerks „Goya-Variationen"), 1974, Radierung, 53,3 × 38,2 cm, Inv. Nr. 2023-0086-01, Schenkung Prof. Siegfried Neuenhausen, Hannover 2023

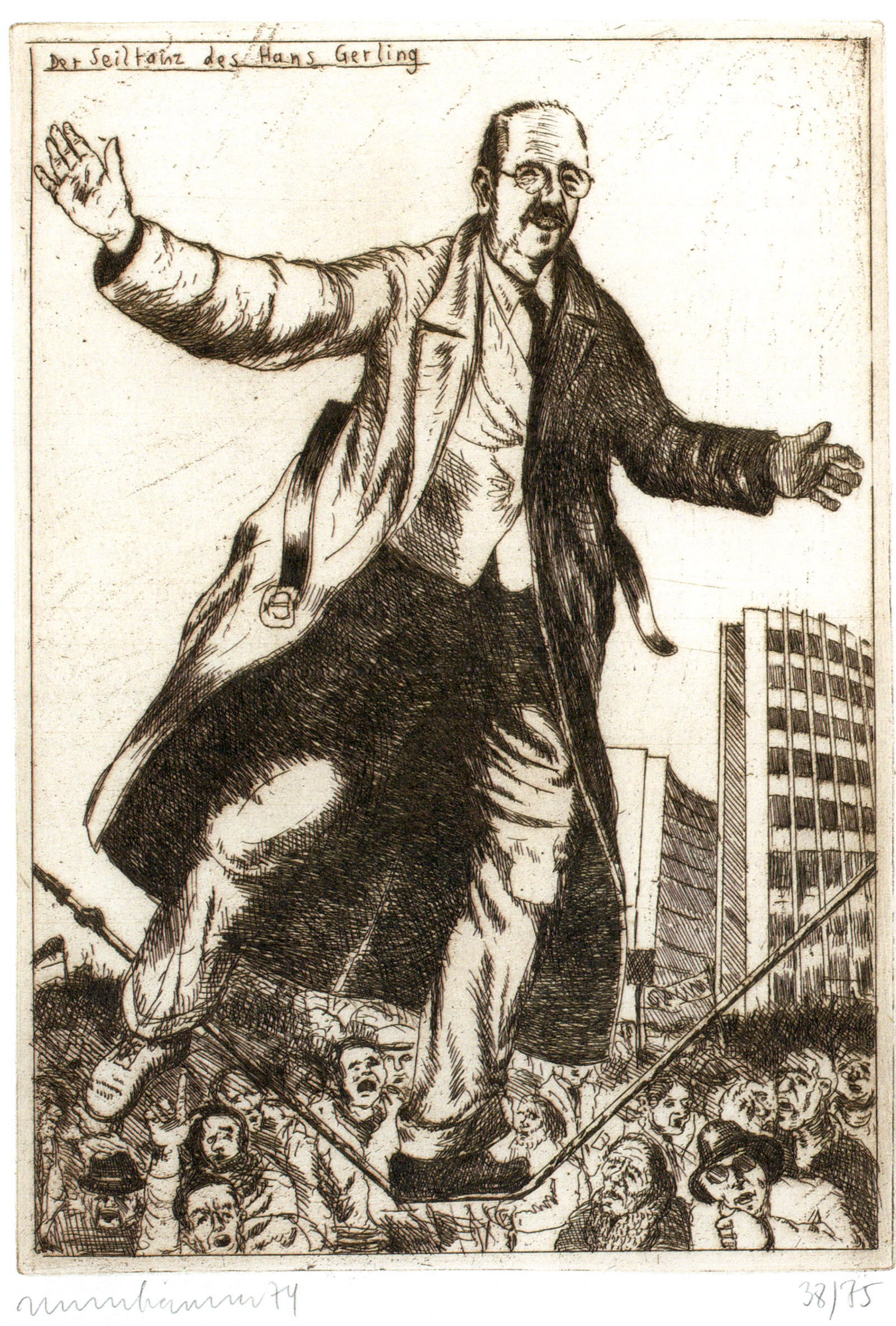

Der Seiltanz des Hans Gerling (Blatt 2 des Mappenwerks „Goya-Variationen“), 1974, Radierung, 53,3 × 38,2 cm, Inv. Nr. 2023-0086-02, Schenkung Prof. Siegfried Neuenhausen, Hannover 2023

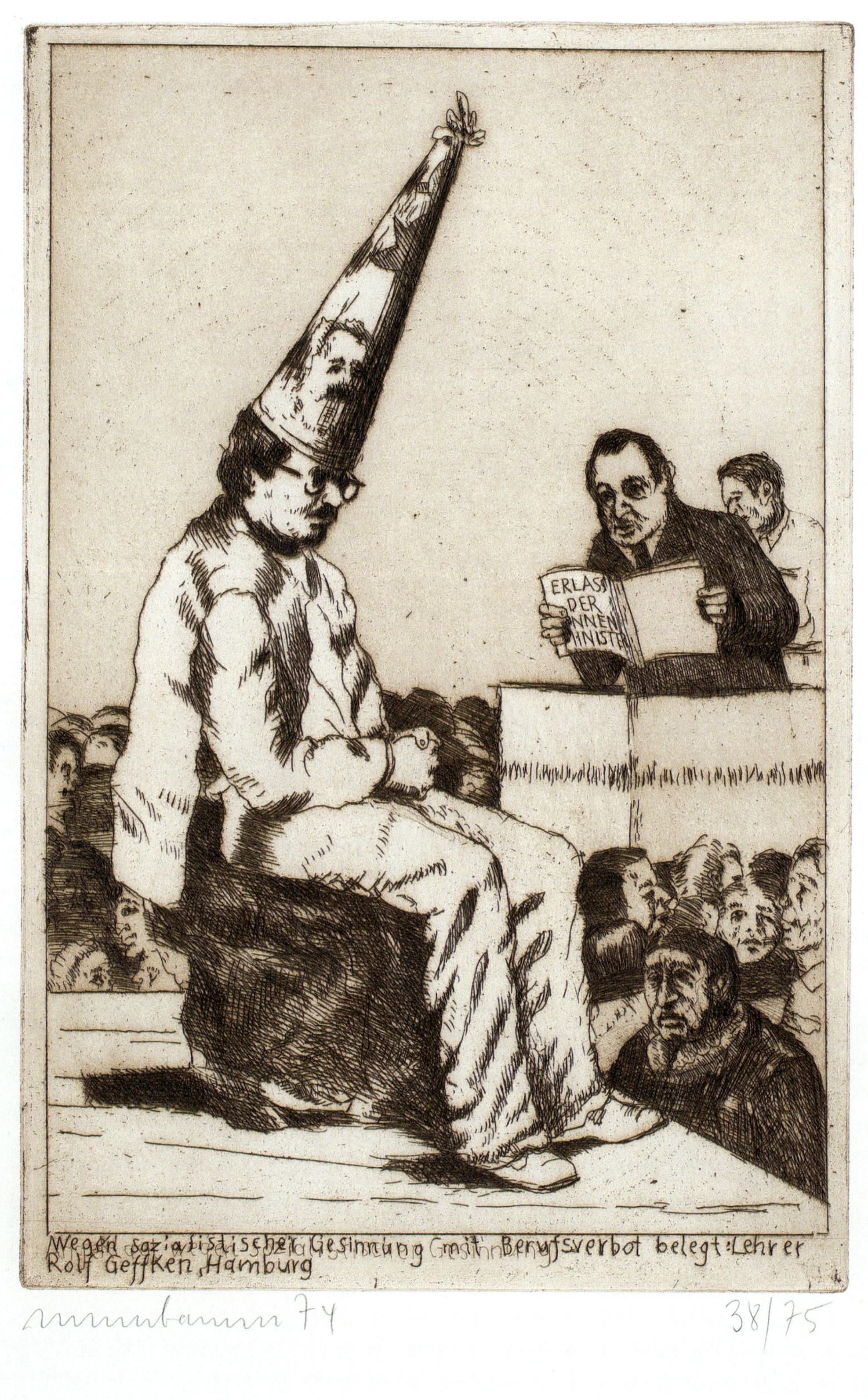

Wegen sozialistischer Gesinnung mit Berufsverbot belegt (Blatt 4 des Mappenwerks „Goya-Variationen“), 1974, Radierung, 53,4 × 38,1 cm, Inv. Nr. 2023-0086-04, Schenkung Prof. Siegfried Neuenhausen, Hannover 2023

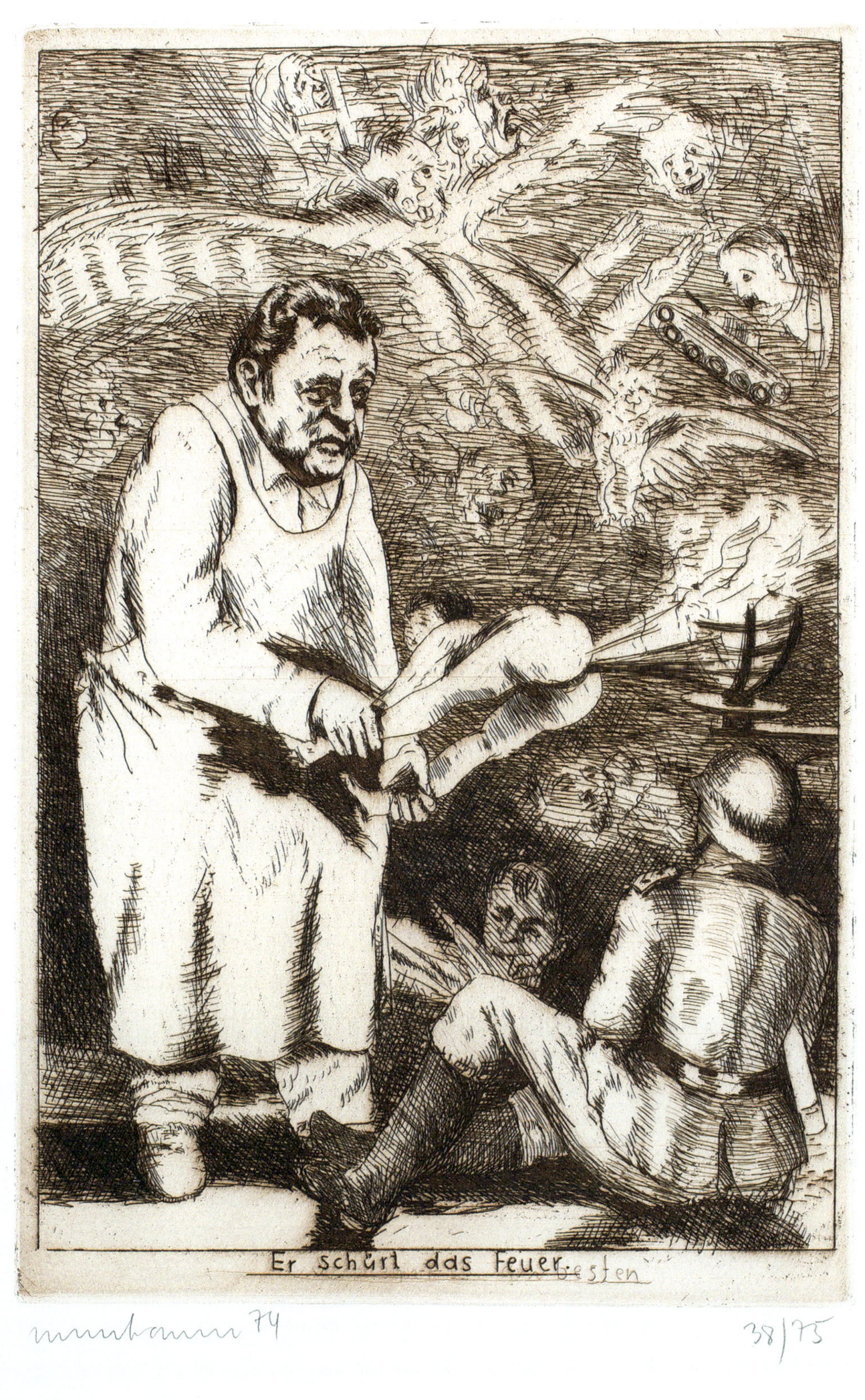

Er schürt das Feuer (Blatt 5 des Mappenwerks „Goya-Variationen"), 1974, Radierung, 53,7 × 38,0 cm, Inv. Nr. 2023-0086-05, Schenkung Prof. Siegfried Neuenhausen, Hannover 2023

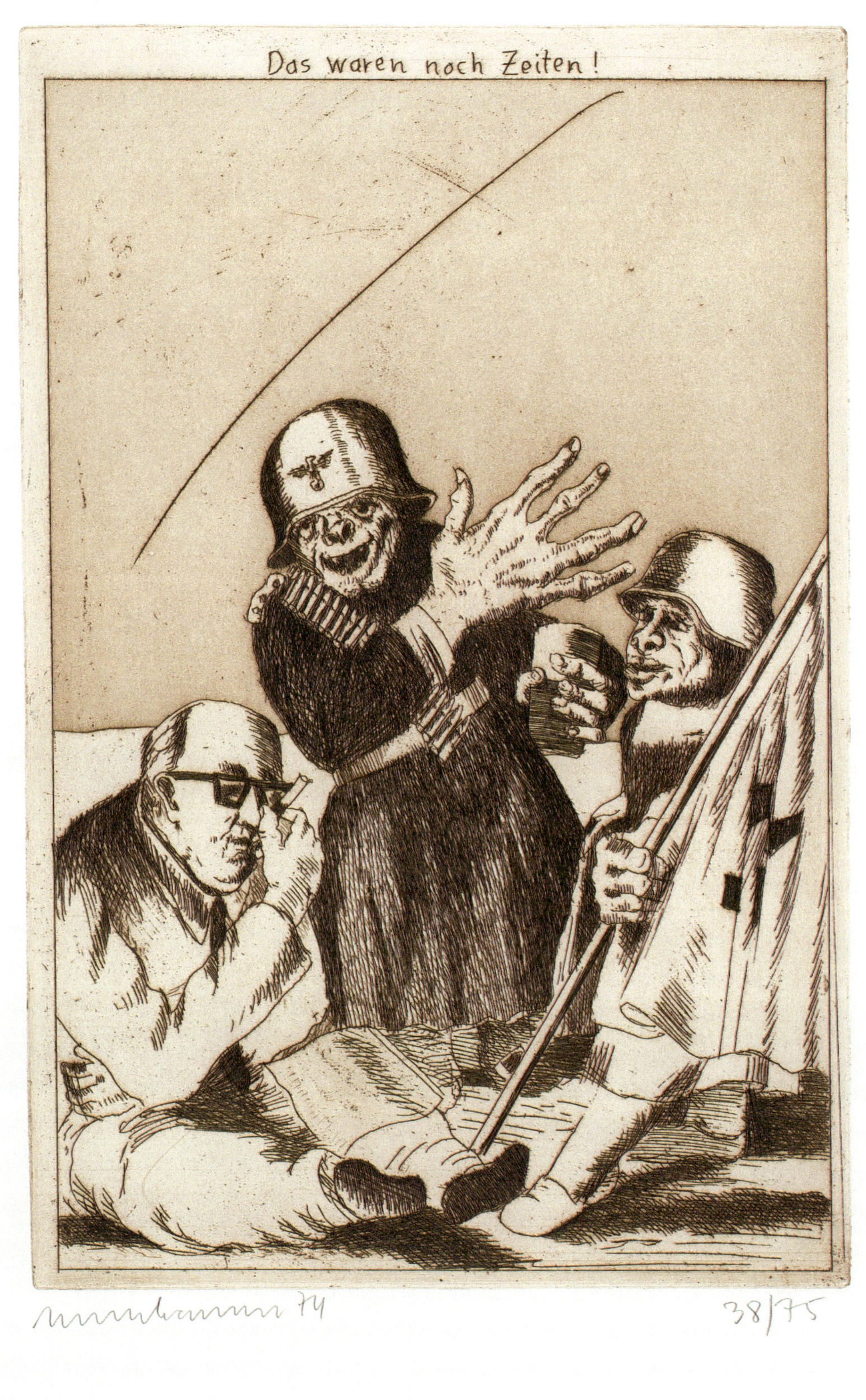

Das waren noch Zeiten! (Blatt 6 des Mappenwerks „Goya-Variationen“), 1974, Radierung, 53,3 × 38,2 cm, Inv. Nr. 2023-0086-06, Schenkung Prof. Siegfried Neuenhausen, Hannover 2023

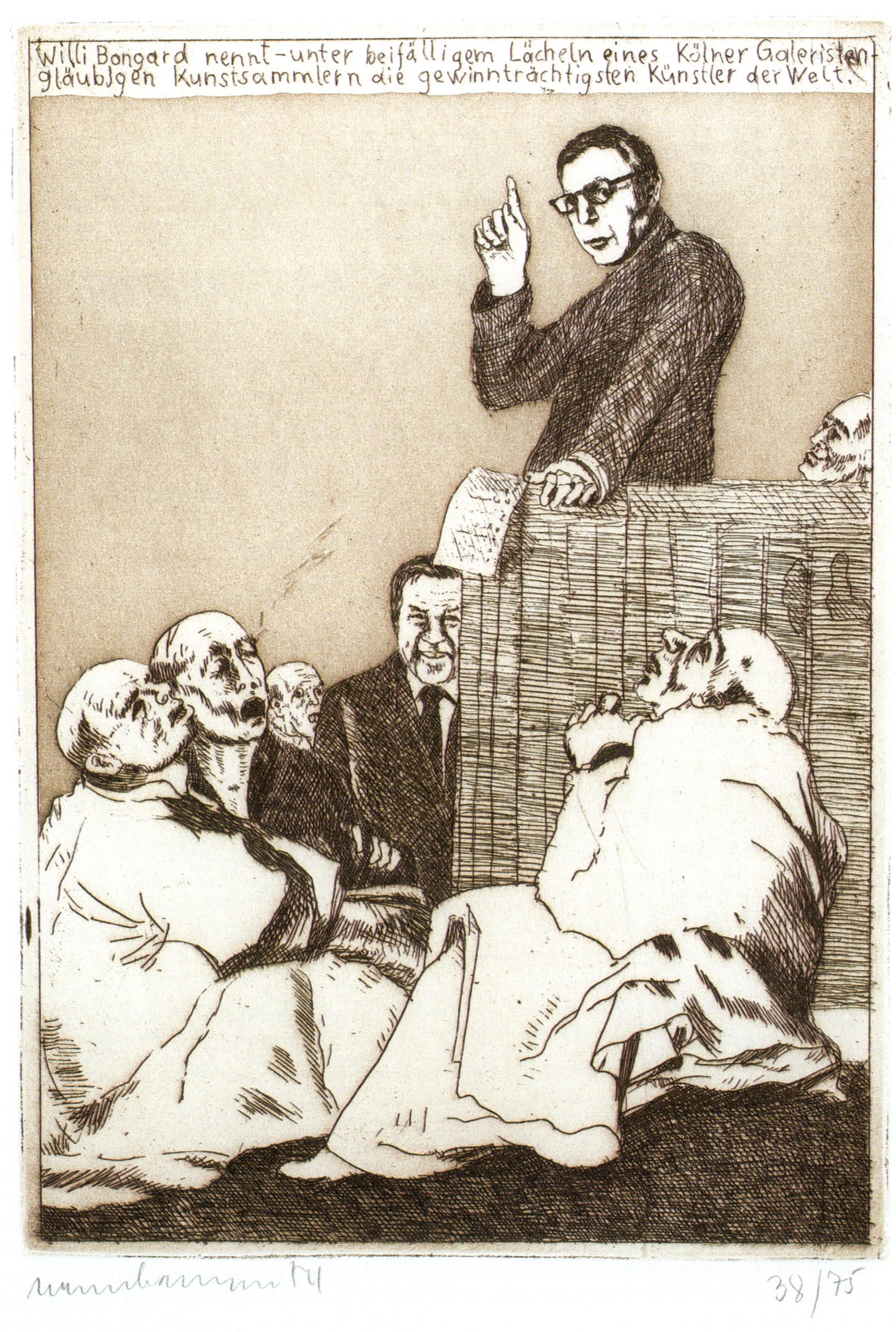

„Willi Bongard nennt – unter beifälligem Lächeln eines Kölner Galeristen – gläubigen Kunstsammlern die gewinnträchtigsten Künstler der Welt“, (Blatt 8 des Mappenwerks „Goya-Variationen“), 1974, Radierung, 53,8 × 38,0 cm, Inv. Nr. 2023-0086-08, Schenkung Prof. Siegfried Neuenhausen, Hannover 2023

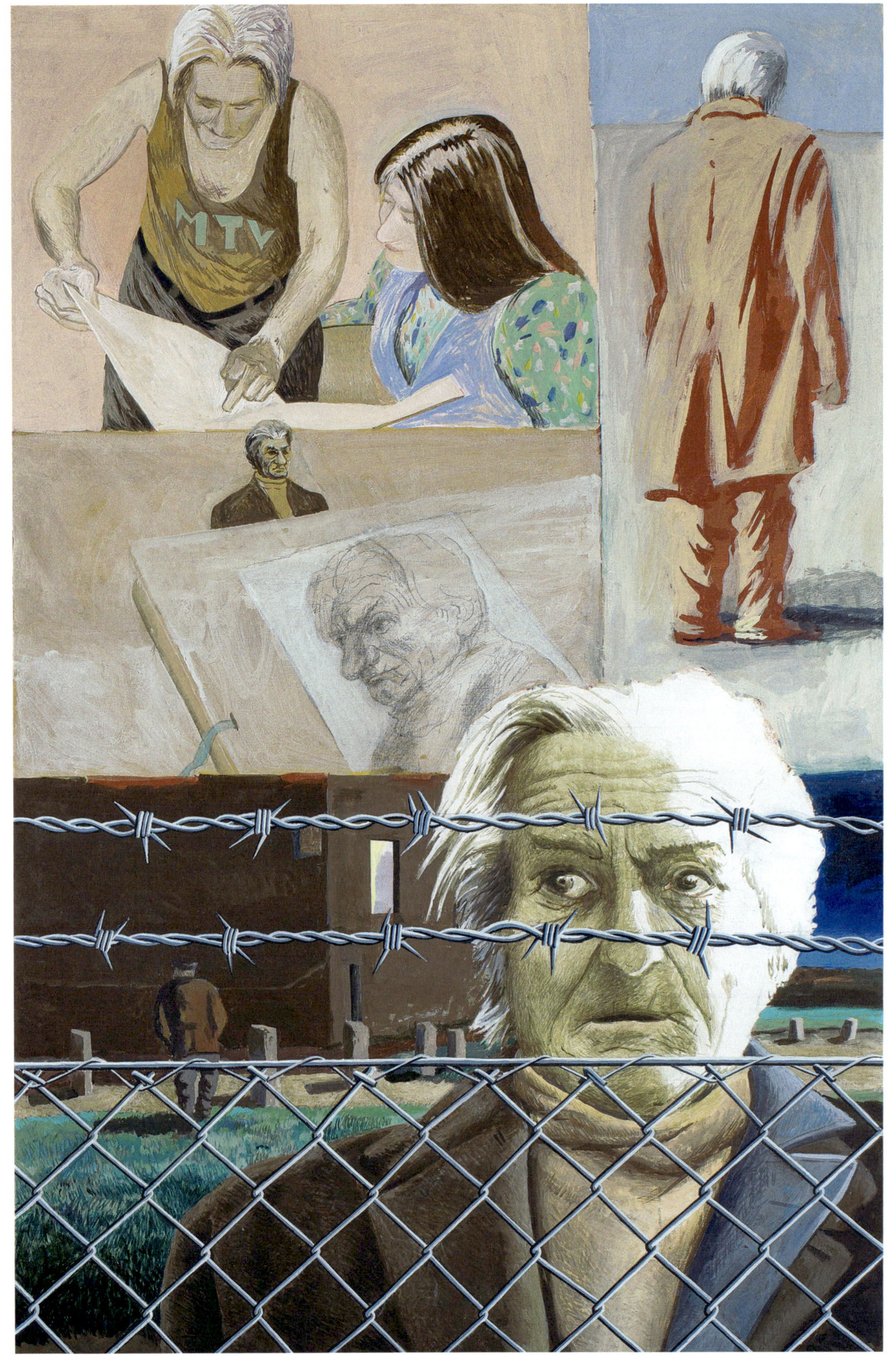

Bildnis Herr Leo Kulik II, 1975, Acryl auf Leinwand, 150,6 × 100,7 cm, Inv. Nr. 1977-0006-00
Erworben von der Galerie Langer, Braunschweig, aus Mitteln des Kulturamts (1977)

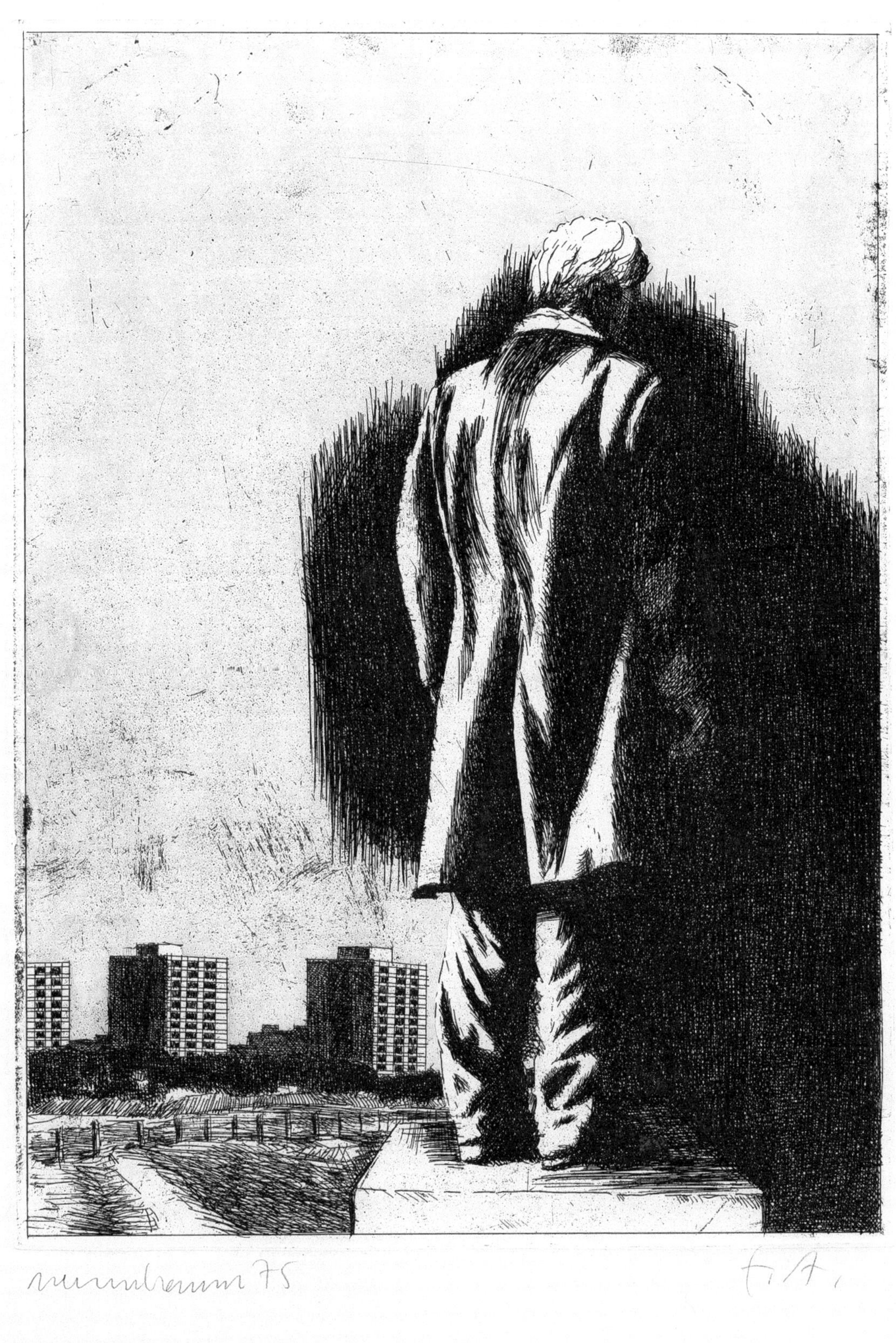

Herr Kulik, 1975, Radierung, 75,9 × 54,1 cm, Inv. Nr. 2023-0110-00
Schenkung Prof. Siegfried Neuenhausen, Hannover 2023

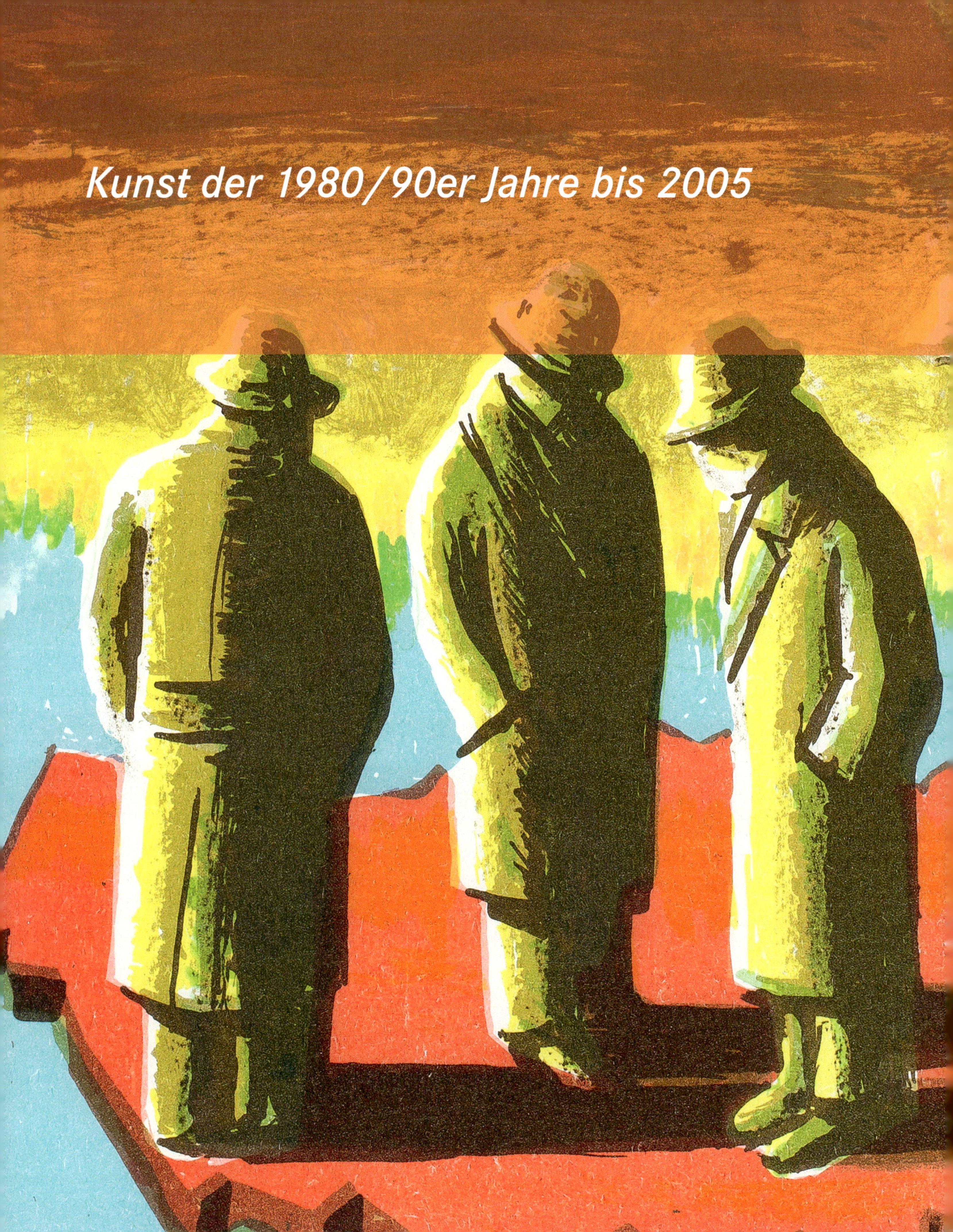
Kunst der 1980/90er Jahre bis 2005

Die Druckgraphik der 1980er Jahre thematisiert weiterhin das Thema „Isolation in der Gesellschaft“. Die 1988 entstandene Radierung mit dem Titel „Im Brei“ zeigt die Oberkörper einzelner Menschen, die sich in einer Gesellschaft durch einen zähen „breiartigen“ Alltag hindurcharbeiten. Sie sind dabei umgeben von völlig banalen Gegenständen wie beispielsweise einem Fernseher, einer Geige oder mehreren Kerzen. Obwohl sich die einzelnen Akteure in einer homogenen Masse befinden, sind sie doch voneinander isoliert und mit sich selbst beschäftigt. Auch die undatierte Radierung „Der Architekt“ führt das Thema „Einsamkeit“ weiter. Im Vordergrund sind die Profile zweier Köpfe zu erkennen, die ineinander übergehen. Den Hintergrund bildet eine Art „Setzkasten“, in dem sich wie in einem riesigen anonymen Wohnhaus einzelne Personen befinden. Dieses regalartige Gebilde eines Hauses erinnert an das 1964 entstandene Werk „Nachbarn“, einer in Mischtechnik aus Papiermaché und Eitempera auf Holz ausgeführten Arbeit.[1] Die Radierung „Tänzerin“ (1988) unterstreicht wiederum den Aspekt des bruchstückhaften Menschenbildes von Siegfried Neuenhausen. Im Hintergrund ist eine nackte Frau zu sehen, die kopfüber gezeigt wird. Ihre Hände sind von Nägeln durchbohrt. Das Motiv steht in einem krassen Gegensatz zu seinem Titel, denn es ist nicht eine lebendige Tänzerin zu sehen, die schwungvoll durch den Raum gleitet, sondern der Torso eines Körpers, der aussieht, als wenn er von einer Lanze durchbohrt wäre. Ikonographisch erinnert das Motiv eher an den über Kopf gekreuzigten Petrus. Im Vordergrund ist ein weiterer bloßer Kopf zu erkennen, der keinem Körper zuzuordnen ist. Möglicherweise versucht Neuenhausen dadurch einen Voyeur anzudeuten. Im linken Bildhintergrund ist eine weitere Person im Profil zu sehen, die sich auch nur als ein durch viele Radierstriche geschaffener Kopf zu erkennen gibt.

Ein weiterer Aspekt, mit dem sich Neuenhausen in den 1980er Jahren künstlerisch auseinandersetzt, ist das Motiv des Schattens einer Person. In seinen Radierungen mit den Titeln „Schreitender Mann“ und „Mann mit schwarzer Figur“ setzt Neuenhausen entweder schattenartige, obskure Gestalten oder den eigenen Schatten gekonnt ins Bild. Hier lässt sich an das 1813 verfasste und ein Jahr später veröffentlichte Kunstmärchen „Peter Schlemihls wundersame Geschichte“ von Adalbert von Chamisso denken.[2] Das Märchen erzählt von Peter Schlemihl, der in Flensburg einem eigenartigen Herrn in grauem Mantel seinen Schatten für ein Geldsäckchen verkauft, das sich immer wieder füllt. Schon bald merkt Schlemihl, dass ihn die Menschen meiden, weil er keinen Schatten mehr hat. Der Teufel begegnet Schlemihl immer wieder und versucht, in einem Tauschgeschäft gegen die Seele von Peter Schlemihl diesem seinen eigenen Schatten zurückzugeben. Dies lehnt Peter Schlemihl jedoch ab. Er wirft das Geldsäckchen in einen Abgrund und trennt so die letzten Bande zum Teufel. Von seinem restlichen Geld kauft er sich seine Siebenmeilenstiefel und lebt fortan zurückgezogen als Naturforscher. Ob Siegfried Neuenhausen diese eindrückliche und sehr bekannte Geschichte vor Augen hatte, als er die Radierungen zum Thema „Schatten“ konstruierte, wissen wir jedoch nicht.

Dass Siegfried Neuenhausen menschliche Paare auch in trauter Zweisamkeit darstellt und nicht nur isoliert voneinander, beweist der 1993 entstandene Offsetdruck „Du und ich auf einem Stern“. Neuenhausen zeigt einen Mann, möglicherweise sich selbst, und eine Frau auf einem mehrfach gezackten, braunen Stern. Die gelben Figuren werden von einer blauen, goldumrandeten Wolke hinterfangen. Der Offsetdruck mit dem Titel „Happy Christmas I“ wirkt wiederum wie eine sarkastische Interpretation des Themas Weihnachten: Auf einer roten Scholle stehen fünf Männer, die an die „Bürger von B.“ erinnern. Sie schauen mit gesenkten Köpfen zu Boden und gehen nebeneinander her, ohne aufeinander zu achten. Über ihnen ist eine stark vergrößerte Sternschnuppe zu sehen.

Ein besonderer Aspekt des Werks von Siegfried Neuenhausen sind die Aquarelle, die in der Ausstellung gezeigt werden. Sie sind in dem Zeitraum von 1987 bis 2005 entstanden. Die eindrucksvollen Arbeiten zeigen exemplarisch „Bruchstücke des Menschen“. So sind etwa in einem 1988 entstandenen Aquarell „Fünf Köpfe“ zu sehen. Das Aquarell „Innenhof mit Personen“ knüpft motivisch an „Bürger von B.“ an. Es sind sieben Herren in grauen Mänteln mit Hüten zu sehen, die teilweise durch die Luft gewirbelt werden. Sie gehen in einem ummauerten Innenhof spazieren. „Gedenken an Rosa“ zeigt die Büste einer Figur. Die Gedanken sind in Form eines „Steines“ über dem Kopf dargestellt. Vier rosafarbene Köpfe sind in die Steinplatte eingelassen, die an eine Art „Kapitell“ erinnert. Die Figur „Rosa“, derer gedacht wird, ist auch noch einmal als zentrale Erscheinung im Leib der Hauptfigur zu sehen. Die Aquarelle erinnern stilistisch an die 44 Arbeiten, die Neuenhausen 1988 für seine „Sinai-Suite“ zusammenstellte.[3] Sie zeigen einzelne Körperteile des Menschen: Köpfe, Menschen, die sich auf Holzstäbe aufstützen, oder Teil einer Armee sind. Die Aquarelle der „Sinai-Suite“ malte Neuenhausen 1990 in wenigen Tagen auf Doppelseiten eines Chemiebuches, während er mit seinem Sohn Markus auf einer Reise in Sharm el Sheikh am Roten Meer war.[4]

1 Nobis 1984, S. 9.

2 Chamisso 1814.

3 Vgl. Neuenhausen 1990. Die Arbeiten werden im Kupferstichkabinett des Herzog Anton Ulrich-Museums in Braunschweig verwahrt. Vgl. Ausst. Kat. Hannover 2022, S. 126.

4 Ebd.

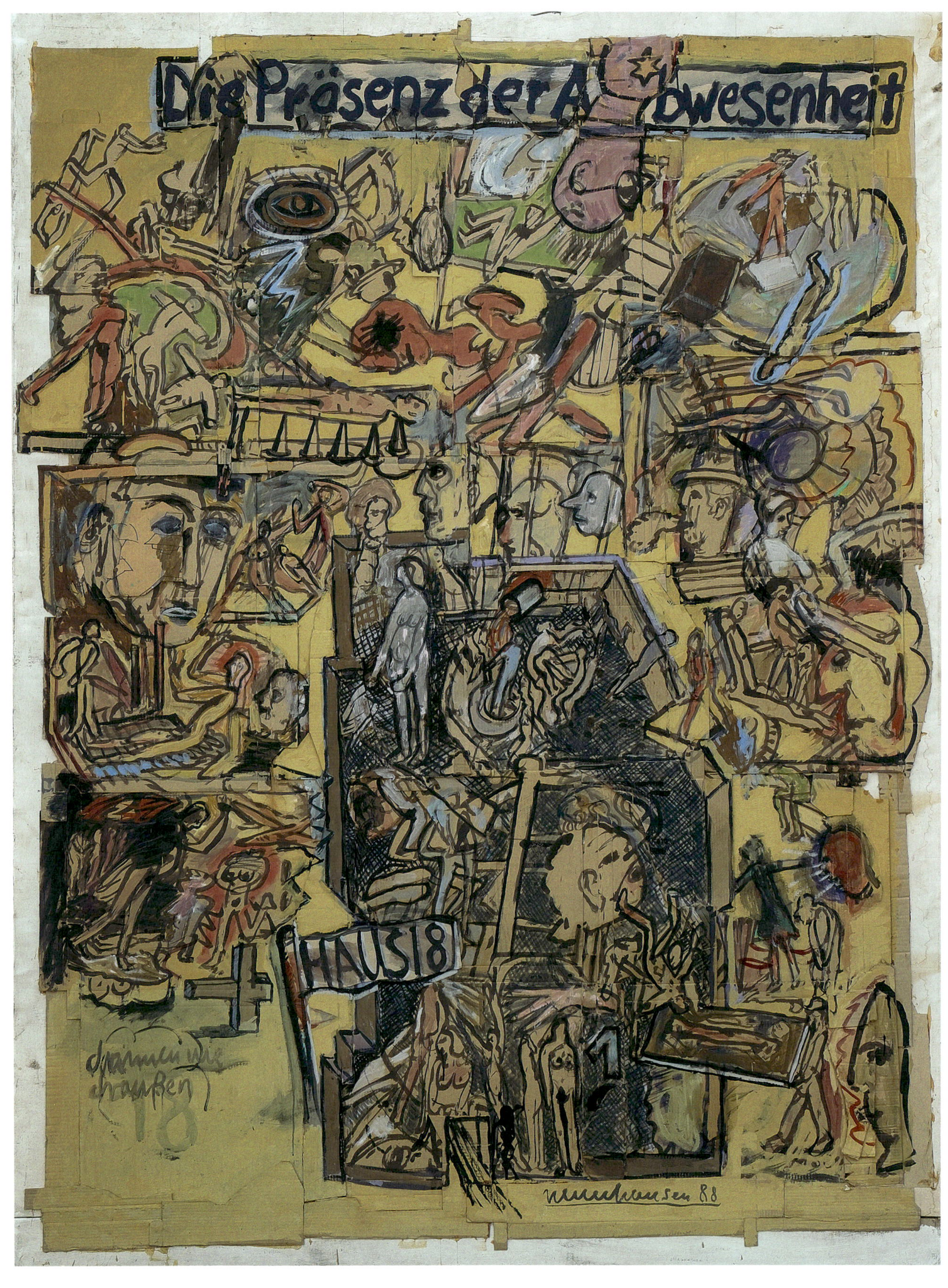

Haus 18, 1988, Acryl auf Pappe, auf Leinwand, 275 × 210 cm
Schenkung Prof. Siegfried Neuenhausen, Hannover 2024

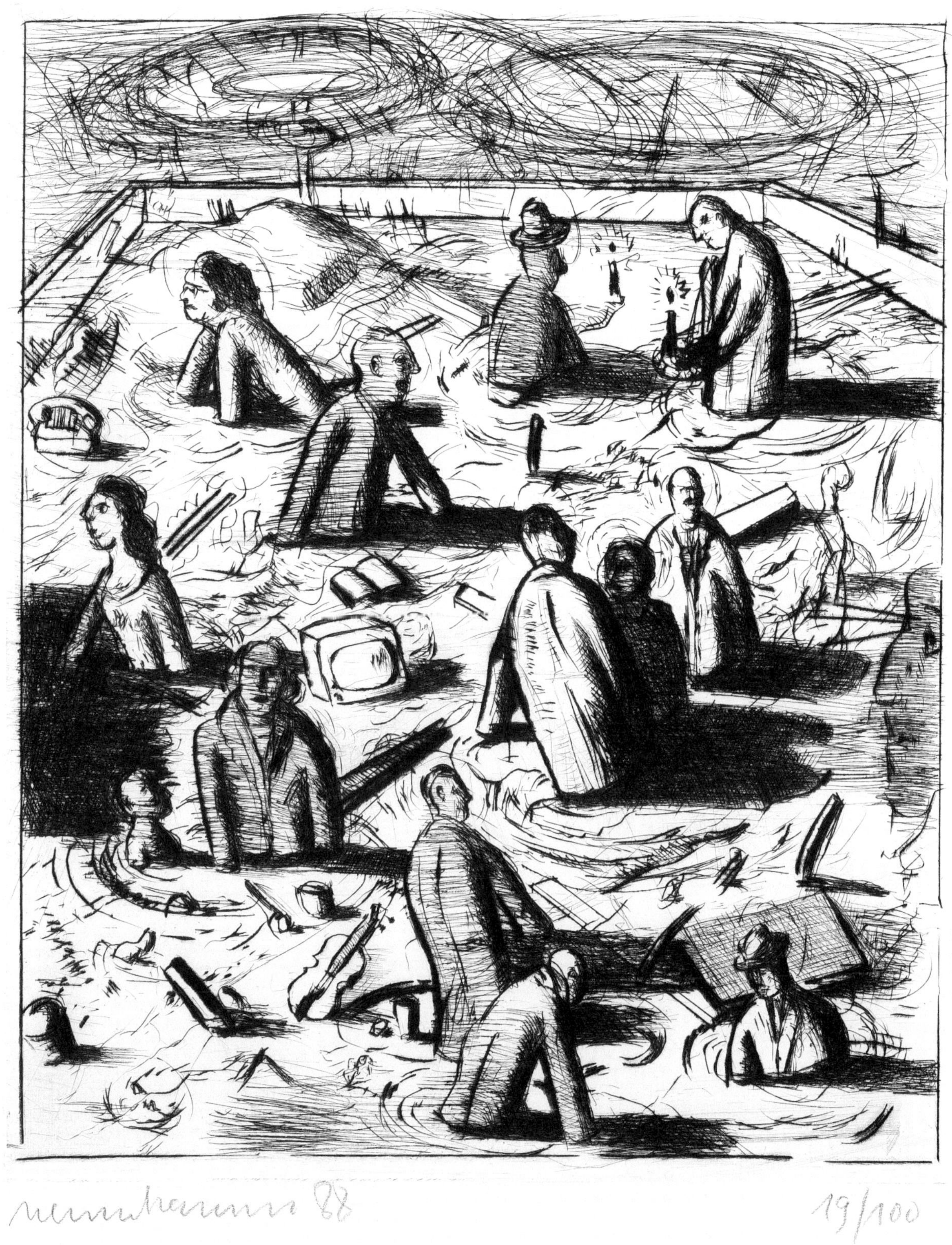

Im Brei, 1988, Radierung, 53 × 38,7 cm, Inv. Nr. 2023-0097-00
Schenkung Prof. Siegfried Neuenhausen, Hannover 2023

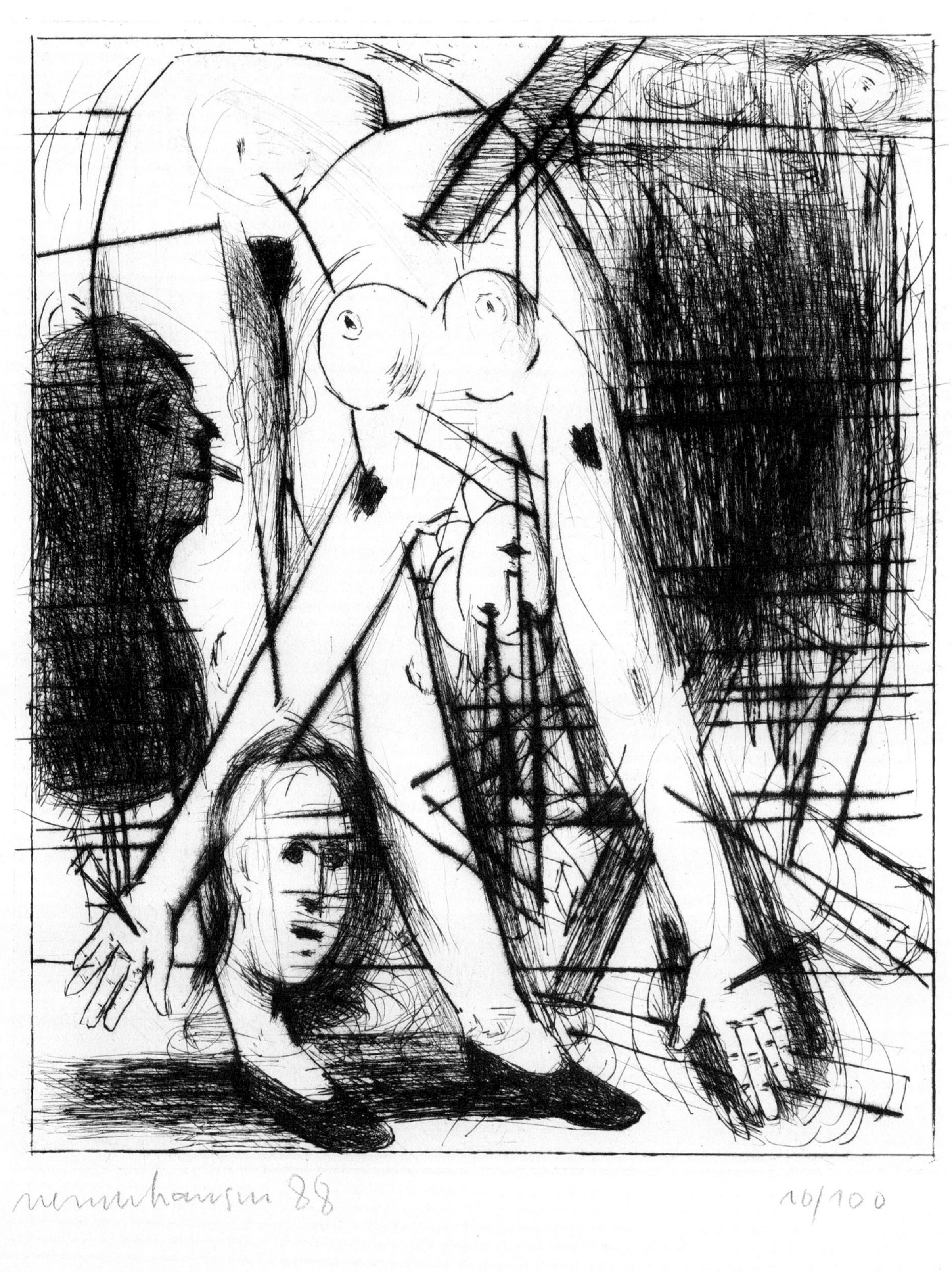

Tänzerin, 1988, Radierung, 53,3 × 39,3 cm, Inv. Nr. 2023-0098-00
Schenkung Prof. Siegfried Neuenhausen, Hannover 2023

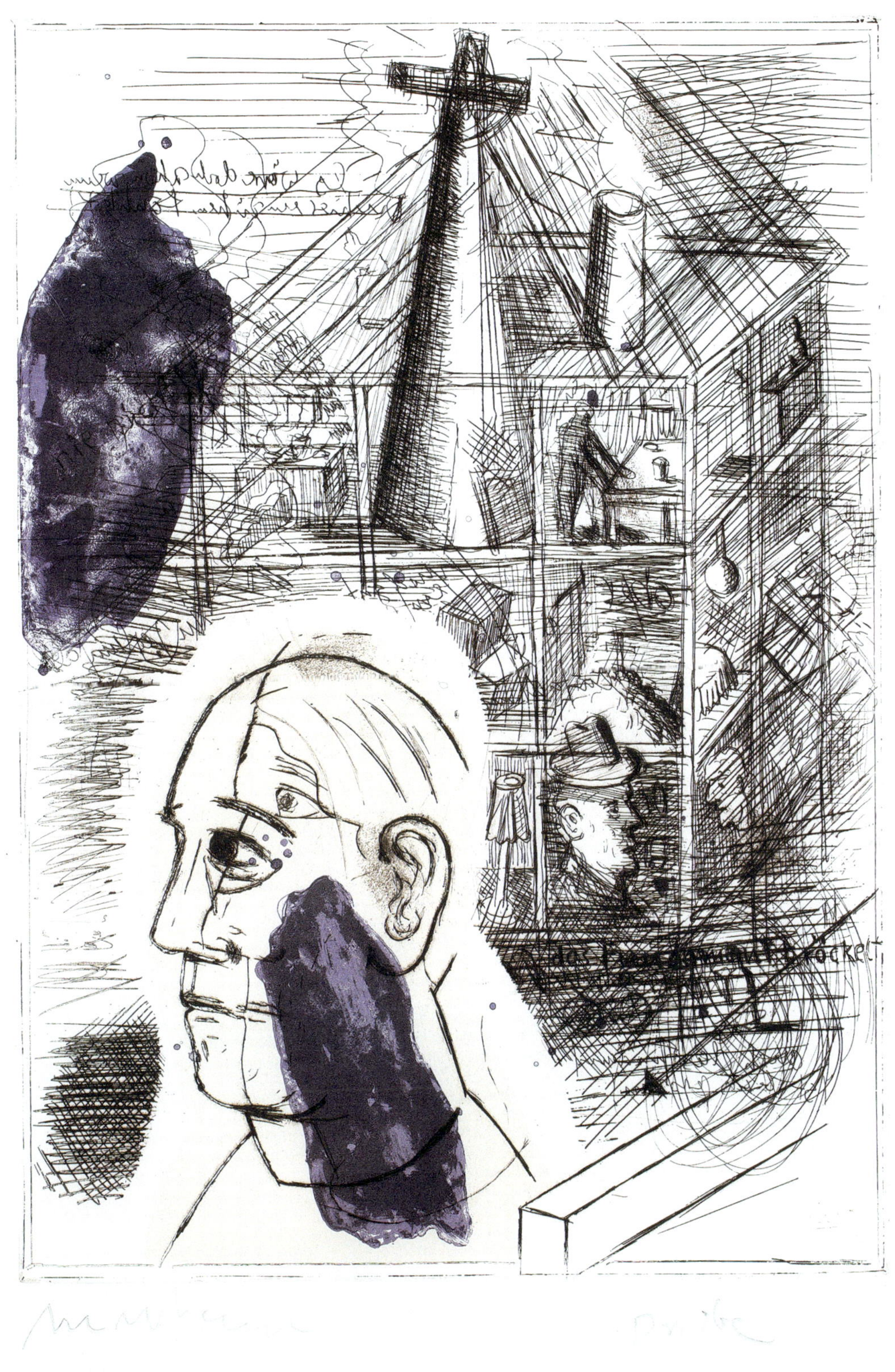

Der Architekt, undatiert, Lithographie und Radierung, 53,1 × 39 cm, Inv. Nr. 2023-0101-00
Schenkung Prof. Siegfried Neuenhausen, Hannover 2023

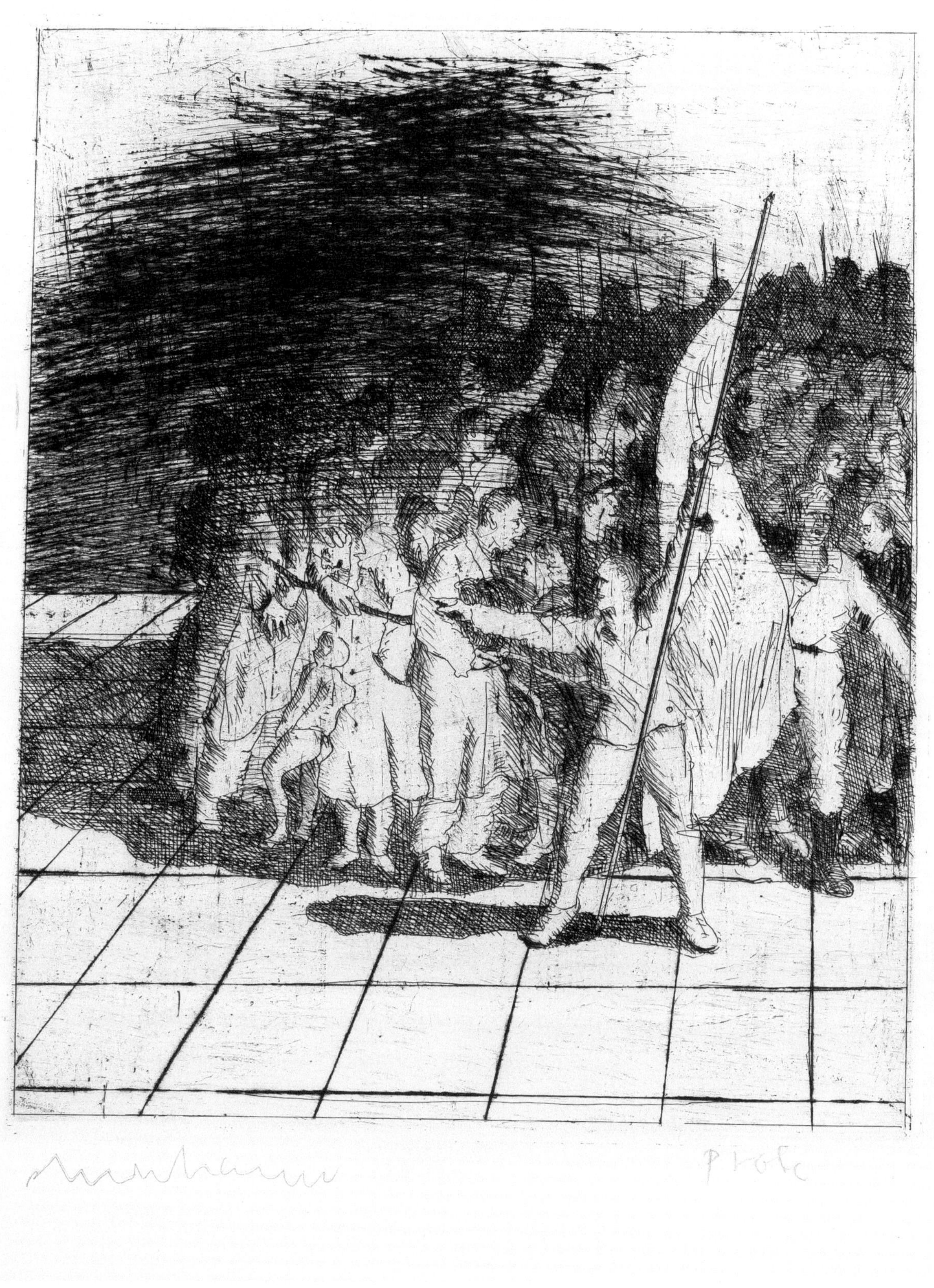

Figurengruppe, undatiert, Radierung, 52,6 × 38,9 cm, Inv. Nr. 2023-0102-00
Schenkung Prof. Siegfried Neuenhausen, Hannover 2023

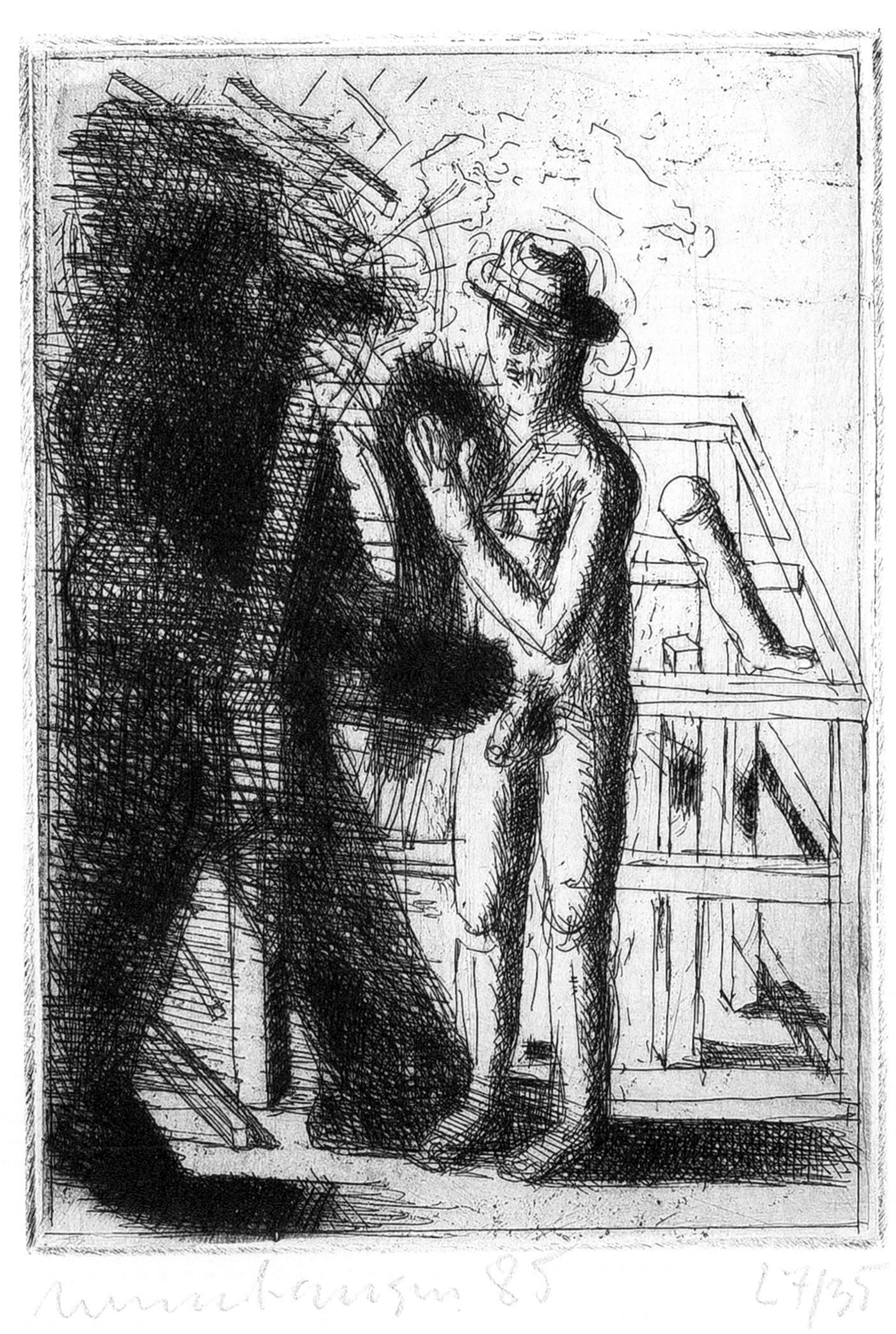

Mann mit schwarzer Figur, 1988, Radierung, 39,4 × 35,7 cm, Inv. Nr. 2023-0099-00
Schenkung Prof. Siegfried Neuenhausen, Hannover 2023

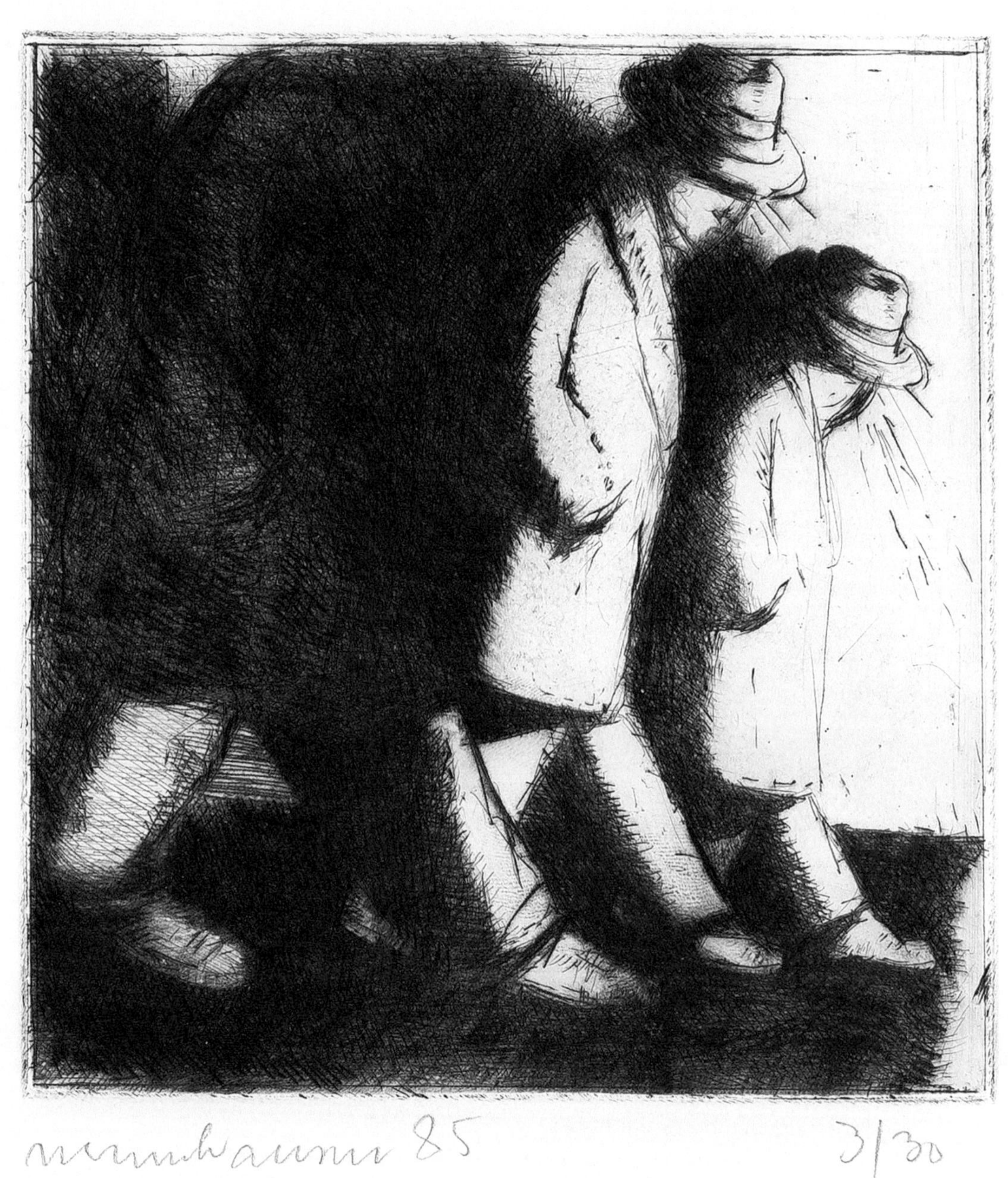

Schreitender Mann, 1988, Radierung, 39,1 × 35,8 cm, Inv. Nr. 2023-0100-00
Schenkung Prof. Siegfried Neuenhausen, Hannover 2023

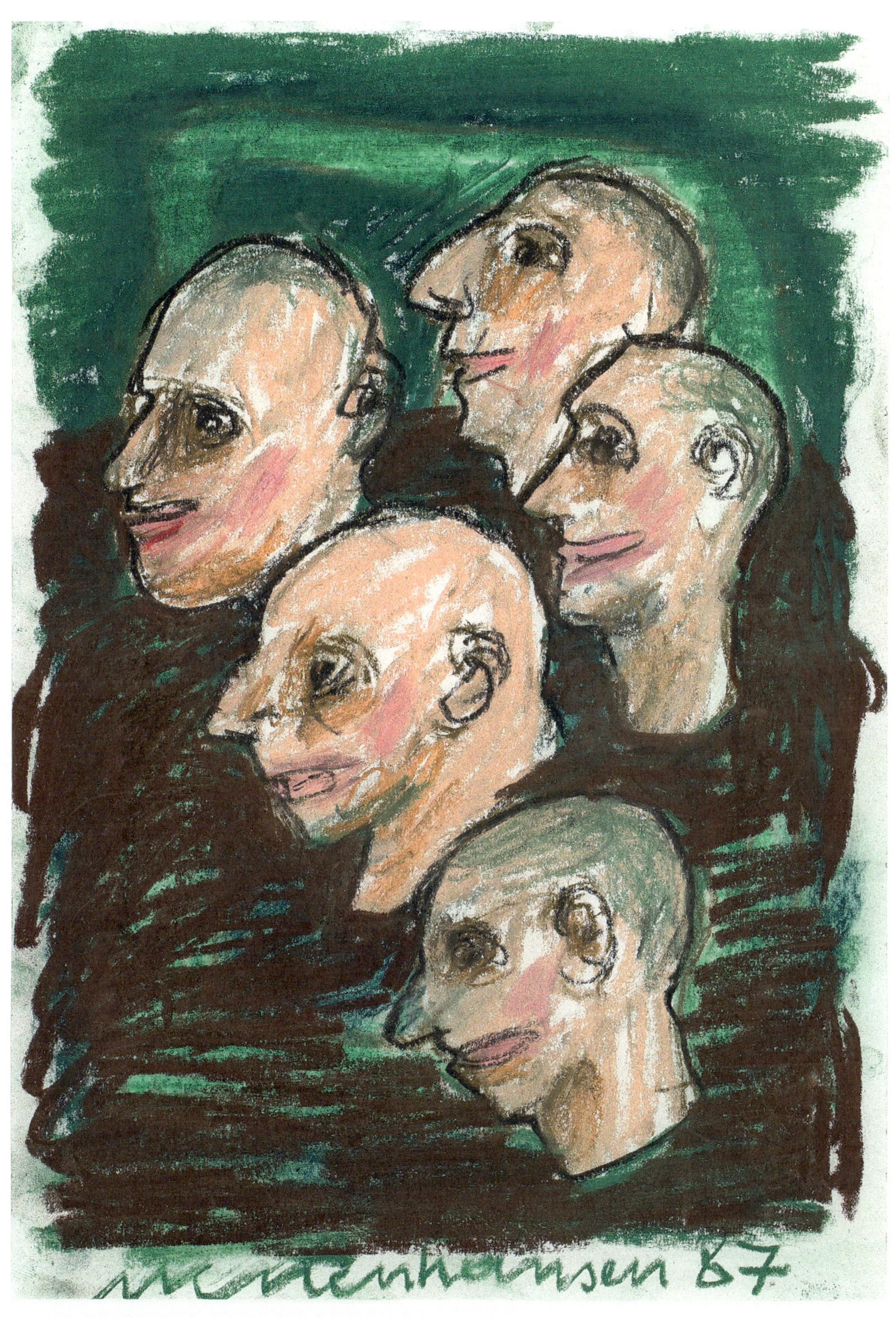

Fünf Köpfe, 1987, Pastell, 29,6 × 21 cm, Inv. Nr. 2023-0519-00
Schenkung Prof. Siegfried Neuenhausen, Hannover 2023

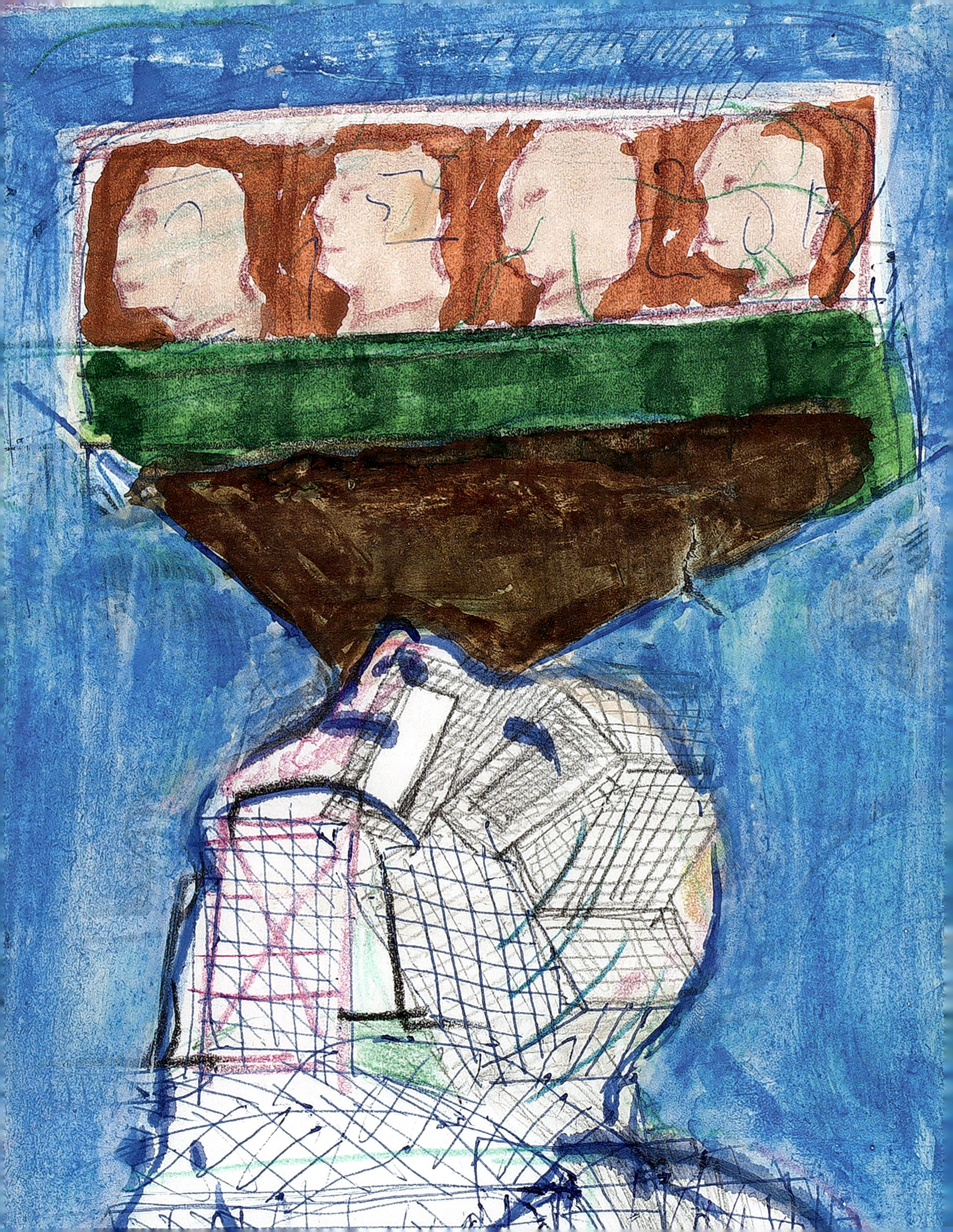

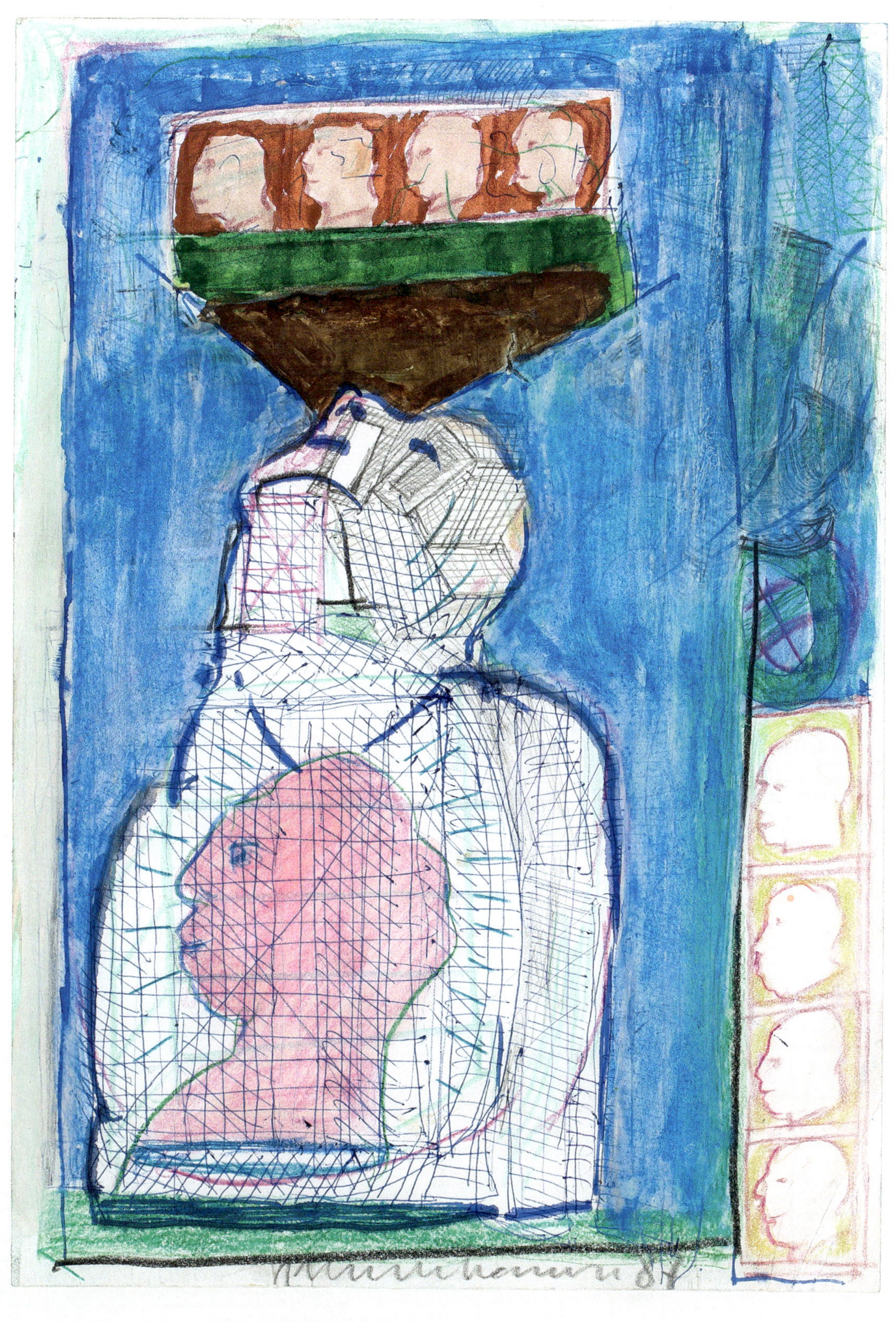

Gedenken an Rosa (wie Detail auf Seite vorher), 1987, Aquarell, 29,8 × 21 cm, Inv. Nr. 2023-0506-00
Schenkung Prof. Siegfried Neuenhausen, Hannover 2023

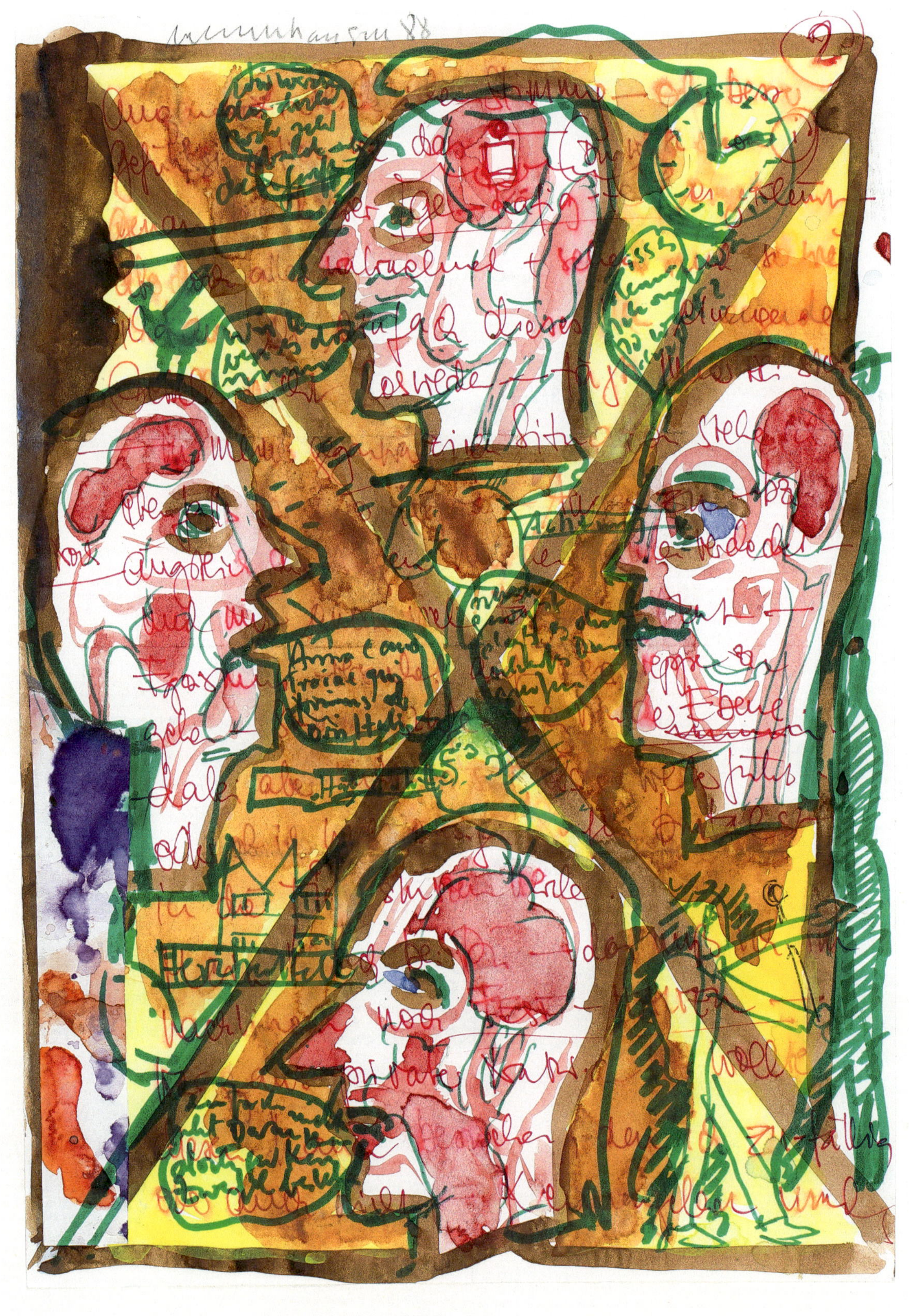

Vier Köpfe, 1988, Aquarell, 29,6 × 21 cm, Inv. Nr. 2023-0520-00
Schenkung Prof. Siegfried Neuenhausen, Hannover 2023

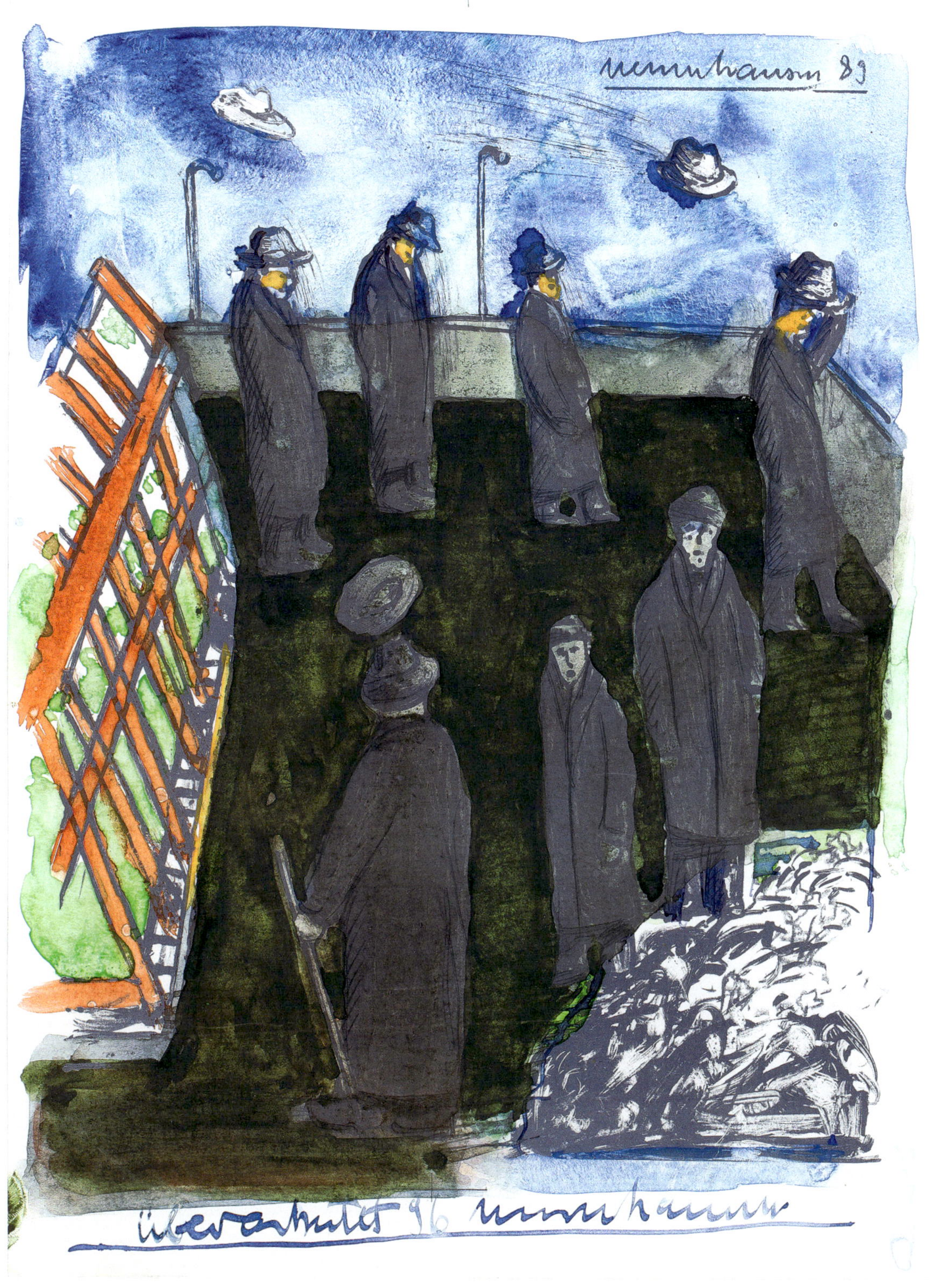

Innenhof mit Personen, 1989/1996, Aquarell, 31,5 × 23,4 cm, Inv. Nr. 2023-0514-00
Schenkung Prof. Siegfried Neuenhausen, Hannover 2023

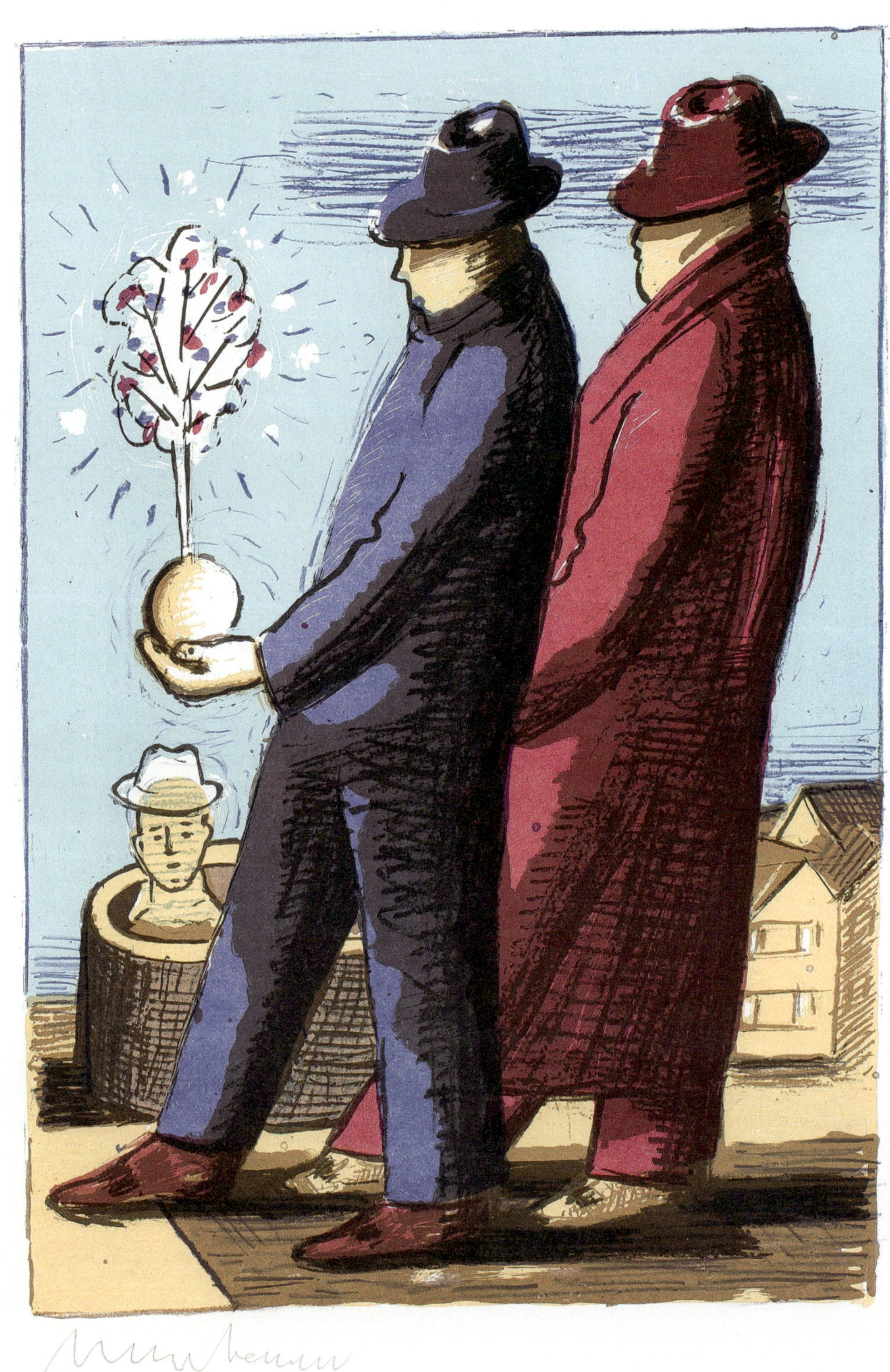

Zwei schreitende Männer, undatiert, Offsetdruck, 53,2 × 37,7 cm, Inv. Nr. 2023-0096-00
Schenkung Prof. Siegfried Neuenhausen, Hannover 2023

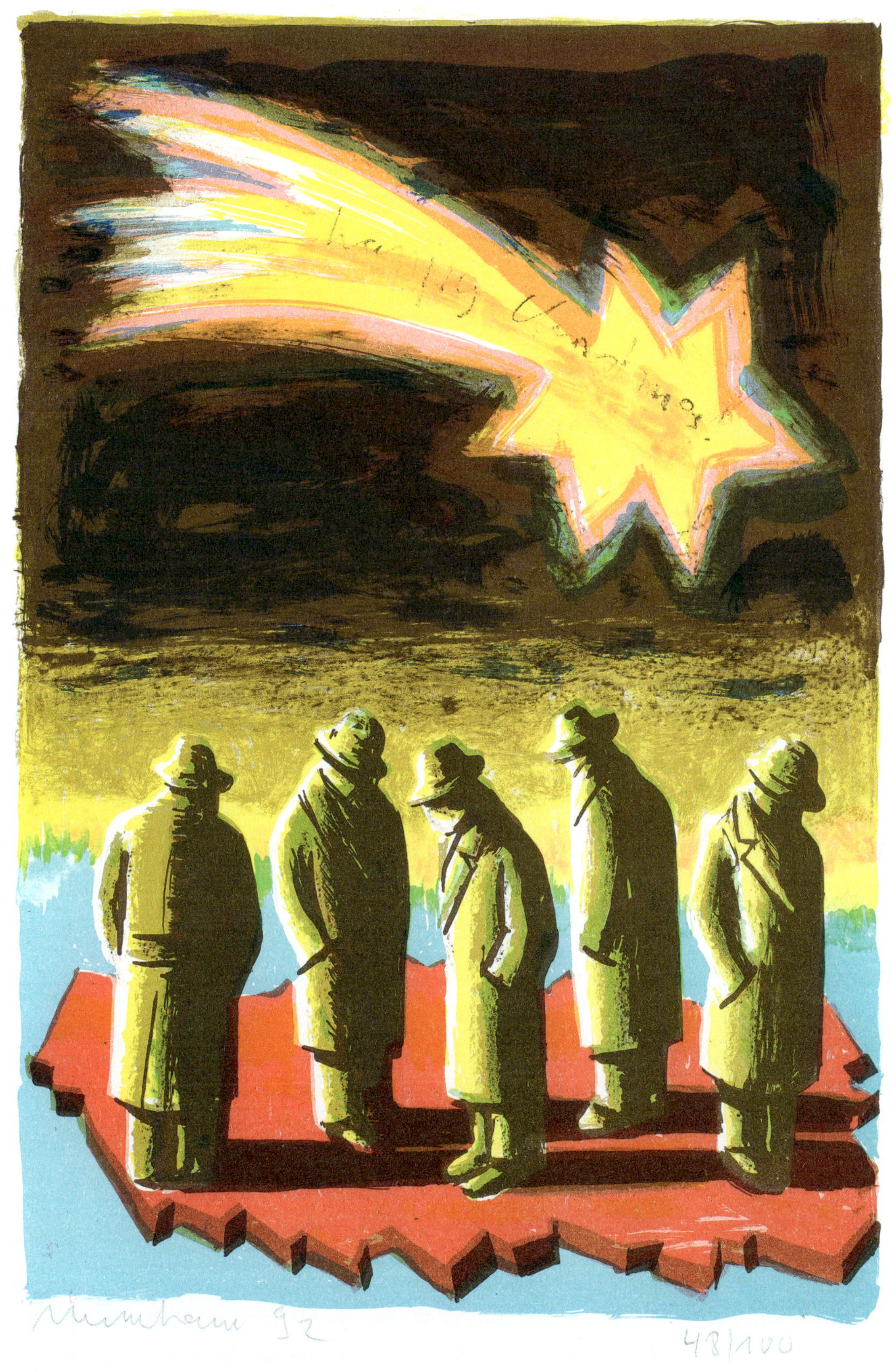

Happy Christmas I, 1992, Offsetdruck, 34 × 23,7 cm, Inv. Nr. 2023-0090-00
Schenkung Prof. Siegfried Neuenhausen, Hannover 2023

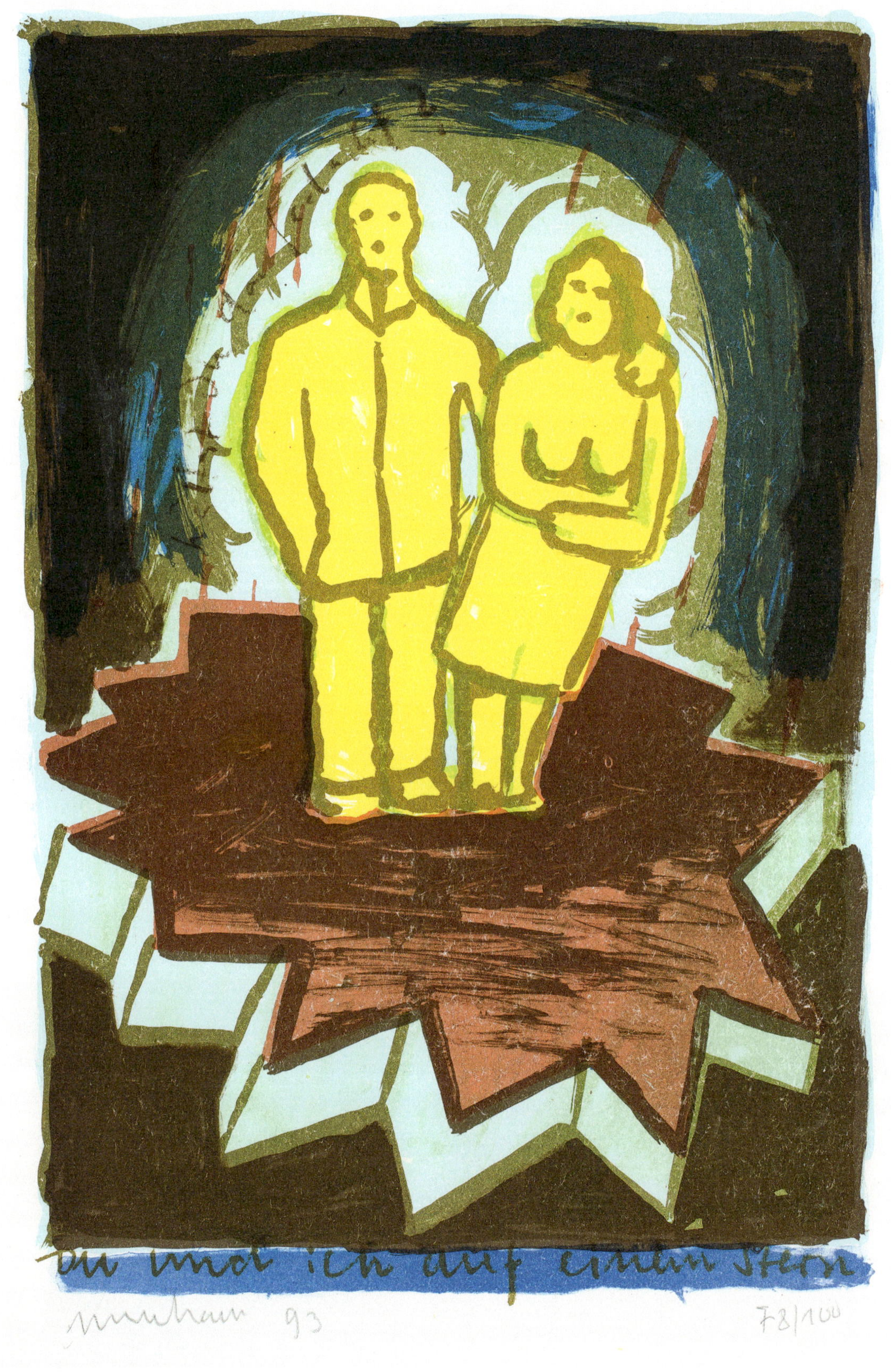

Du und ich auf einem Stern, 1993, Offsetdruck, 34,2 × 24,4 cm, Inv. Nr. 2023-0091-00
Schenkung Prof. Siegfried Neuenhausen, Hannover 2023

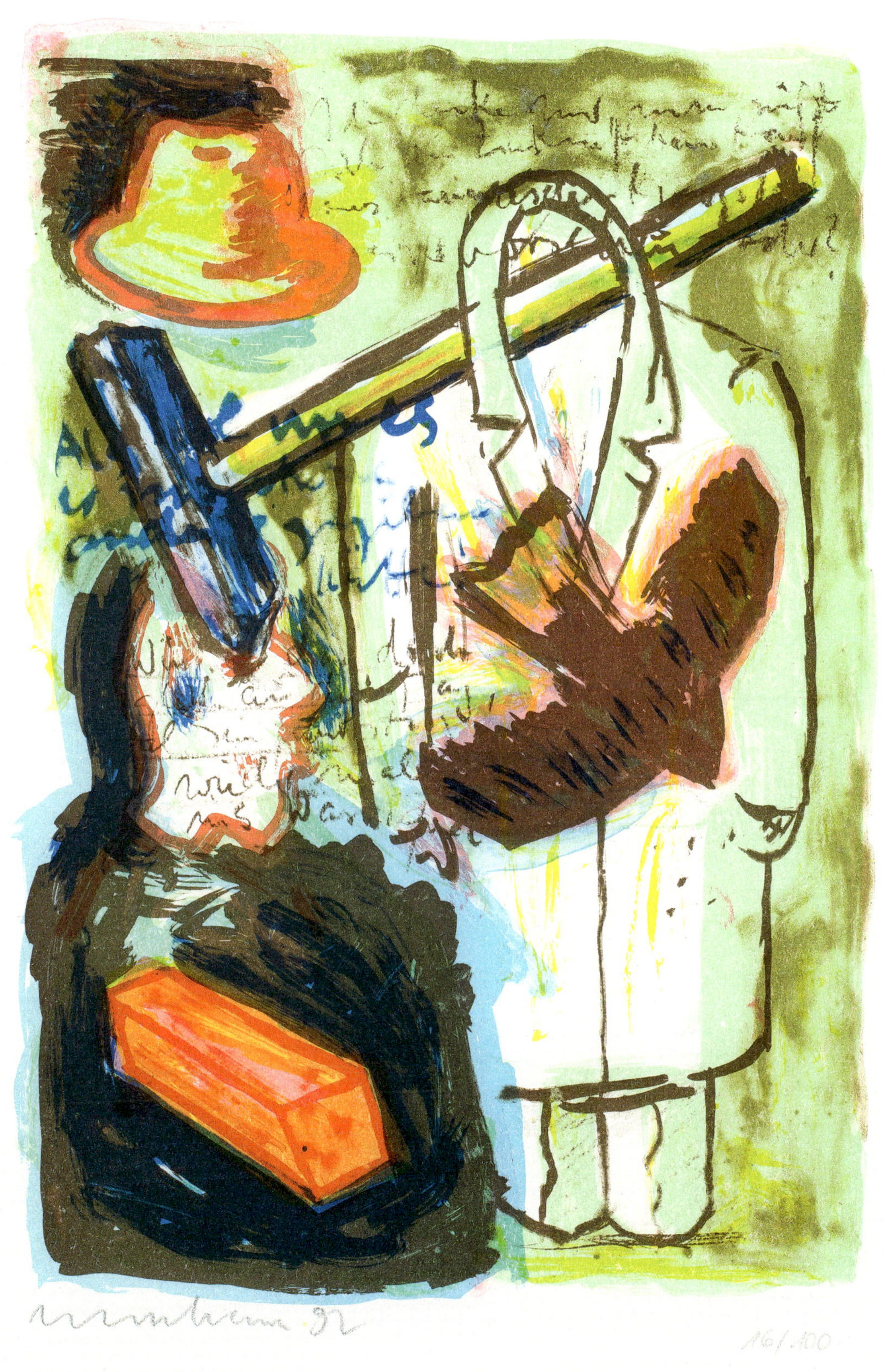

Mit Hammer und Vogel, 1992, Offsetdruck, 33,9 × 24,1 cm, Inv. Nr. 2023-0092-00
Schenkung Prof. Siegfried Neuenhausen, Hannover 2023

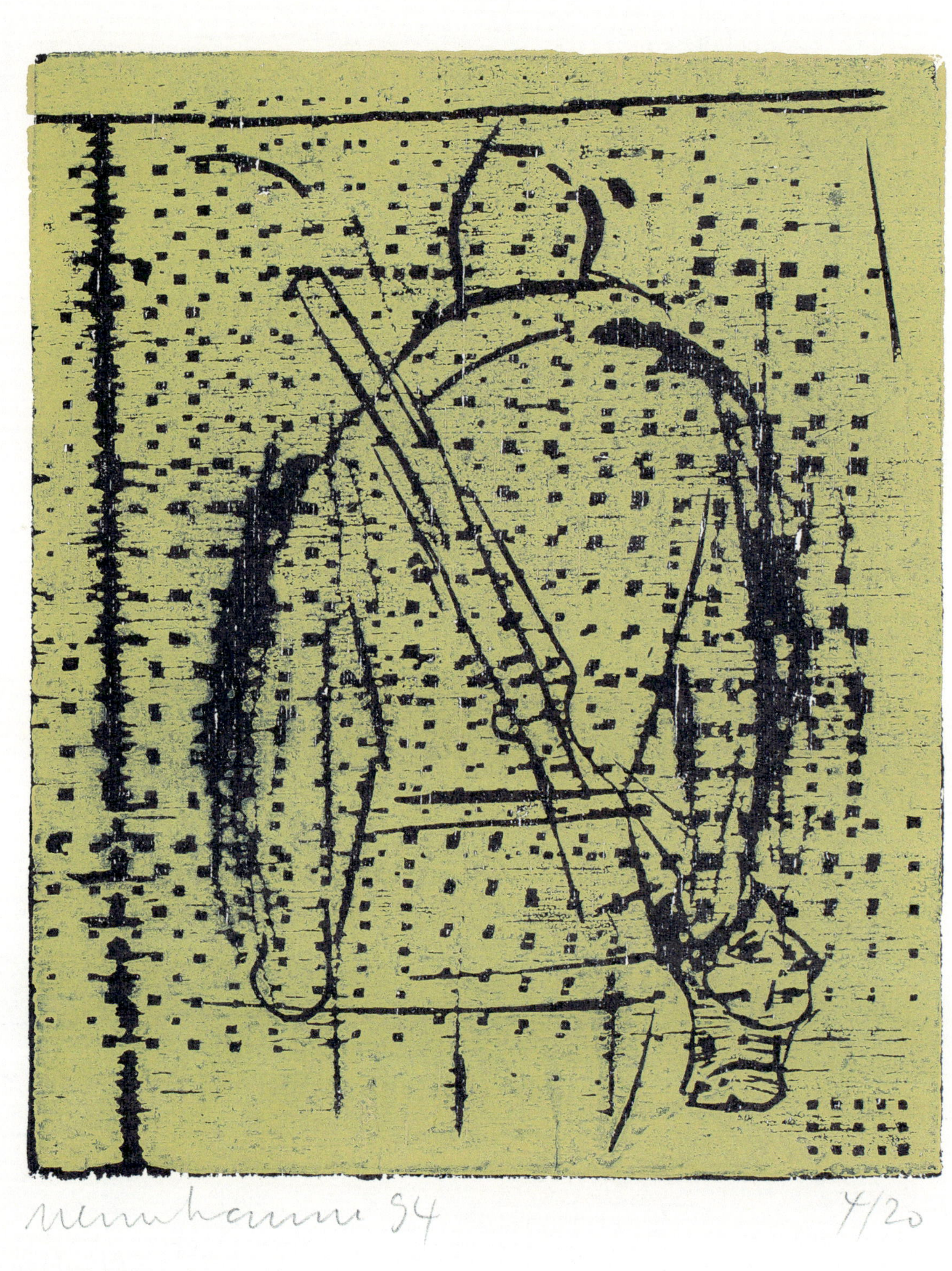

Mann mit Gewehr, 1994, Farbholzschnitt, 40,5 × 29,8 cm, Inv. Nr. 2023-0094-00
Schenkung Prof. Siegfried Neuenhausen, Hannover 2023

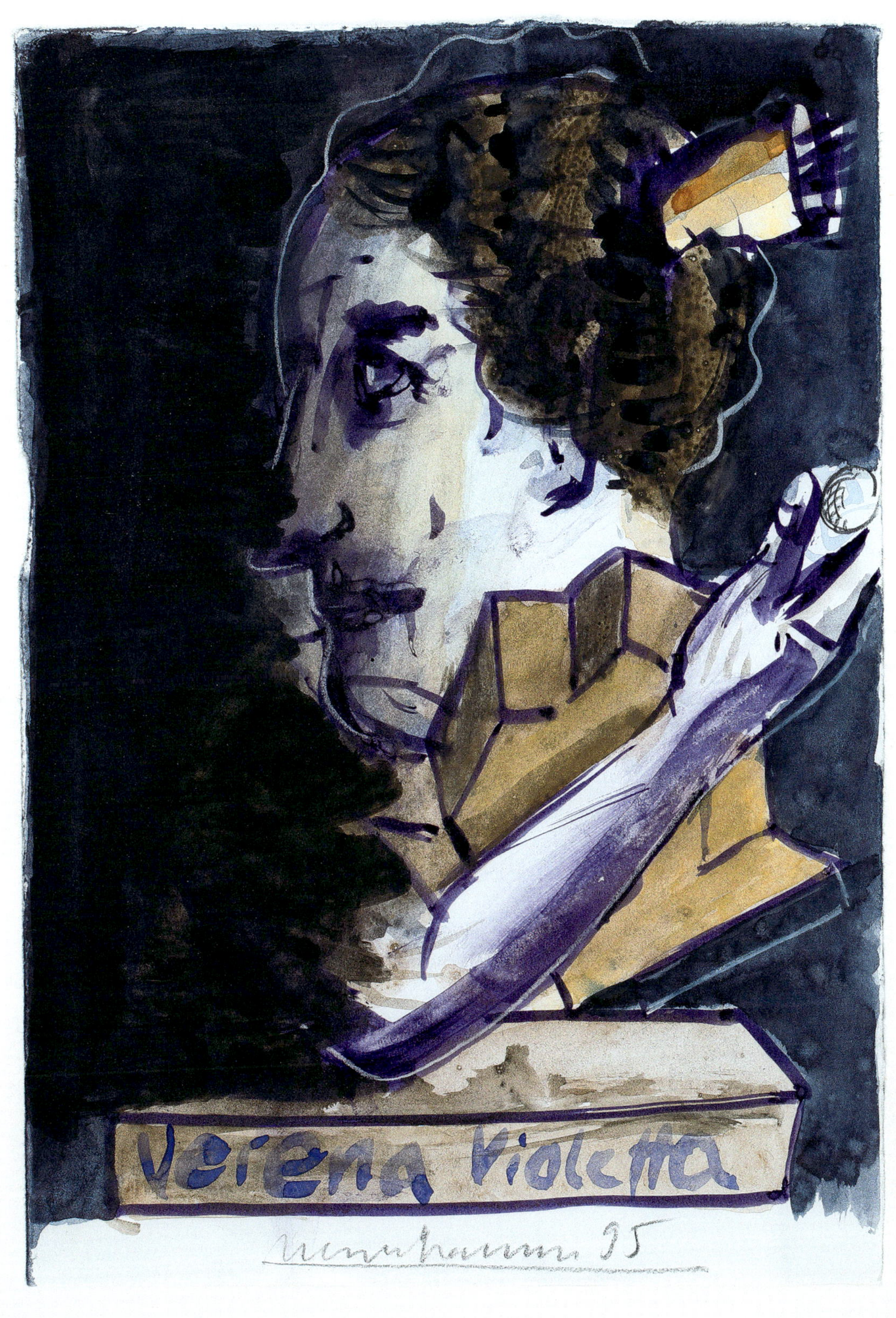

Verena Violetta, 1995, Aquarell, 29,9 × 21,1 cm, Inv. Nr. 2023-0507-00
Schenkung Prof. Siegfried Neuenhausen, Hannover 2023

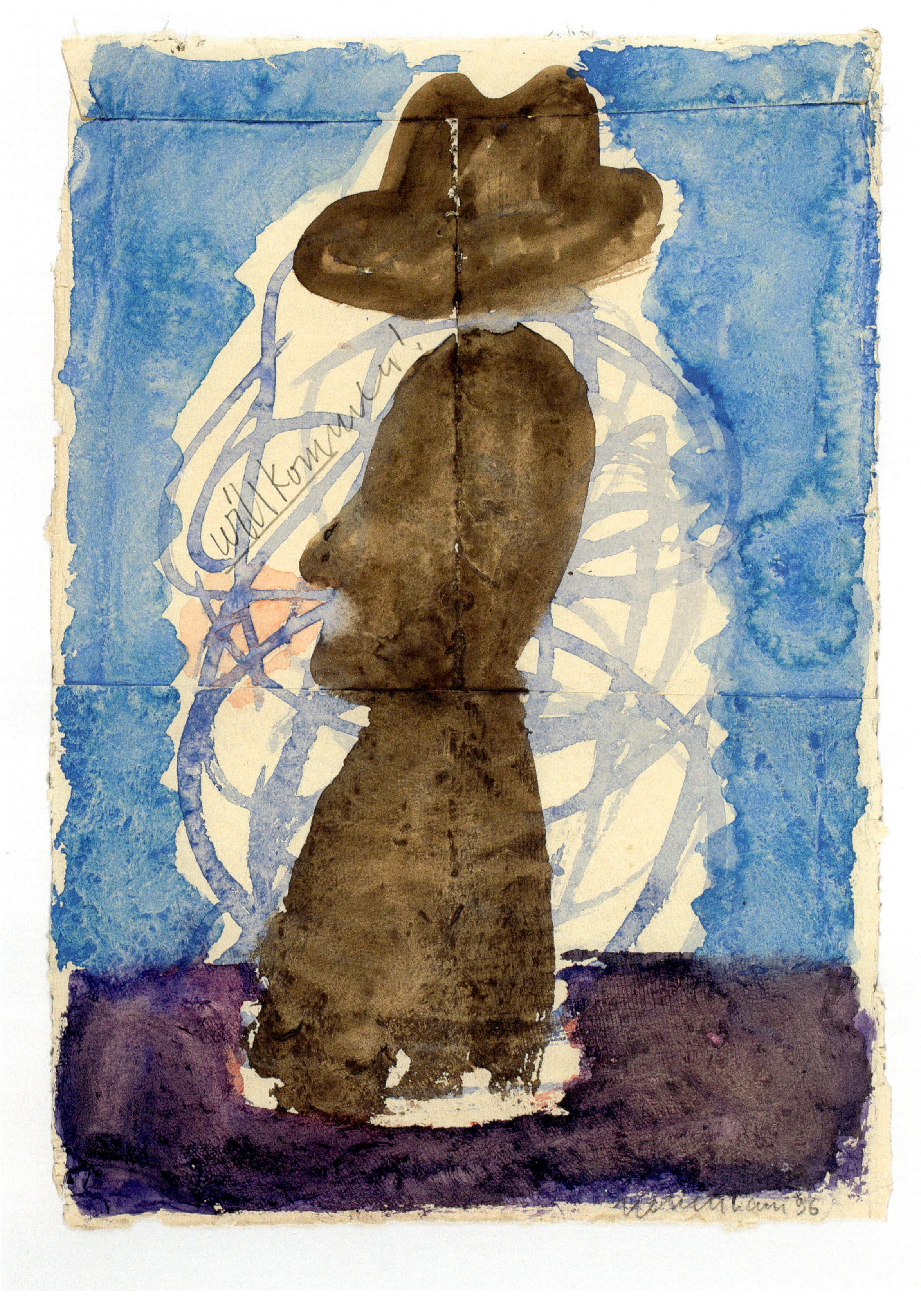

willkommen, 1996, Aquarell, 34,8 × 24,5 cm, Inv. Nr. 2023-0515-00
Schenkung Prof. Siegfried Neuenhausen, Hannover 2023

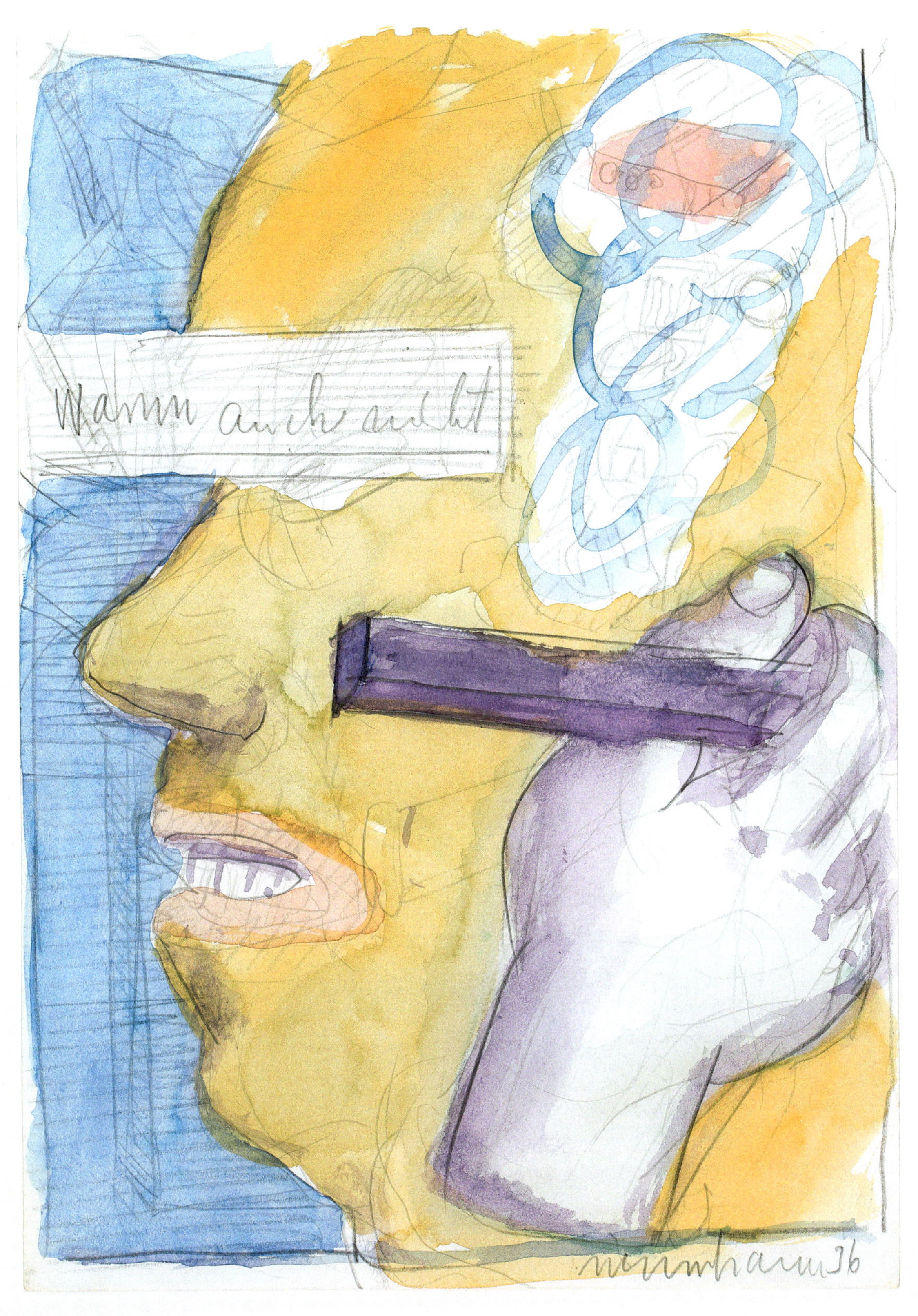

Warum auch nicht, 1996, Aquarell, 29 × 20,8 cm, Inv. Nr. 2023-0502-00
Schenkung Prof. Siegfried Neuenhausen, Hannover 2023

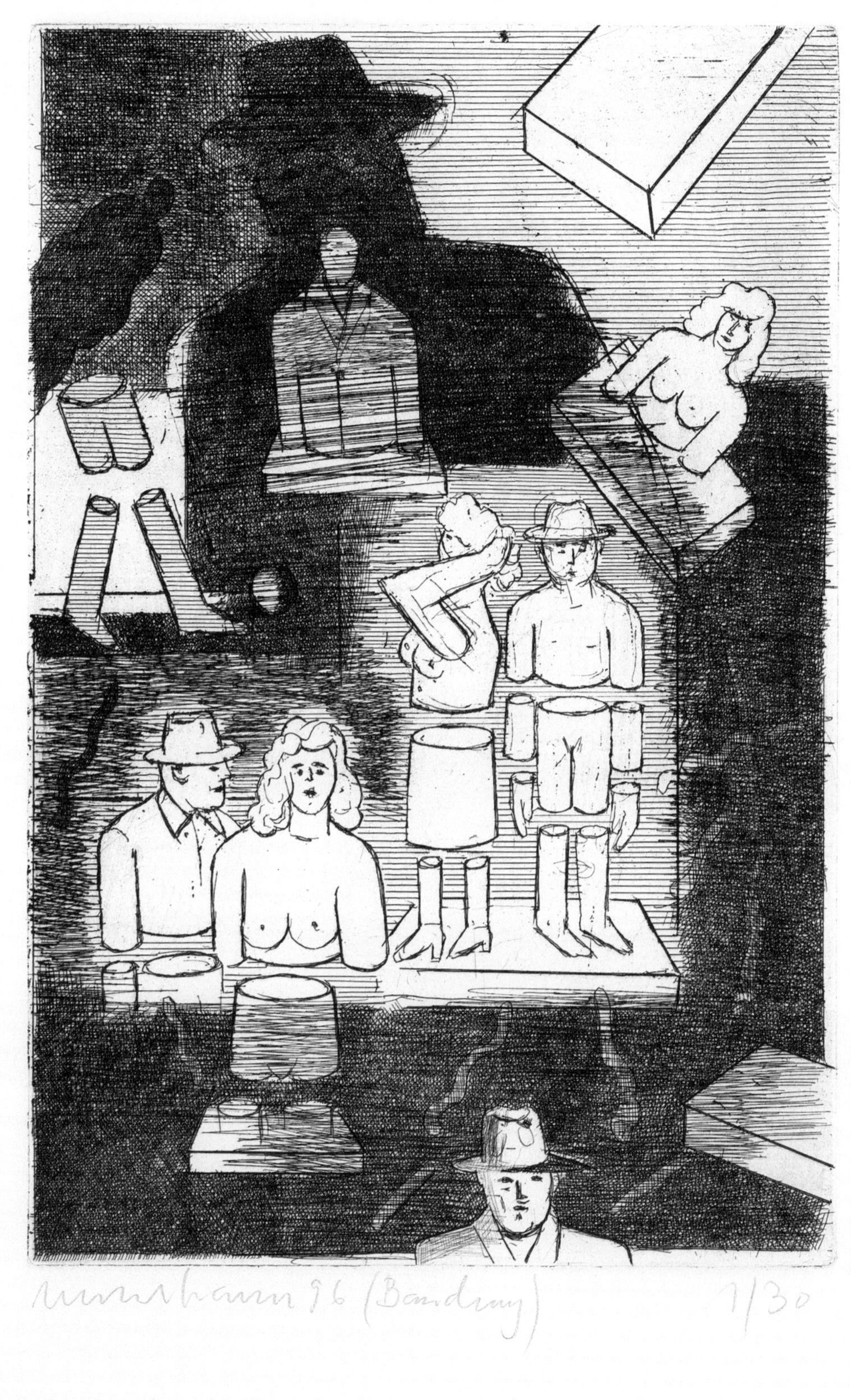

Figurengruppe (Bandung/Indonesien), 1996, Radierung, 53,5 × 39,4 cm, Inv. Nr. 2023-0103-00
Schenkung Prof. Siegfried Neuenhausen, Hannover 2023

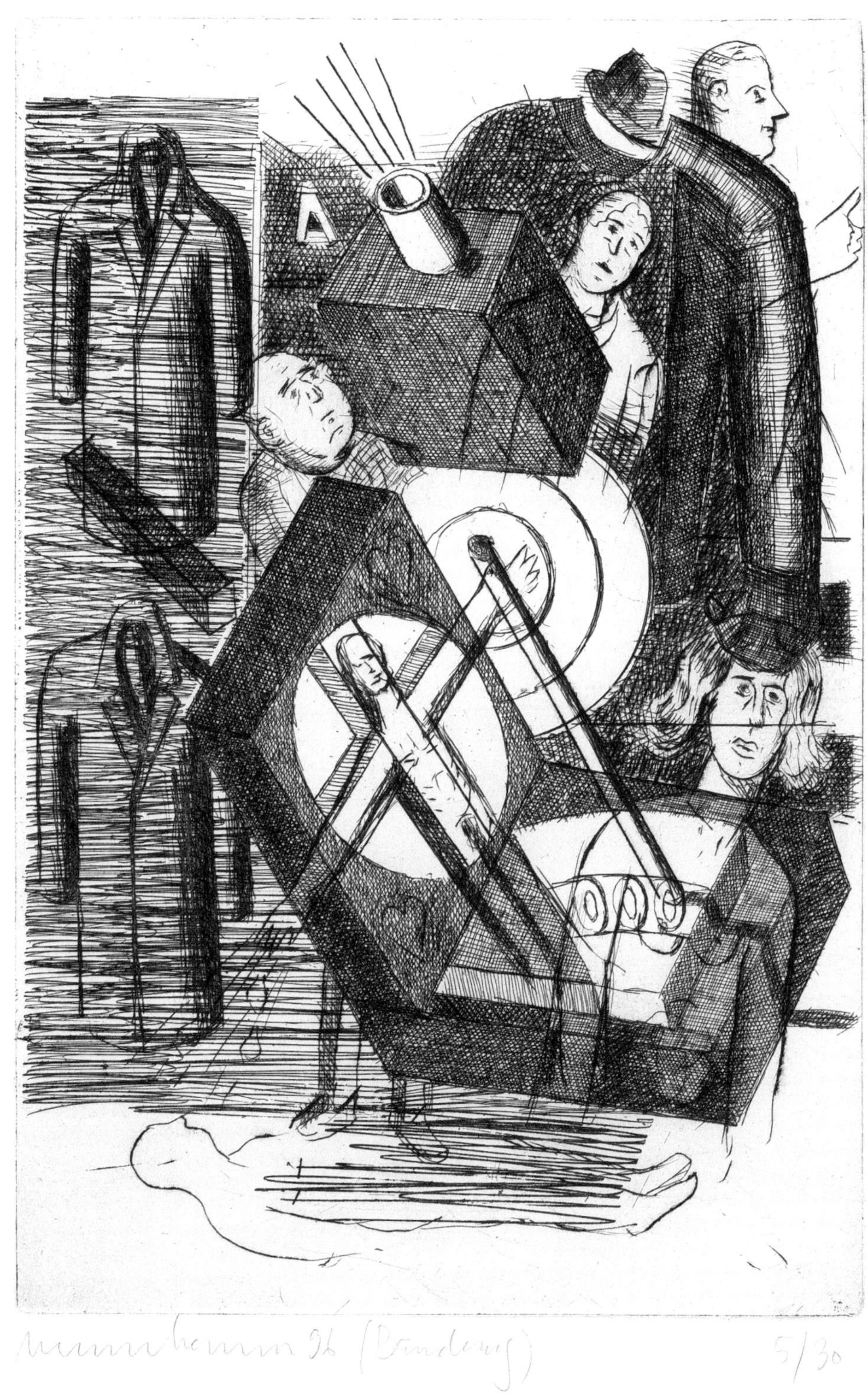

Ohne Titel (Bandung/Indonesien), 1996, Radierung, 53,1 × 38,1 cm, Inv. Nr. 2023-0104-00
Schenkung Prof. Siegfried Neuenhausen, Hannover 2023

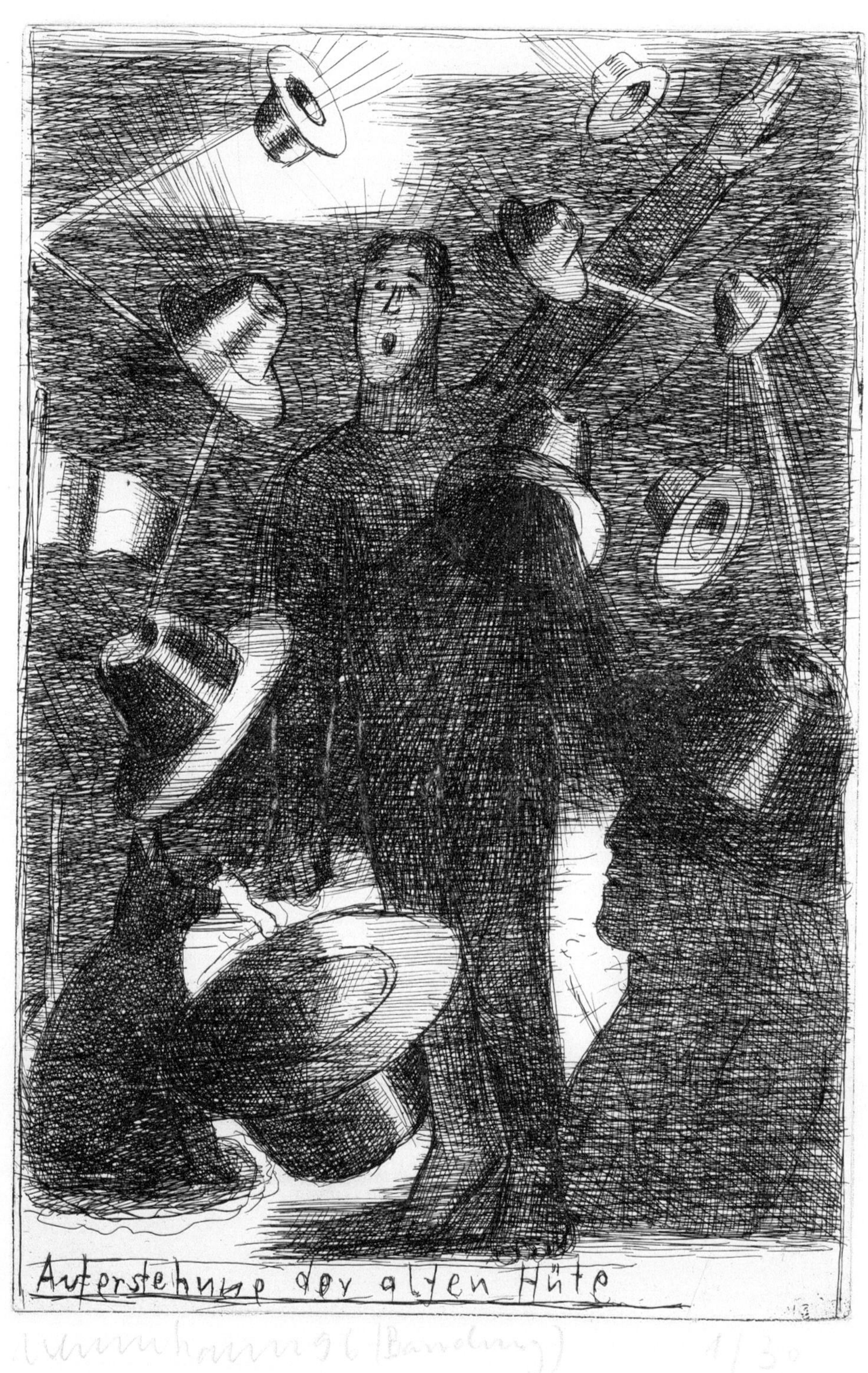

Auferstehung der alten Hüte (Bandung/Indonesien), 1996, Radierung, 53,3 × 39,5 cm, Inv. Nr. 2023-0105-00
Schenkung Prof. Siegfried Neuenhausen, Hannover 2023

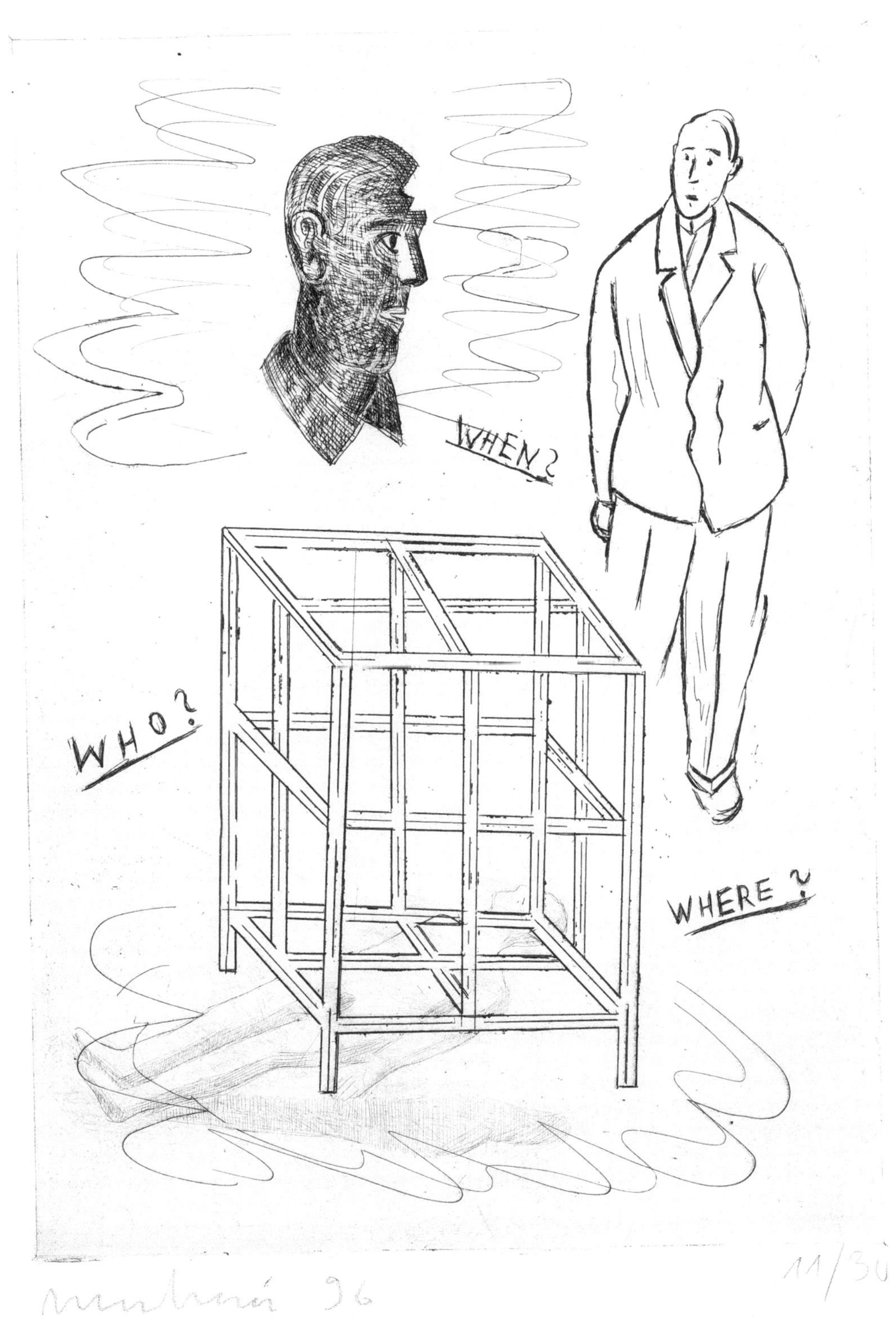

WHO? WHEN? WHERE?, 1996, Radierung, 53,7 × 38,9 cm, Inv. Nr. 2023-0106-00
Schenkung Prof. Siegfried Neuenhausen, Hannover 2023

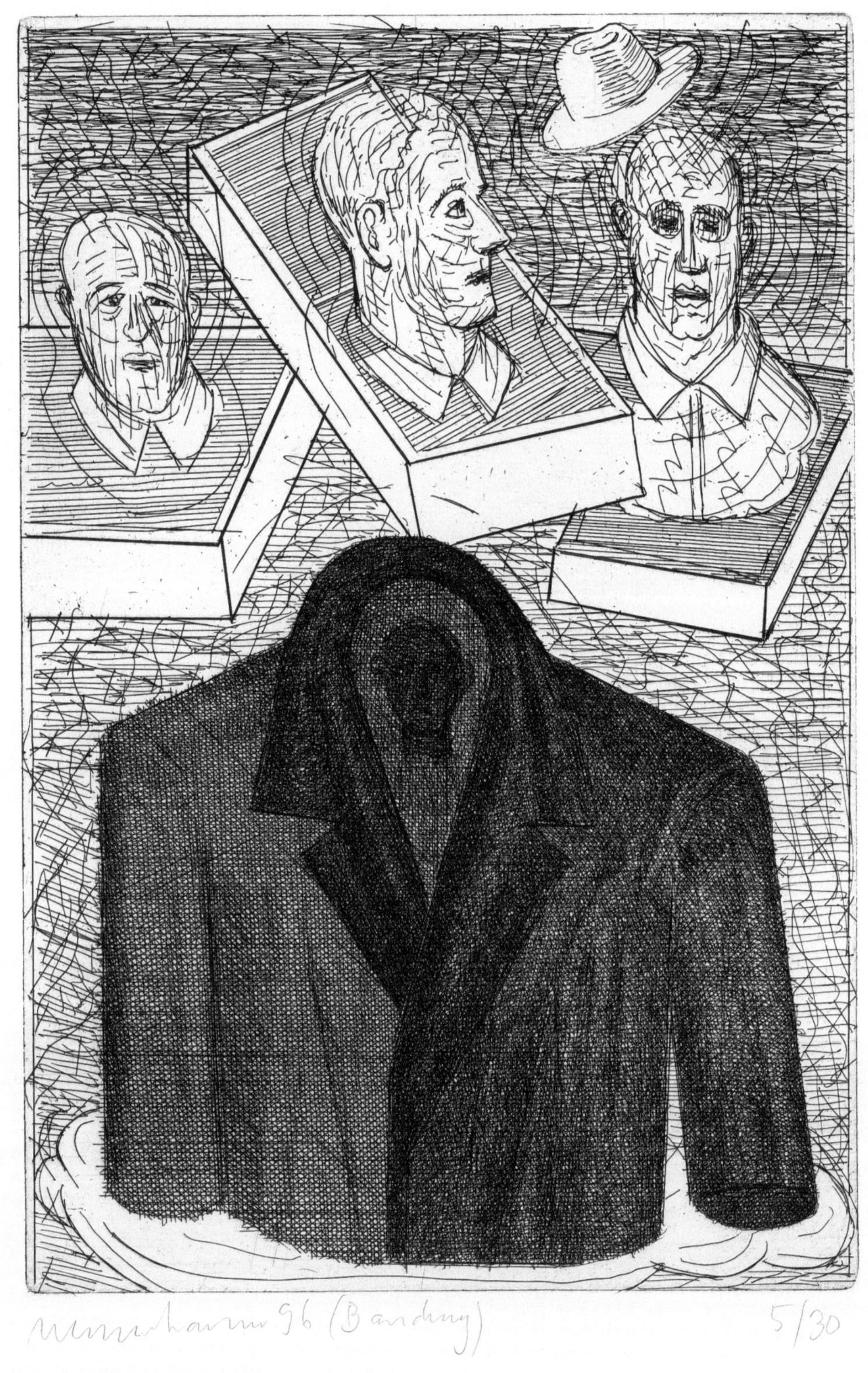

Jacke (Bandung/Indonesien), 1996, Radierung, 53,7 × 39,3 cm, Inv. Nr. 2023-0108-00
Schenkung Prof. Siegfried Neuenhausen, Hannover 2023

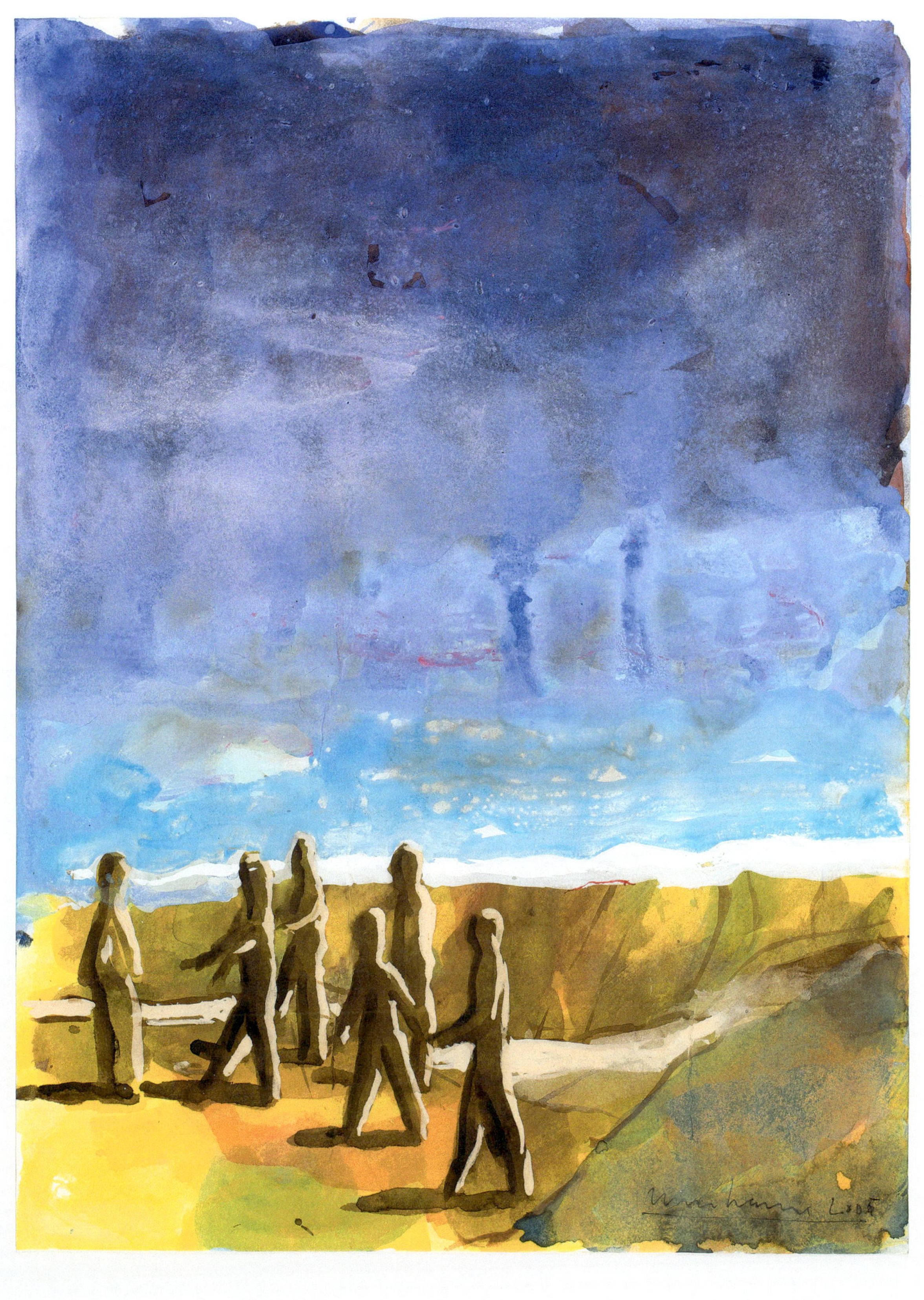

Leute/Landschaft, 2005, Aquarell und Gouache, 42 × 30 cm, Inv. Nr. 2023-0521-00
Schenkung Prof. Siegfried Neuenhausen, Hannover 2023

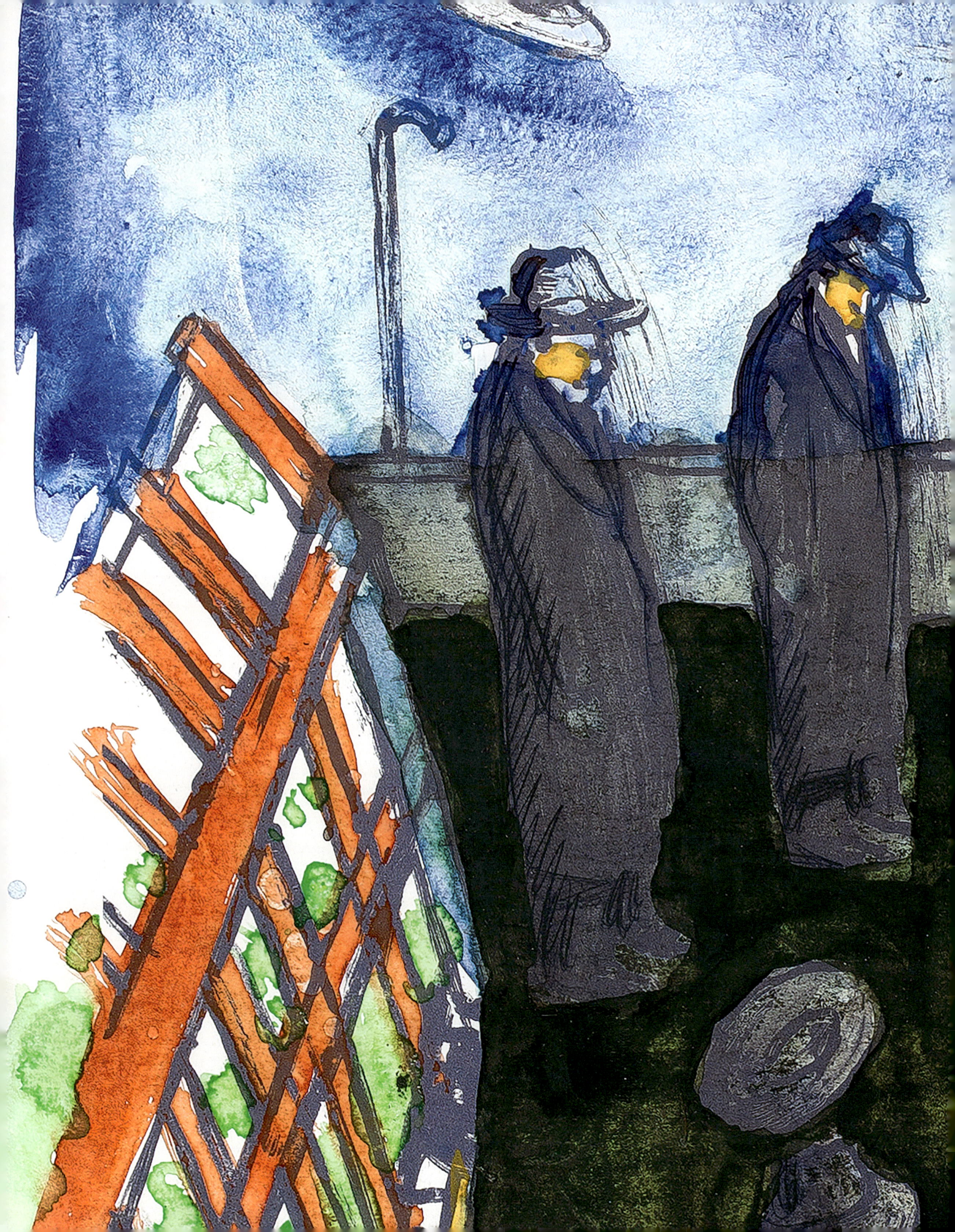

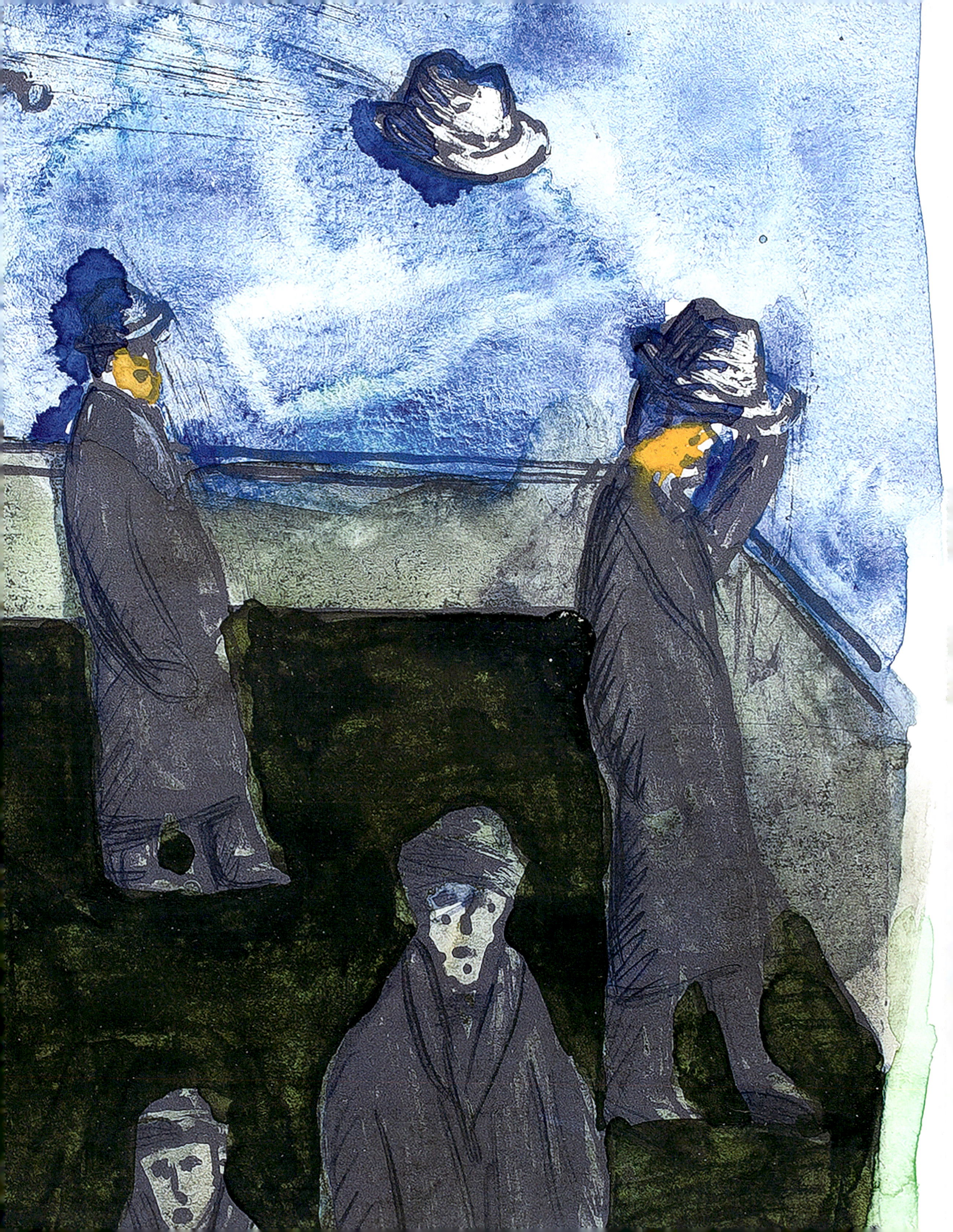

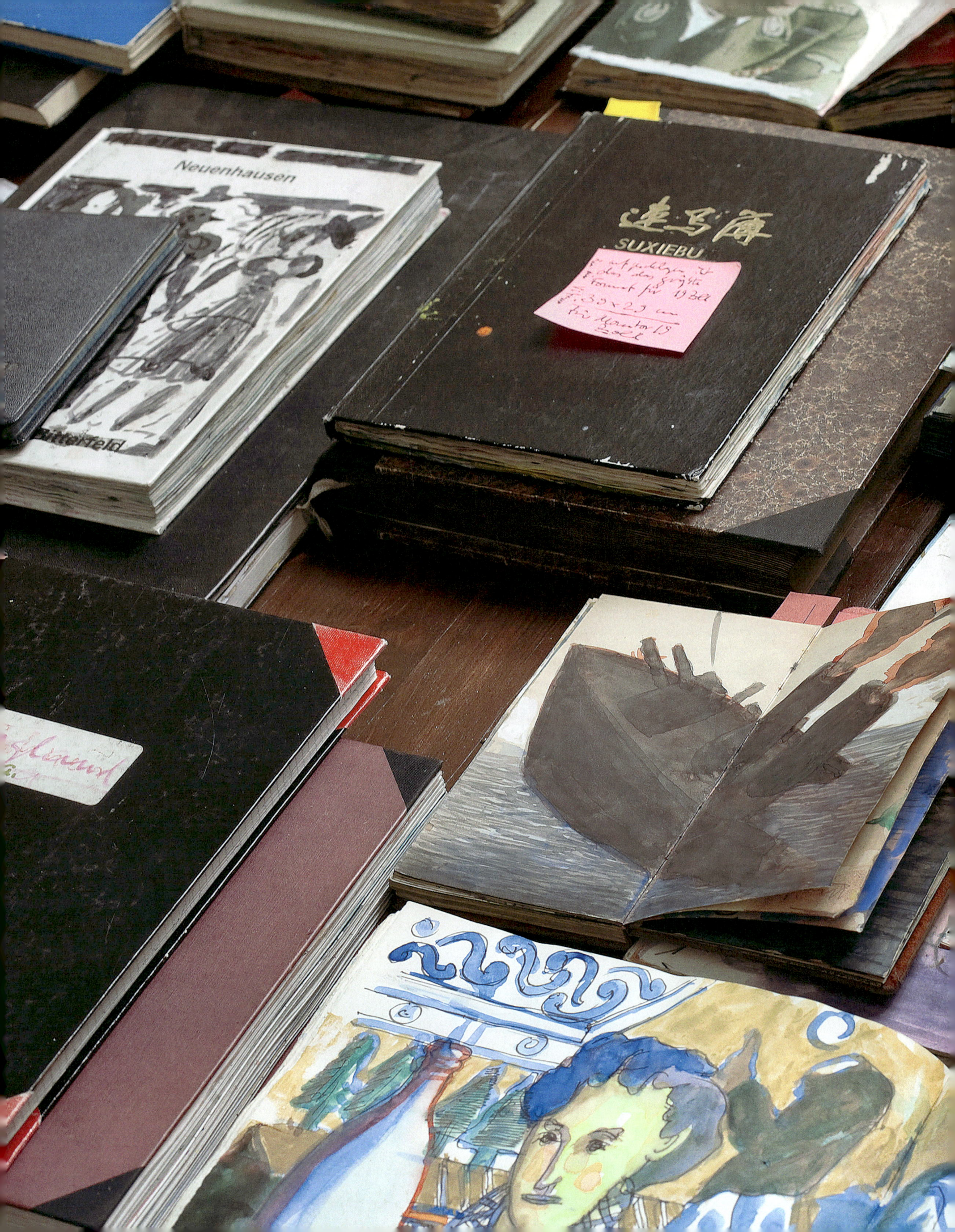
Neuenhausen
Bitterfeld
速写簿
SUXIEBU

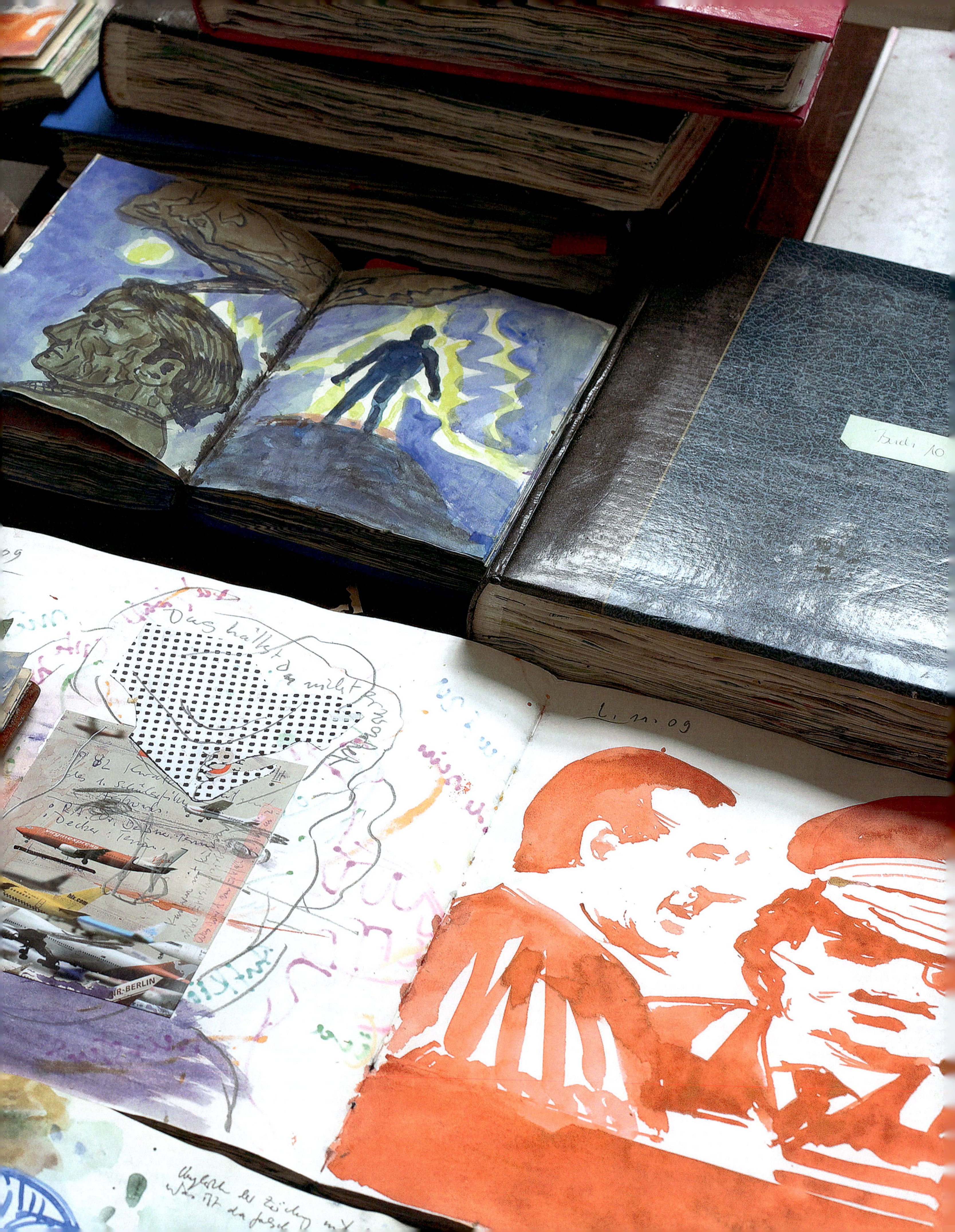
Buch 10
1. 11. 09
IR·BERLIN

Biographie

zusammengestellt von Lars Berg[1]

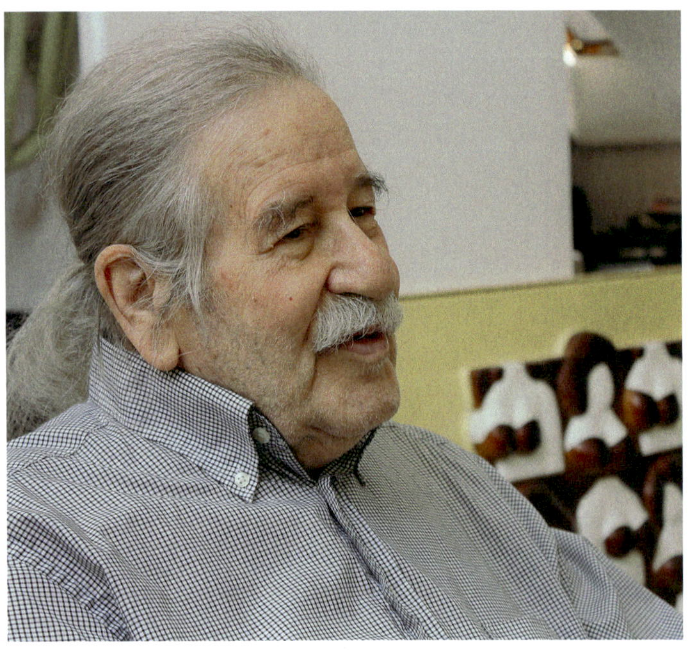

1931
geboren in Dormagen am Rhein.

1952–1959
Studium an der Kunstakademie in Düsseldorf (bei Georg Meistermann) und an der Universität Köln sowie ein Semester an der Kunstakademie Neapel.

1956–1960
Stipendiat der Studienstiftung des Deutschen Volkes.

1960–1964
Kunsterzieher in Hannover. Es entstehen erste plastische Arbeiten, farbige Reliefs aus Papier („Blasen, Bälge, Beulen"), erste Druckgraphiken („Brustbilder").
Ausstellungen in Berlin, Hannover und Hamburg.

1964
Professor an der Hochschule für Bildende Künste Braunschweig (bis 1996).
Es entstehen 200 Skulpturen für eine Bar in Goslar (nach deren Auflösung Ankauf einiger Arbeiten durch die Hamburger Kunsthalle).

1964–1968
Werkgruppe „Blasen und Köpfe".

1968–1986
Mitherausgeber der Zeitschrift „Kunst + Unterricht".

1968–1975
Druckgraphische, zeichnerische und plastische Werkgruppen „Täter und Opfer", „Stücke vom Menschen".
„Bürger von B." (Sammlung Ludwig), „Torso auf rotem Grund" (Hamburger Kunsthalle), Denkmal für João Borges de Souza (Kunsthalle zu Kiel).

1969
Straßentheater (1. und 2. Mobilausstellungen in Hannover und Frankfurt).

1969/71
Mitarbeit im Vorstand des Deutschen Künstlerbundes. Mitglied der Künstlergruppe „Zehn Neun".

1975
„Herr Kulik & Herr Philipzig" Hochschulprojekt: medienübergreifende künstlerische Auseinandersetzung mit der Existenz zweier Obdachloser als Alternative zum Akt- und Porträtzeichnen.

1977/78
„Graben nach verschütteter Kreativität": Bildhauerprojekte in der Justizvollzugsanstalt Bremen. Erster Preis beim Wettbewerb „Kunst im öffentlichen Raum", 40 Steinskulpturen von Gefangenen für den Neubau eines offenen Vollzugsgebäudes. Künstlerische Mitarbeit: Bernd-Wolf Dettelbach, Ulla Lauer, Ben Siebenrock. Die Projektarbeit mündet 1980 in die Gründung einer ständigen Bildhauerwerkstatt in der JVA Bremen.

1979
China-Reise als Begleiter der ersten großen Kollwitz-Ausstellung in Peking und Wuhan, im Auftrag des Auswärtigen Amtes. Aufträge für Skulpturen im öffentlichen Raum.

1980
Umzug von Flechtorf nach Hannover. Preis für Wettbewerb „Kunst im öffentlichen Raum" der Junior-Werke Goslar.

1981/82
Werkreihe „Pauls Traum". Aufträge für Skulpturen in Braunschweig, Bremen und Helmstedt. Sechs Reisen nach Indien, Organisation eines deutsch-indischen Künstlerworkshops. Bildhauerprojekte in den psychiatrischen Kliniken Wunstorf und Ochsenzoll.
Verschiedene Reisen nach Indien. Künstlerische Arbeit in Kasauli (Himalaya), Entdeckung des Skulpturenparks in Chandigarh. Organisation eines Deutsch-Indischen Künstler:innen-Austausch-Programms.

1983
Seniorenheim Geibelstraße, Hannover. Keramische Reliefstele für die Südstadt als Gemeinschaftsarbeit mit Bewohner:innen der Einrichtung. Umbau der ehemaligen Kornbrennerei in Hannover-Hainholz zum Künstler:innenwerkhof Bertramstraße.

1984
Hannover-Döhren. Keramische Reliefstele als Gemeinschaftsarbeit mit türkischen Jugendlichen. Künstlerische Mitarbeit: Usch Jacobi, Ulla Lauer.
Erste Ausstellungen im Werkhof Bertramstraße. Film über den Werkhof.

1984–1986
Installationen („Zettelwände", „Kleine Welten"). Ausbau der Kornbrennerei in Hannover.

1985
Wahl zum ersten Vorsitzenden des Deutschen Künstlerbundes (bis 1988).
Lebenshilfe Braunschweig. Geistig Behinderte stellen 27 000 keramische Mosaiksteine her und gestalten das neue Foyer des Lebenshilfe-Gebäudes. Künstlerische Mitarbeit: Inge-Rose Lippok, Julia und Markus Neuenhausen.

1986
Kunstpreis der Stadtsparkasse Hannover und des Kunstvereins Hannover. Werkreihe „Hommage à Anna B."

1987
Forensische Station des Krankenhauses Hamburg-Ochsenzoll. 25 keramische Reliefs als Gemeinschaftsarbeit mit Patient:innen der Einrichtung. Künstlerische Mitarbeit: Ulla Lauer, Angelika Laute. Angelika Laute errichtet in den folgenden Jahren eine Kunstwerkstatt und einen Ausstellungsraum.

1988
Mahnmal für die Opfer des NS-Regimes in Iserlohn.
Auszeichnung mit dem Bundesverdienstkreuz 1. Klasse.

1989/90
Holzschnittfolge „deutsch-deutsche Blätter". Kunstpreis der Niedersächsischen SPD-Landtagsfraktion.
Reisen nach Ägypten, China und Ghana.
Buchprojekte: „Sinai-Suite", „Schwarz auf Weiß", „China-Buch" und „Accra, südlich von Bitterfeld".
Ausstellungen in Dallas und Houston, USA.

1990
Gastprofessur in San Antonio, Texas, USA. Planung und Durchführung der „Bilderwand Bertramstraße – Kornbrennerei". Ägypten-Reise; Entstehung der 44 Aquarelle der „Sinai-Suite" (im Besitz des Herzog Anton Ulrich-Museums, Braunschweig).

1995
Gastaufenthalt in der Villa Romana, Florenz.

1996
Gastprofessur in Bandung, Indonesien.

1999
Justizvollzugsanstalt Hannover: Gefangene stellen das Figurenensemble „Bauarbeiter“ her. 14 lebensgroße farbige Holzskulpturen nebst Werkzeug und Baumaterial. Künstlerische Mitarbeit: Bernd-Wolf Dettelbach, Nadia Peter.

2003–2013
Skulpturentrilogie in Hannover-Hainholz.

2004
Hainholz-Stele, Hannover. Sieben Meter hohe, farbig glasierte Reliefskulptur aus Keramik als Gemeinschaftsarbeit mit 40 Bewohner:innen des Viertels. Künstlerische und technische Mitarbeit: Sandra Bödecker, Bern-Wolf Dettelbach, Ulla Lauer, Julia und Markus Neuenhausen, Ihsan Biçer.

2006
Auszeichnung mit der „Stadtplakette Hannover“ für Verdienste um die Stadt.

2008
Fahnen für Hainholz. 35 Fahnen für den Stadtteil. Gemeinschaftsarbeit von Schulklassen und Bewohner:innen des Stadtteils. Gründung einer Textilwerkstatt. Künstlerische Mitarbeit: Maya Brockhaus, Julia Neuenhausen, Jochen Weise. Im Anschluss entsteht eine Nähwerkstatt im Werkstatt-Treff Mecklenheide.

2010
Figurinen für Hainholz. Keramisches Skulpturenpaar „Dame“ und „König“ sowie Reliefs für öffentliche Plätze: Hainhölzer Schuhe, Selbstporträts, sieben Artikel des Grundgesetzes. Künstlerische und technische Mitarbeit: Sandra Bödecker, Regina Faber, Ulla Lauer, Julia und Markus Neuenhausen, Monika Neveling, Ihsan Biçer.

2011
Innovationspreis Soziokultur für die Hainholz-Skulpturen. Ausstellungen im Sprengel Museum Hannover und im Kunstverein Hannover.
Viele Ausstellungen im In- und Ausland.

2012/13
Skulpturenpaar („Straßenbahn-Skulpturen“) am Hainhölzer Markt. Technisch-künstlerische Mitarbeit: acht Bewohner:innen aus Hainholz.

2015
„0% auf Alles“ - Wandskulptur am alten Hainhölzer Bahnhof.

2016
Stadtkulturpreis Hannover. Beginn einer schweren Augenkrankheit. Seit 2017 nur noch 5% Sehfähigkeit. Trotzdem intensive Arbeit an den Büchern. Mitarbeit an der Vorbereitung der Künstlerdatenbank Niedersachsen im Auftrag des Niedersächsischen Ministeriums für Wissenschaft und Kultur.

2017/18
„Aus der Versenkung in die Öffentlichkeit“: Entdeckung und Veröffentlichung des Œuvres von Gerd Schmidt-Vanhove.

2018
35 Jahre Kornbrennerei Hainholz und 40 Jahre Bildhauerwerkstatt in der Justizvollzugsanstalt Bremen.

2020–2022
„Pandemische Collagen“. Ausstellungen in der Städtischen Galerie KUBUS, Hannover und der Galerie „vom Zufall und vom Glück“, Hannover.

1 Unter Verwendung der Biographien in: Nobis 1984, S. 58. Sowie: Neuenhausen 1990, o. S.; Ausst. Kat. Hannover 2011, S. 45; Ausst. Kat. Hannover 2022, S. 148–150. Sowie der Vita in der Künstlerdatenbank Niedersachsen, URL: https://www.kuenstlerdatenbank.niedersachsen.de/kuenstlerinnen/slg_2016/ (Aufruf: 23.04.2024).

Ausstellungen

zusammengestellt von Lars Berg[1]

Einzelausstellungen (Auswahl)

1962
Hannover, Galerie Seide

1965
Berlin, Galerie Katz
Hannover, Galerie H.

1966
Frankfurt, Galerie Patio

1967
Braunschweig, Galerie Langer
Berlin, Galerie Großgörschen
Hamburg, Galerie Kammer

1968
Wuppertal, Von der Heydt-Museum
Köln, Galerie Klang

1969
Soest, Kunstpavillon
Köln, Galerie Klang

1970
Köln, Galerie Klang
Berlin, Galerie Poll
Bochum, Galerie Kückels

1971
Köln, Galerie Klang
Aachen, Neue Galerie, Sammlung Ludwig
Bochum, Städtisches Museum

1972
Hagen, Karl-Ernst-Osthaus-Museum
Kiel, Kunsthalle
Neuenkirchen, Galerie Falazik
Rottweil, Kunstforum

1973
Essen, Museum Folkwang
Braunschweig, Herzog Anton Ulrich-Museum
Bonn, Rheinisches Landesmuseum
Zons, Kreismuseum
Hamburg, Galerie Mewes

1974
Oldenburg, Kunstverein

1975
Hamburg, Galerie Schnecke
Berlin, Neue Gesellschaft der Bildenden Kunst
Hamburg, Galerie Mewes
Braunschweig, Galerie Langer
Göttingen, Galerie Apex

1982
Berlin, Ladengalerie
Hannover, Kunstverein

1986
Wiesenbach, Galerie Nägele

1987
Hannover, Galerie List

1988
Braunschweig, Galerie Freiberg
Bremen, Galerie Kreuzberg

1990
Hannover, Galerie Barz
Posen, Kunsthalle
Langenhagen, Kunstverein
Stuttgart, Galerie Billy Strauß
San Antonio, Texas, Southwest Craft Center und Art Institute

1991
Walsrode, Galerie Hohmann
Houston, Texas, Moddy Gallery
Kirchheimbolanden, Galerie Waldherr
Dormagen, Volkshochschule
Miltenberg, Galerie Scherer
Wiesenbach, Galerie Nägele

1992
Bonn, Landesvertretung Niedersachsen

1996
Wolfenbüttel, Kunstverein

1997
Seoul, Korea, KUMHO Museum of Art
Seoul, Korea, Galerie Park
Hannover, Städtische Galerie KUBUS („Stücke vom Menschen")

1999
Bonn, Friederich-Ebert-Stiftung

2000
Celle, Kunst-Stiftung Celle mit Sammlung Robert Simon („Bauarbeiter", Buch)

2001
Celle, Bomann-Museum mit Sammlung Simon
Goslar, Mönchehaus Museum (Bronzen & Blätter", „Bauarbeiter")
Hannover, Nord/LB Art („Stücke vom Menschen")
Lingen, Kunstverein („Bauarbeiter")

2002
Mannheim, Galerie Kasten („Die kleinen Bronzen")
Oerlinghausen, Kunstverein („Werkgruppe Bronzen")

2003
Köln, Dominikanerkloster („Kunst im Kloster, 45 Bronzen")
Lüneburg, Kulturforum („Bronzen und Blätter")

2004
Goslar, Galerie Tiedt (zusammen mit Lienhard von Monkiewitsch)

2005
Soltau, Kunstverein („Bronzen und Aquarelle")

2011
Hannover, Sprengel Museum und Kunstverein („Die Bürger von B." und „Kleine Welten")
Hannover, Städtische Galerie KUBUS und Galerie vom Zufall und vom Glück („Bildhauerprojekte 1968 bis 2011" und „Neue Arbeiten")

2012
Hannover, VGH-Galerie („Skulpturen für Hainholz")
Goslar, Galerie Tiedt

2015
Rottweil, Forum Kunst

2016
Hannover, Sprengel Museum („Das vielseitige Ganze", Tagebuch und Wegbegleiter; 32 Bücher mit Collagen, Zeichnungen)

2022
Hannover, Städtische Galerie KUBUS und Galerie vom Zufall und vom Glück („Pandemische Collagen 2020–2022")
Wolfenbüttel, Kunstverein, Siegfried Neuenhausen: Pandemische Collagen

2024
Braunschweig, Städtisches Museum („Siegfried Neuenhausen: Bruchstück Mensch")

Ausstellungsbeteiligungen (Auswahl)[2]

1959
Mannheim, *Kunstpreis der Deutschen Jugend*

1963
Mannheim, *Kunstpreis der Deutschen Jugend*

1964
Berlin, Deutscher Künstlerbund

1966
Essen, Deutscher Künstlerbund

1967
München und Recklinghausen, *Collage 67*

1968
Hagen, Karl-Ernst-Osthaus-Museum, *Mögliche Räume*
Hannover, Kunstverein, *Deutsche Kunst heute*
Duisburg, Lehmbruck-Museum, *Junge deutsche Plastik*
Recklinghausen, Kunsthalle, *Akt 68*

1969
Frankfurt, *1. Mobilausstellung*
Hannover, Schule der Nation, *2. Mobilausstellung*

1970
Aachen, Neue Galerie, *Klischee und Antiklischee*
Monschau, Kunstkreis, *Umwelt-Akzente*

1971
Berlin, Haus am Waldsee, *Die Puppe – Aspekte zum Bild der Frau*
Rom, Galerie Giulia, *Realisten*

1972
Leverkusen, Städtisches Museum, *Fetisch Jugend – Tabu Tod*

1973
Hannover, Kunstverein, *Kunst im Politischen Kampf*

1974
Hamburg, Kunstverein, *Aspekte der engagierten Kunst*
Helsinki, Ateneum, *Ars 74*
Konstanz, Kunstverein, *Neuer Realismus*

1975
Rostock, Biennale
Wolfsburg, Kunstverein, *Herr Philipzig und Herr Kulik*
Berlin, Kupferstichkabinett, *Druckgraphik der Gegenwart*

1976
Bremen, *Realistische Plastik*
Kassel, Kunstverein, *Realistische Plastik*
Duisburg, Wilhelm-Lehmbruck-Museum, *Köpfe in der Plastik des 20. Jahrhunderts*
Chemnitz (Karl-Marx-Stadt), *Progressive Kunst*
Berlin, Galerie Poll, *Handzeichnungen*
Mannheim, Kunsthalle, *Der ausgesparte Mensch*

1977
Hamburg, Galerie Schnecke, *Arbeitsweisen des Realismus*

1978
Berlin, Galerie Poll, *Zeichnungen von Realisten*
Hamburg, Kunstverein, *Realismus als Methode*
Hannover, Kunstverein und Berlin, Haus am Waldsee, *Die Planung und Herstellung von Plastik durch die Kunstkolonne der Justizvollzugsanstalt Bremen unter Anleitung von Siegfried Neuenhausen*
Hamburg, Kunstverein, *Eremit? Forscher? Sozialarbeiter?*
Bremen, Kunstverein, *Beispiele realistischer Plastik heute*

1980
Berlin, Nationalgalerie, *Bilder vom Menschen in der Kunst des Abendlandes*
Darmstadt, Kunsthalle, *Liebe*

1981
Berlin, Neuer Berliner Kunstverein, *Dimensionen des Plastischen*
Stuttgart, Württembergischer Kunstverein, *Szenen der Volkskunst*
Posen, *15 Künstler aus Hannover*

1982
Köln, Atelier Roonstraße, *Kritische Graphik*
Neu-Delhi, Goethe-Institut, *Kleine Formate: Zeichnungen, Gouache, Bronzen*

1983
Darmstadt, Kunsthalle, *Köpfe und Gesichter*
Bonn, Kunstfonds-Forum, *Künstlerische Arbeit mit Randgruppen*
Berlin, Deutscher Künstlerbund
Hannover, Kunstverein, *Zwischen Kunst und Psychiatrie*
Recklinghausen, Kunsthalle, *Wer zeigt sein wahres Gesicht?*

1984
Berlin, Galerie Poll, *Hommage à Max Beckmann*
Düsseldorf, Galerie Schülke, *Kritische Graphik*
Hannover, Werkhof Bertramstraße, *Neues aus Hainholz*

1985
Hannover, Kunstverein, *Zwölf Bildhauer in Niedersachsen*

1988
Kairo, Biennale, *Handzeichnungen*
Sofia, Kunsthalle, *10 deutsche Künstler*

1989
Berlin, Oberhausen, *40 Jahre Kunst in der Bundesrepublik Deutschland*
Rostock, Kunsthalle, *13. Internationale Biennale*
Warschau und Kiew, *8 Künstler aus Hannover*

1991
Wolfenbüttel, Kunstverein, *„der Kopf"*
Langenhagen, Kunstverein, *„Standorte"*
Wolfenbüttel, Kunstverein, *„Köpfe"*
Hannover, Städtische Galerie KUBUS, *„Sammlung Ludwig"*

1993
Berlin, Galerie Poll, *„Zeichnungen und so weiter"*

1994
Langenhagen, Kunstverein, *„fliegen"*
Mannheim, Galerie Kaste, *„Domus"*

1995
Hannover, Kornbrennerei, *„unter allen Dächern"*
Düsseldorf, *Art multiple*
Goslar, Galerie Tiedt

1996
Augsburg, Galerie Oberländer, *„11. Nationale der Zeichnung"*
Dresden, Galerie Brose-Eiermann, *„KunstHerz"*
Holzminden, Kunstforum & Stadtmuseum, *„Künstler der Kornbrennerei"*

1997
Düsseldorf, Art Multiple
Goslar, Galerie Tiedt
Rottweil, Forum Kunst, *„Künstler machen Schilder für Rottweil"*

1999
Heilbronn, Städtisches Museum, *„La Mano; Die Hand in der Skulptur 20. Jahrhunderts"*

2000
Hannover, Städtische Galerie KUBUS, *„Miniaturen"*
Hildesheim, Roemer- und Pelizaeus-Museum, *„Kunststreifzüge"*
Aachen, Ludwig Forum, *„Schenkung Ludwig 2000*
Salzgitter, Städt. Kunstsammlung Schloss Salder, *„Arbeitswelt"*

2001
Ratingen, Städt. Museum, Sammlung Kraft, *„Kunst auf Rezept"*
Salzgitter, Museum Schloss Salder *„Neues aus Niedersächsischen Ateliers"*
Malta, Biennale

2002
Biel, Schweiz, Schweizerische Nationalbank *„Money and Value - das letzte Tabu"*
Siegen, Siegerland-Museum, Zwickau, Städtisches Museum, Bergkamen, Galerie Sohle *„Kunst auf Rezept"* (Sammlung Kraft)

2003
Erfurt, Kunsthalle
Berlin, Medizinhistorisches Museum *„Kunst auf Rezept"*
Wolfenbüttel, Herzog August Bibliothek, *„Graphik jenseits der Illustration"*

2006
Darmstadt, Kunsthalle, *„Stadtwerke", „Die Bürger von B."*
Oberhausen, Schloss, *„Deutsche Bilder aus der Sammlung Ludwig", „Die Bürger von B."*
Hannover, Galerie vom Zufall und vom Glück, *„Ballgeflüster"*

2007
Hannover, Sprengel Museum, *Die 1960er Jahre in Hannover*
Karlsbad, Tschechien, Museum *„Artkontakt 2007"*
Göttingen, Kunstverein, *„in between"*
Hannover, Lichthof an der Podbi, *„Kunst ist käuflich"*
Rastatt, Städtische Galerie, *„X mal ICH"*
Mariental, Kloster Mariental, *„20 Jahre Kunst im Kloster M."*

2009
Hannover, Sprengel Museum, *„Künstler und Kriege – Krieg und Kunst"*

2010
Rottweil, Forum Kunst Rottweil, *„40 Jahre Forum Kunst Rottweil"*

2013
Ludwigshafen, Wilhelm-Hack-Museum, *„Gut aufgelegt. Die Sammlung Heinz Beck"*

2015
Bremen, Gerhard Marcks-Haus, *„Figur tut weh"*
Berlin, Akademie der Künste, *Sammlung Staeck*

2016
Bremen, Kulturambulanz, *„Ausbruch in die Kunst". Die Klingenbielzelle und eigene Bronzen*
Mülheim, Kunstmuseum, *„I like Fortschritt – German Pop reloaded"* (Sammlung Kraft)

2017
Goslar, Galerie Stoetzel-Tiedt, *„Paare"*
Berlin, Bröhan Museum, *„Der Kuss"*
Schwenningen, Städtische Galerie, *„I like Fortschritt – German Pop reloaded" (Sammlung Kraft)*
Hannover, Eisfabrik, *„Selfie"*
Hannover, Sprengel Museum, *„100 Hoffnungen. Protest und Vorstadtidyll"*

2018
Hannover, „35 Jahre Kornbrennerei", Ausstellung in den Ateliers
Berlin, Kunstverein Tiergarten, *„No war no Vietnam"*

2023
Hannover, *Rückblick: 90. Jahresausstellung des Kunstvereins*

2024
Hannover, Sprengel Museum, *Nordlichter: Dietrich Helms, Arnold Leissler, Siegfried Neuenhausen, Kai Sudeck. Schenkungen für die Grafische Sammlung*

Regelmäßige Teilnahme an den Ausstellungen des Deutschen Künstlerbundes seit 1964

Werke in öffentlichen Sammlungen (Auswahl)

Aachen, Ludwig Forum

Berlin, Sammlung zeitgenössischer Kunst der Bundesrepublik Deutschland

Bochum, Kunstmuseum

Bonn, LVR-LandesMuseum Bonn, Rheinisches Landesmuseum

Braunschweig, Städtisches Museum Braunschweig

Braunschweig, Herzog Anton Ulrich-Museum, Kunstmuseum des Landes Niedersachsen

Duisburg, Stiftung Wilhelm Lehmbruck Museum – Zentrum Internationaler Skulptur

Hagen, Osthaus Museum Hagen

Hamburger Kunsthalle

Sparkasse Hannover

Hannover, Niedersächsische Sparkassenstiftung

Hannover, Sprengel Museum Hannover

Hannover, Stiftung Niedersachsen

Hannover, Wilhelm Busch – Deutsches Museum für Karikatur und Zeichenkunst

Kiel, Kunsthalle zu Kiel

Wolfsburg, Städtische Galerie Wolfsburg

Wuppertal, Von der Heydt-Museum

Wien, mumok. Museum moderner Kunst Stiftung Ludwig Wien

1 Unter Verwendung folgender Quellen: Nobis 1984, S. 60–61. Sowie: Ausst. Kat. Hannover 2011, S. 45. Sowie: Neuenhausen 1992, S. 287. Künstlerdatenbank Niedersachsen, URL: https://www.kuenstlerdatenbank.niedersachsen.de/kuenstlerinnen/slg_2016/ (Aufruf: 23.04.2024).

2 Ebd., S. 61. Neuenhausen 1992, S. 286. Künstlerdatenbank Niedersachsen, URL: https://www.kuenstlerdatenbank.niedersachsen.de/kuenstlerinnen/slg_2016/ (Aufruf: 23.04.2024).

Literatur

Ausstellungskataloge

Ausst. Kat. Aachen 1971
Siegfried Neuenhausen, Ausst. Kat. der Neuen Galerie im Alten Kurhaus in Aachen, 17. April–30. Juni 1971, Aachen 1971.

Ausst. Kat. Braunschweig 2020
Von Rembrandt bis Baselitz. Meisterwerke der Druckgraphik aus der Sammlung des Städtischen Museums Braunschweig, Ausst. Kat. Städtisches Museum Braunschweig, 18. Oktober 2020–10. Januar 2021, hrsg. v. Lars Berg und Peter Joch, Petersberg 2020.

Ausst. Kat. Hagen 1972
Neuenhausen – Druckgraphik, Ausst. Kat. Karl-Ernst-Osthaus-Museum Hagen, 10. September – 8. Oktober 1972, Hagen 1972.

Ausst. Kat. Hannover 2011
Siegfried Neuenhausen. Die Bürger von B. – Kleine Welten, Ausst. Kat. Sprengel Museum Hannover, 6. Juli–14. August 2011, Kunstverein Hannover, 6. Juli–14. August 2011, hrsg. v. Kunstverein Hannover und Sprengel Museum Hannover, Hannover 2011.

Ausst. Kat. Hannover 2022
Siegfried Neuenhausen. Pandemische Collagen 2020–2022, Ausst. Kat. Städtische Galerie KUBUS und Galerie „vom Zufall und vom Glück“, 27. August–23. Oktober 2022, Hannover, hrsg. v. Anne Prenzler und Siegfried Neuenhausen, Hannover 2022.

Ausst. Kat. Kiel 1972
Neuenhausen: Stücke vom Menschen, Ausst. Kat. Kunsthalle zu Kiel und Schleswig-Holsteinischer Kunstverein, 8.12.–30.12.72, Kiel 1972.

Ausst. Kat. Mülheim/Heidenheim/Villingen-Schwenningen 2016/17
I like Fortschritt – German Pop reloaded, hrsg. v. Hartmut Kraft und Beate Reese, Ausst. Kat. Kunstmuseum Mülheim an der Ruhr, 6. März–8. Mai 2016, Kunstmuseum Heidenheim, 28. Januar–14. Mai 2017, Städtische Galerie Villingen-Schwenningen, 25. Juni–27. August 2017, Köln 2016.

Primärliteratur

Chamisso 1814
Baron de la Motte Fouqué, Friedrich (Hrsg.), Peter Schlemihl’s wundersame Geschichte. Mitgeteilt von Adelbert von Chamisso, Nürnberg 1814.

Sekundärliteratur

Gäßler 1990
Gäßler, Ewald, Francisco de Goya. Radierungen nach Velazquez, Los Caprichos, Los Desastres de la Guerra, La Tauromaquia, Los Disparates. Mit einem Beitrag von Christian von Heusinger (= Veröffentlichungen des Stadtmuseums Oldenburg; Bd. 7), Oldenburg 1990.

Harris 1964
Harris, Tomás, Goya. Engravings and Lithographs, Oxford 1964.

Kraft 2015
Kraft, Hartmut, Deutsche Pop Art. Big brothers are watching you, in: Deutsches Ärzteblatt für Psychologische Psychotherapeuten und Kinder- und Jugendlichenpsychotherapeuten, Februar 2015, Heft 2, S. 50.

Krempel 2011
Krempel, Ulrich, „Die Bürger von B.“, in: Ausst. Kat. Hannover 2011, S. 3–15.

Mícko 1958
Francisco Goya y Lucientes: Caprichos. Introduced and Edited by Miroslav Mícko, London u. a. 1958.

Neuenhausen 1965
Neuenhausen, Siegfried, 10 Marginalien zu meiner Arbeit, in: Das Kunstwerk, Bd. 19 (1965), Heft 2, S. 22–26.

Neuenhausen 1976
Neuenhausen, Siegfried, Die Wirklichkeit der Herren Kulik und Philipzig – dargestellt von Studenten des ersten Semesters der Hochschule für Bildende Künste in Braunschweig, Wintersemester 1974/75, in: Sehen lernen. Kritik und Weiterarbeit am Konzept Visuelle Kommunikation, hrsg. von Helmut Hartwig, Köln 1976, S. 119–127.

Neuenhausen 1990
Neuenhausen, Siegfried, Sinai-Suite. 44 Aquarelle, Gouachen, Zeichnungen, Collagen, Hannover 1990.

Neuenhausen 1992
Graben nach verschütteter Kreativität. Siegfried Neuenhausens Kunstprojekte mit Gefangenen in Bremen. Patienten in Wunstorf und Ochsenzoll. Behinderten in Braunschweig (= Schriftenreihe der Hochschule für Bildende Künste Braunschweig; Bd. 6), hrsg. v. Rektor der Hochschule für Bildende Künste Braunschweig, Braunschweig 1992.

Neuenhausen 2022
Neuenhausen, Siegfried, Blick auf das eigene Werk am Abend, in: Ausst. Kat. Hannover 2022, S. 122–127.

Nobis 1984
Nobis, Beatrix und Norbert, Siegfried Neuenhausen (= Niedersächsische Künstler der Gegenwart; Bd. 22 N. F.), hrsg. v. Niedersächsischen Ministerium für Wissenschaft und Kunst, Braunschweig 1984.

Paas-Zeidler 1978
Paas-Zeidler, Sigrun, Goya. Radierungen, Stuttgart 1978.

Stoeber 2013
Stoeber, Michael, „We can be heroes – Siegfried Neuenhausens soziale Plastik“, in: Neuenhausen, Siegfried: Skulpturen für Hainholz. Stadtteilsanierung, Kunst, Bürgerbeteiligung, Bielefeld 2013, S. 7–20.

Thomas 1986
Thomas, Karin, Bis Heute: Stilgeschichte der bildenden Kunst im 20. Jahrhundert (= DuMont-Dokumente), 7. erw. u. überarb. Aufl., Köln 1986.

Wedewer 2007
Wedewer, Rolf, Die Malerei des Informel. Weltverlust und Ich-Behauptung, München/Berlin 2007.

Internet

Weitere Informationen zu Werk und Vita von Siegfried Neuenhausen sowie ein detaillliertes Ausstellungsverzeichnis lassen sich in der Künstlerdatenbank Niedersachsen finden,
URL: https://www.kuenstlerdatenbank.niedersachsen.de/kuenstlerinnen/slg_2016/ (Aufruf: 23.04.2024).
URL: https://www.kornbrennerei.art/portfolio/siegfried-neuenhausen-2/ (Aufruf: 30.04.2024).

Bildnachweis

Albertina, Wien: S. 16, Abb. 16; S. 17, Abb. 18

Hamburger Kunsthalle / bpk
Foto: Christoph Irrgang: S. 15, Abb. 14

Kunsthalle zu Kiel der Christian-Albrechts-Universität,
Foto: Martin Frommhagen: S. 9, Abb. 1

Ludwig Forum für Internationale Kunst Aachen, Sammlung Ludwig, Leihgabe Peter und Irene Ludwig Stiftung,
Foto: Anne Gold, Aachen: S. 13, Abb. 9

Stefan Neuenhausen, Hannover: S. 6–7, 10, 80, 108–110

Städtisches Museum Braunschweig, Fotograf unbekannt:
S. 9, Abb. 2

Für die Abbildungen der Werke aus dem Städtischen Museum Braunschweig gilt:

Für die Werke von Siegfried Neuenhausen gilt:

Die Geltendmachung der Ansprüche gem. § 60h UrhG für die Wiedergabe von Abbildungen der Exponate/Bestandswerke erfolgt durch die VG Bild-Kunst, Bonn.

Wir haben uns bemüht, für alle Abbildungen die entsprechenden Inhaber:innen der Rechte zu ermitteln. Sollten dennoch berechtigte Ansprüche offen sein, werden diese selbstverständlich im Rahmen der üblichen Vereinbarungen abgegolten.

Impressum

Der Katalog erscheint anlässlich der Ausstellung „Siegfried Neuenhausen: Bruchstück Mensch"
im Städtischen Museum Braunschweig, Haus am Löwenwall,
13.08.–10.11.2024

Ausstellung

Leitung/Konzeption: Lars Berg, Peter Joch
Organisation: Lars Berg
Konservatorische Betreuung: Heike Billerbeck (Gemälde), Désirée Ohlendorf (Papier), Garnet Rösch-Meier (Skulpturen)
Museumspädagogik: Martin Baumgart
Presse- und Öffentlichkeitsarbeit: Annika Hille, Gesa Wolff (FSJ)
Aufbau: Stephan Krause, Thomas Mattern
Sammlungsverwaltung: Wolfgang Koebbel (Leitung), Irini Koebbel, Dennis Kunde
Verwaltung: Jessy Kupper (Leitung)
Haustechnik: Jens Jungmichel, Mario Köppe, Holger Kühne
Aufsicht und Empfang: Arbnora Elezi, Jeannet Stermann, Sergio Reda

Katalog

Herausgeber: Lars Berg, Peter Joch
Texte: Lars Berg
Redaktion: Lars Berg, Annika Hille
Reproduktion und Gestaltung: Anja Schneidenbach, Michael Imhof Verlag
Lektorat: Friedegund Freitag, Michael Imhof Verlag
Druck und Bindung: Grafisches Centrum Cuno GmbH & Co. KG, Calbe

ISBN 978-3-7319-1043-5

Stettiner Straße 25 | D-36100 Petersberg
Tel. 0661 2919166-0; Fax 0661 2919166-9
www.imhof-verlag.de; info@imhof-verlag.de

Abbildung Umschlag: Siegfried Neuenhausen, Gedenken an Rosa, 1987, Aquarell, 29,8 × 21 cm, Städtisches Museum Braunschweig, Inv. Nr. 2023-0506-00, Schenkung Prof. Siegfried Neuenhausen, Hannover 2023

Wir danken unseren Förderern:

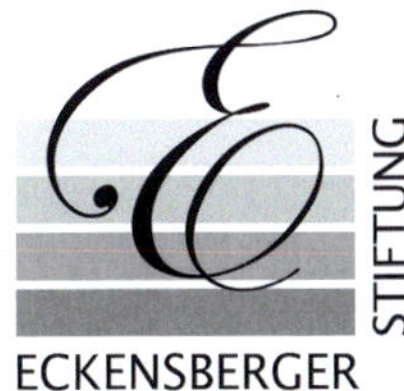

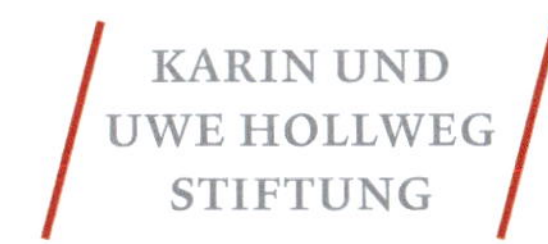

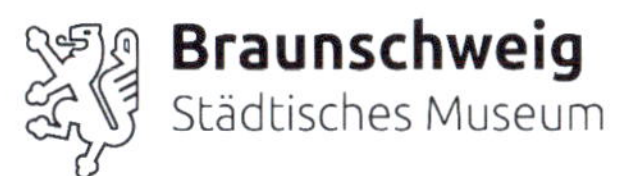

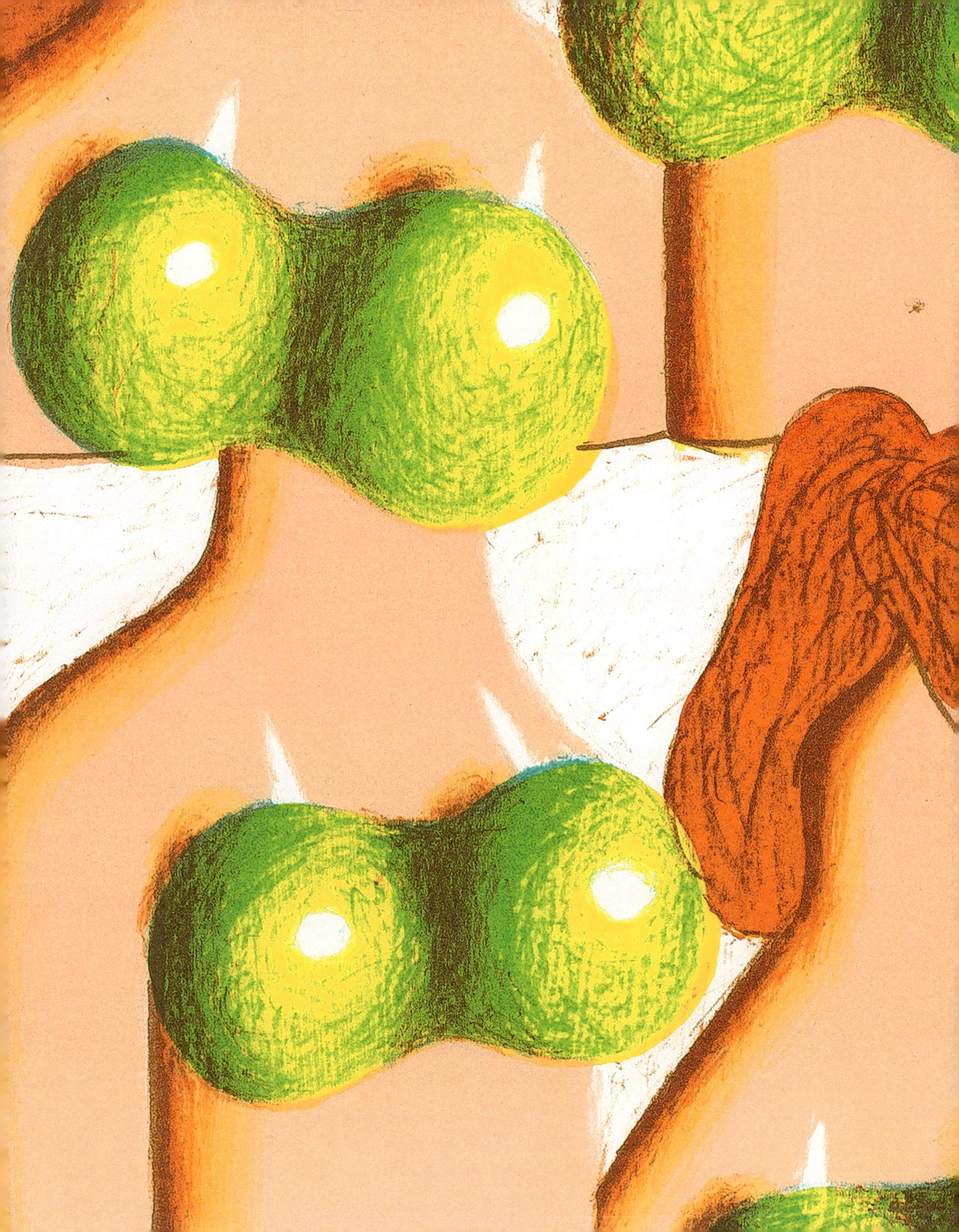